AF345561

DEL CENTENARIO
A LOS *CHILENNIALS*

EDICIONES UNIVERSIDAD CATÓLICA DE CHILE
Vicerrectoría de Comunicaciones
Av. Libertador Bernardo O'Higgins 390, Santiago, Chile

editorialedicionesuc@uc.cl
www.ediciones.uc.cl

DEL CENTENARIO A LOS *CHILENNIALS*
100 años de transformaciones y 25 tendencias que cambiaron Chile

Pedro Dosque
José Tomás Valente

© Inscripción N° 298.531
Derechos reservados
Diciembre 2018
ISBN 978-956-14-2339-8

Diseño de portada y gráficos:
Mandarina

Diseño y diagramación:
versión | producciones gráficas Ltda.

CIP - Pontificia Universidad Católica de Chile

Dosque Concha, Pedro Enrique, autor.
Del centenario a los chilennials : 100 años de transformaciones y 25 tendencias que cambiaron
Chile / Pedro Dosque, José Tomás Valente.
Incluye bibliografías.

1. Carácterísticas nacionales chilenas.
2. Identidad cultural – Chile.
I. t.
II. Valente Stein, José Tomás, autor.

2018   390.0983 + DDC 23   RDA

**Centro Latinoamericano de Políticas Económicas y Sociales de la Pontificia Universidad
Católica de Chile, Clapes UC**

Clapes UC investiga y discute ideas relacionadas con las políticas públicas de Chile,
Latinoamérica y el mundo. Analiza incentivos para el crecimiento económico, el mejoramiento
de la productividad, la creación de empleos y el aumento de la inversión. Estudiamos, además,
la competencia en los mercados, la disminución de la pobreza y la desigualdad de ingresos
compatibles con el crecimiento económico.

DEL CENTENARIO A LOS *CHILENNIALS*

100 AÑOS DE
TRANSFORMACIONES
Y 25 TENDENCIAS
QUE CAMBIARON
CHILE

Pedro Dosque
José Tomás Valente

EDICIONES UC

A Lila, Gaby, Mono y Hannes, por la familia que me heredaron.

A mis abuelos.

"El que no sabe llevar su contabilidad por espacio de tres mil años, se queda como
un ignorante en la oscuridad y solo vive al día"
–Johann Wolfgang von Goethe

ÍNDICE

PRÓLOGO

A comienzos del año 2015, mientras nos esforzábamos por sacar adelante el nuevo Centro Latinoamericano de Políticas Económicas y Sociales en la Universidad Católica (CLAPES-UC), José Tomás Valente y Pedro Dosque iniciaron el ambicioso proyecto de investigación que dio curso a este libro. Representó para ellos más de tres años de investigación y esfuerzo, finalmente recompensados con un texto de gran atractivo por la originalidad de su enfoque y por la rigurosidad y fundamentación en la exposición de sus ideas.

El objetivo propuesto ha sido muy bien logrado, pues contamos acá con un relato rico en antecedentes y en la descripción de los procesos que ha vivido nuestro país desde comienzos del siglo XX. Se trata de una narración que no se ubica en el plano de las teorizaciones de los investigadores, la gran historia o las evaluaciones socioeconómicas, sino en el quehacer cotidiano de los chilenos, en sus expectativas y preocupaciones, en las condicionantes de su calidad de vida, incluso en sus sueños.

Estas páginas acompañan al lector a sumergirse en un país que ya no existe: el de la primera mitad del siglo XX, el de nuestros padres y abuelos. Ilustran de manera notable en qué condiciones se desenvolvía el Chile del Centenario y cuánto nuestra sociedad ha logrado avanzar desde entonces: una gran virtud del libro es que de manera simple muestra algunos de los principales cambios que han ocurrido en el país y ayuda a dimensionar su magnitud. Los economistas son muy buenos para mostrar series de cómo se ha evolucionado en distintos ámbitos, pero muchas veces fallan en dar un contexto a esas series y en conectarlas de una manera más clara con la realidad que se vivía en cada época.

Por otro lado, esta obra genera un aporte al presentar de manera atractiva y cercana muchos de los estudios que han ido generando los historiadores. Esta mezcla entre contexto histórico y narración dinámica de tendencias hace que el libro sea instructivo y entretenido a la vez.

Este libro es, por cierto, un apoyo al siempre útil ejercicio de escudriñar las tendencias más gruesas y de largo plazo, donde sin duda se insertan muchas de las realidades actuales. Recomiendo esta lectura especialmente a todos quienes quieran entender los cambios que han ido ocurriendo en Chile y ver cómo se compara el país de antes con el de hoy.

Por lo demás, esta mirada resulta oportuna para ayudar a despejar dudas y superar cuestionamientos sobre la validez de lo hecho en las últimas décadas en materia socioeconómica, donde claramente Chile presenta indicadores positivos en relación con América Latina. Mirar el pasado y, sobre todo, mirar en contexto, es condición siempre necesaria en políticas públicas.

Son muchos los cambios que han ocurrido en nuestro país y el lector puede ir descubriéndolos él mismo a medida que avanza en esta lectura. Puedo asegurar que luego de terminar este libro no solo se entiende mejor el Chile del siglo XX, sino que también el Chile de hoy y algunos de los enormes desafíos que nos quedan pendientes.

Agradezco a José Tomás y Pedro por la dedicación y calidad de su trabajo. Espero que los lectores disfruten el libro como yo lo he hecho. Y por qué no, que recuerden esos momentos de su niñez y las historias que sus padres y abuelos les contaban, esas historias que siguen definiendo en parte quiénes somos.

Felipe Larraín Bascuñán

INTRODUCCIÓN

Durante los últimos ocho años estuvimos conmemorando el Bicentenario de los hitos que lograron convertir a Chile en un país independiente. En 1810 se realizó la Primera Junta Nacional de Gobierno en el edificio del Real Tribunal del Consulado de Santiago; sin embargo, recién en 1818 el Director Supremo de Chile, Bernardo O'Higgins, proclamó, juró y firmó el acta de independencia del país. Dicho año el Ejército Patriota venció a los Realistas en la Batalla de Maipú y se estrenó oficialmente la bandera de la "estrella solitaria", que llevamos usando con orgullo por más de doscientos años.

En los tiempos del Centenario fueron varios los autores que recordaron lo ocurrido en esos primeros cien años. Es interesante, por ejemplo, leer el editorial del diario *El Mercurio* del 18 de septiembre de 1910:

"Somos un pueblo capaz de grandes cosas y tenemos ante el mundo y ante nosotros mismos la responsabilidad de realizarlas. Creamos fuertemente en ese destino [...]; creamos que la herencia que el primer siglo nos deja, llena de glorias y de éxitos, nos obliga a luchas para el coronamiento de la obra".

Pese al optimismo exacerbado del periódico por lo realizado en el siglo XIX, en una época de fuerte crítica social, quisiéramos destacar la utilización del hito cronológico como nudo que entrelaza la reflexión sobre lo logrado en el pasado con lo esperado para el futuro. Del mismo modo lo hicieron algunos críticos sociales de aquella época, como Enrique Mac Iver, quien introdujo su análisis sobre la crisis moral de la República de la siguiente manera:

"No sería posible desconocer que tenemos más naves de guerra, más soldados, más jueces, más guardianes, más oficinas, más empleados i más rentas públicas que en otros tiempos; pero ¿tendremos también mayor

Habiendo transcurrido cien años desde que se celebró el Centenario de nuestra república, es ahora nuestro turno para realizar el escrutinio: ¿Cuánto ha cambiado Chile entre el Centenario y el Bicentenario? ¿Cuáles han sido nuestras victorias? ¿Estas fueron consecuencia del crecimiento económico o el resultado de mejores políticas públicas? Más aún, ¿cuáles son nuestros desafíos pendientes de cara a un futuro Tricentenario?

Al referirnos al Chile del Centenario, algunos pueden pensar que hablamos de un país con el cual no guardamos ninguna conexión, uno tan remoto que parece habitar solo en los libros de historia. Pero basta hacer algunos cálculos para darnos cuenta de que está mucho más cerca de lo que a veces imaginamos.

Veamos. Alguien que cumplió 44 años de edad en 2018 nació en 1974. Si sus padres lo tuvieron cuando ellos tenían 28 años, los padres nacieron en 1946; y si sus abuelos tuvieron a sus padres a la misma edad, los abuelos tuvieron que haber nacido en 1918, el año en que se conmemoraron los cien años de la firma del Acta de Independencia. Por lo tanto, para la mayoría de los lectores, hablar del Centenario es hablar del Chile en que nació su abuelo o su bisabuelo. Más aún, hoy tenemos chilenos que, como el recién fallecido poeta Nicanor Parra (1914-2018), logran vivir más de cien años. Por eso, imaginarse cómo era el Chile de las primeras décadas del siglo pasado es simplemente visualizar la niñez de nuestros compatriotas más longevos.

Para analizar las transformaciones que ha tenido el país entre inicios del siglo XX e inicios del siglo XXI comenzaremos describiendo cómo era el Chile del Centenario. Luego, tomándolo como punto de partida, iremos observando los cambios que experimentó el país mientras nuestros abuelos envejecían, nuestros padres crecían y nosotros nacíamos. Abordaremos esta evolución a través de las que consideramos fueron algunas de las tendencias en calidad de vida y bienestar más relevantes del siglo XX en Chile. En todas ellas mostraremos algunos datos, pero no son los números en sí lo importante, sino lo que nos dicen sobre las vidas que hay tras ellos.

Resulta interesante repasar los cambios en calidad de vida y bienestar que ha experimentado nuestro país en no tantos años, pues suelen no llegar a ser noticia. Los desastres naturales, delitos y declaraciones de políticos copan las portadas y titulares de la prensa. Sin embargo, son pocos los que se detienen en aquellos cambios que modifican radicalmente la sociedad pero que suceden de manera pausada y a través de largos periodos de tiempo. Estos cambios, al no llegar a ser noticia, suelen ser pasados por alto, lo que dificulta tomar conciencia de sus especiales características, de su magnitud y de cómo impactan nuestra vida diaria.

Como señalamos más arriba, la primera parte del libro indaga sobre las condiciones de vida de los chilenos en los años que rodearon el Centenario de nuestra república. Allí veremos que tras las festivas celebraciones de la efeméride se escondía en el país una realidad insospechada a los ojos actuales.

La mitad de los chilenos vivía y trabajaba en el campo, gran parte de ellos no sabía leer ni escribir y el acceso a los servicios básicos, como alcantarillado y agua potable, era muy limitado, tanto en la ciudad como en las zonas rurales. Las mujeres no podían votar, tenían un restringido acceso a la educación y solo un 22% trabajaba remuneradamente. En cuanto a los niños, uno de cada cuatro moría antes de cumplir un año, mientras que la esperanza de vida era de apenas 31 años y 6 meses.

Ese era el Chile en el que vivían nuestros abuelos y bisabuelos.

Pero el país fue cambiando. En la segunda parte del libro realizaremos una descripción de los progresos utilizando un conjunto de tendencias que, a nuestro juicio, permiten dimensionar cómo se fue moldeando el estándar de vida de nuestros antepasados. Estas tendencias irán agrupadas en cinco capítulos y las definimos como movimientos de mediana y larga duración –tanto influidos como impulsados por decisiones de seres humanos y de instituciones creadas por ellos– que inclinaron los rumbos que tomó Chile en el siglo XX, dejando huellas en los patrones de nuestra calidad de vida y bienestar actual.

Algunas de estas tendencias son relativamente conocidas, pero otras llamarán profundamente la atención, dado el impacto que tuvieron en la existencia de nuestros parientes mayores y en las oportunidades a las que empezaron a acceder.

En el primer capítulo de la segunda parte las tendencias que revisaremos tratan sobre cómo era el mundo del trabajo durante las primeras décadas del siglo pasado y cómo fue cambiando con el pasar de los años. Veremos también cómo logró Chile superar el analfabetismo y aumentar la probabilidad de que los jóvenes terminaran sus estudios escolares. Finalmente ahondaremos además en los intentos de industrialización y en la evolución de las condiciones laborales en el país.

El siglo XX trajo reformas radicales para la vida de las mujeres y es por ello que el segundo capítulo está destinado a los cambios que las afectaron principalmente a ellas. Narraremos el aumento en sus posibilidades de acceder a la educación formal y lo que implicó su entrada a la universidad. Repararemos también en cómo fueron mutando sus principales ocupaciones al tiempo que nuestras abuelas y madres crecían. El capítulo termina repasando la evolución de la participación pública de las mujeres, donde notaremos que cuando la expresidenta Michelle Bachelet nació las mujeres todavía no habían podido votar en ninguna elección presidencial.

El tercer capítulo habla sobre los niños. Comienza analizando su rol en la sociedad de principios del siglo XX y luego continúa con un análisis de la evolución de las condiciones de salud de los infantes y de sus oportunidades de recibir una educación temprana. Dentro de las tendencias que revisaremos aquí, se encuentran la evolución de la mortalidad infantil, los cambios en la nutrición y la creciente cobertura de la educación preescolar.

El Chile de nuestros abuelos estaba compuesto en su mayoría por niños y jóvenes, pero diversos factores han provocado que la presencia del adulto mayor se haya incrementado en nuestra sociedad. Por eso, en el capítulo cuarto revisaremos algunas de las principales tendencias demográficas ocurridas en el último tiempo. Exploraremos cómo ha mutado el tipo de enfermedades de mayor prevalencia y las causas de muerte de los chilenos. Analizaremos los cambios en la natalidad y el tamaño de las familias, cerrando el capítulo mediante la revisión de algunas tendencias recientes sobre la calidad de vida del adulto mayor en nuestro país.

El quinto y último capítulo de la segunda parte del libro se centra en otras tendencias que rodearon el devenir de nuestros antepasados y que son fundamentales para comprender los cambios en los aspectos materiales de la calidad de vida en Chile. Así, empezaremos analizando las condiciones de vivienda de los chilenos del Centenario para luego revisar cómo fue el proceso de acceso a instalaciones básicas por parte de las familias, la modernización de los espacios del hogar y las oportunidades de acceder a electrodomésticos. A continuación, evaluamos los cambios acontecidos en el área de los medios de comunicación y las telecomunicaciones. También se narrará la manera en que fue transformándose el transporte, tanto urbano como interurbano, desde los carros de sangre hasta el

Transantiago. Cerraremos el capítulo examinando lo que fue la evolución de la higiene en nuestra sociedad.

En la tercera parte del libro reflexionaremos sobre el bienestar en Chile, preguntándonos si nuestros padres y abuelos nos heredaron un mejor país que el que ellos recibieron. ¿Ha mejorado el estándar de vida de los chilenos? ¿Quiénes fueron los responsables de estos cambios?

Es cierto que a veces nos complica responder estas preguntas. Especialmente cuando seguimos viendo situaciones como las ocurridas en los centros del SENAME, discriminaciones arbitrarias hacia las mujeres, chilenos con empleos precarios, cortes de electricidad en comunas completas y múltiples casos de abuso sexual. Sin embargo, la invitación es a acompañarnos a repasar, en base a evidencia, de dónde venimos, para así apreciar mejor dónde estamos. Creemos que el desconocimiento de la evolución que ha tenido nuestra sociedad puede llevarnos a diagnósticos erróneos. Por el contrario, estamos convencidos de que entender estas tendencias ayuda a comprender mejor el país en que vivimos y nuestros desafíos. No solo no observamos conflicto entre entender los progresos ocurridos en el pasado y seguir luchando por más, sino que creemos que el conocimiento de lo primero conllevará a resolver de mejor manera los problemas que tenemos pendientes.

Hoy somos los *millenials* chilenos o "chilennials" quienes aplaudimos, cobramos cuentas y cuestionamos a las generaciones que nos precedieron por el país que nos heredaron, pero los "arqueólogos" económicos e históricos del futuro nos cobrarán cuentas también a nosotros. ¿Qué país le heredaremos a nuestros nietos? ¿Cómo será el Chile del Tricentenario? La respuesta no es tarea fácil, porque supone una proyección a muy largo plazo, pero proponemos como primer ejercicio mirar cómo ha sido la evolución en los últimos cien años, aprender de estos cambios, y en base a estas lecciones proyectar el Chile del futuro.

EL CHILE DE NUESTROS ABUELOS
(1900-1920)

Nuestros ancestros que nacieron para el Centenario, o quizás unos años después, tuvieron sus familias, historias y vidas. Algunas de estas las conocemos, y nos fueron relatadas probablemente por ellos mismos o sus hijos. No obstante, nos cuesta imaginar su día a día, sus actividades, oportunidades y barrios. ¿Cómo era realmente el Chile del Centenario?

En 1907, el Censo calculó que en Chile habitaban 3.249.279 personas, de las cuales 1.256.774 manifestaron tener alguna profesión u oficio. Sin embargo, el grueso de ellos correspondía a personas sin preparación y que, por lo tanto, solo podían realizar labores simples. Esto queda en evidencia al considerar que más de la mitad de los chilenos mayores de 10 años de edad eran analfabetos y solo un 7,72% de la fuerza laboral tenía estudios calificados[1]. Y, por cierto, la legislación laboral era casi inexistente, ya que no había aún una regulación para la jornada de trabajo ni menos para las condiciones de seguridad e higiene. Precisamente en ese mismo año en que se realizó el Censo, se promulgó la primera ley laboral: la famosa "Ley de Descanso Dominical" –Ley N°1.990–, que establecía que los trabajadores tenían derecho a un día de descanso a la semana.

Al igual que hoy, hace un siglo había muchos tipos de familia, pero se podría decir que la familia prototípica estaba conformada por una madre, a veces un padre –no necesariamente casados– y varios hijos: 5,12 por mujer en promedio.

Para el Centenario, existía una cierta conformidad en aceptar que el mundo natural de las mujeres estaba delimitado al ámbito privado, la familia y el hogar[2]. Se consideraba que las tareas domésticas y el cuidar a los niños eran su principal función, por lo que tan solo un 22% de ellas trabajaba a cambio de una remuneración[3]. Conforme a los datos del Censo de 1907, de las mujeres que trabajaban, cerca de 19% se dedicaba al oficio de empleada del hogar, un 36% trabajaba de modista o costurera, 1,1% de ellas eran profesoras y 7% eran artesanas.

Había, no obstante, una diferencia entre los trabajos que desempeñaban las mujeres del campo y de la ciudad. En las haciendas las mujeres solían trabajar como empleadas domésticas, cocineras o lavanderas, además de preocuparse de sus cosechas o del pastoreo de ganado; incluso se les podía encontrar ayudando cuando faltaban manos en trabajos pesados[4]. En cambio, las mujeres en la ciudad se desempeñaban en la industria y el comercio, eran lavanderas u obreras, e incluso conducían tranvías.

Las oportunidades educacionales eran escasas para el sexo femenino, ya que la enseñanza básica estaba dominada por hombres y la universitaria era una posibilidad casi inexistente incluso para las mujeres de los sectores económicos altos. A esto sumamos que las chilenas no podían votar y, menos aún, ser elegidas para cargos públicos; incluso en la conversación de la mesa de su propio hogar tenían limitado derecho a opinión. En pocas palabras, lo que se esperaba de nuestras abuelas era que fuesen buenas esposas, sumisas dueñas de casa y madres correctas y eficientes.

En cuanto a los niños, a pesar de que se habían realizado esfuerzos por educarlos, la tasa de escolarización[5] alcanzaba tan solo a 290 por cada mil niños en edad escolar, por lo que todavía la mayoría de la población infantil no estaba en las escuelas. Si bien la reducida matrícula era un problema, la principal dificultad no era que ingresaran, sino que se mantuvieran en el tiempo, ya que la inasistencia y deserción eran altísimas. La estadística ministerial mostraba que en 1907 solo el 17,5% de los niños en edad escolar efectivamente asistía a la escuela. Mientras, desde otro ángulo, los jóvenes registrados en primer año de primaria representaban el 56% de los inscritos en las escuelas, y solo un 0,7% eran alumnos de sexto año, lo cual refleja una alta deserción escolar[6]. La infraestructura de los establecimientos muchas veces era paupérrima y las condiciones de los alumnos que asistían no eran mejores tampoco. En palabras de la doctora Eloísa Díaz:

"Muchísimos de los niños que asisten a nuestras escuelas se ven pálidos, flacos, demacrados, con la piel seca i casi siempre padecen de pereza habitual. La alimentación insuficiente, ya sea por escasez o mala calidad de las sustancias alimenticias, agregado a la falta de abrigo, al mal aire que respiran [...] pues casi siempre viven en cuartos pequeños [... en que] no penetra un rayo de sol [...]"[7].

Esta baja escolaridad se explica también en parte porque muchos niños –tanto en el área urbana como rural– trabajaban, ya que eran considerados como un elemento para la sobrevivencia de la familia. Es decir, la primera causa de la abstención escolar era la miseria[8]. Inicialmente el trabajo infantil se daba como trabajo doméstico, por ejemplo, cultivando la tierra y cuidando animales, para con el tiempo integrarse también al trabajo asalariado en minería e industrias. Tal vez una sola cifra baste para darse cuenta de la dimensión de esta realidad: en 1909 el 8,5% de los empleados en industrias eran niños[9]. La necesidad de que los niños de tantos hogares trabajaran es posiblemente una de las más claras muestras de cómo era la calidad de vida de la época. Un retrato de esta dureza en la existencia de los niños es el cuento, ambientado en las minas de carbón de Lota, "La compuerta número 12", del libro *Sub terra,* publicado en 1904 por Baldomero Lillo, del cual presentamos un extracto:

"– ¡Hombre! Este muchacho es todavía muy débil para el trabajo. ¿Es hijo tuyo?

– Sí, señor.

– Pues deberías tener lástima de sus pocos años y antes de enterrarlo aquí enviarlo a la escuela por algún tiempo.

– Señor –balbuceó la voz ruda del minero en la que vibraba un acento de dolorosa súplica–, somos seis en la casa y uno solo el que trabaja. Pablo cumplió ya los ocho años y debe ganar el pan que come y, como hijo de minero, su oficio será el de sus mayores, que no tuvieron nunca otra escuela que la mina".

Las ciudades de comienzos del siglo XX eran mucho más pequeñas a como las conocemos hoy. Santiago, la capital y la ciudad más poblada del país, aún no había crecido más allá de su casco histórico, el cual limitaba al norte por la calle Santo Domingo, al sur por la Alameda, al oriente por la calle San Antonio y al poniente por la calle Teatinos. También había edificios públicos, transporte y casas más precarias hasta el río Mapocho y Recoleta hacia el norte, la Plaza Italia y los inicios de la actual Providencia hacia el oriente, la Quinta Normal hacia el poniente, y Franklin hacia el sur. Más lejos las construcciones se mezclaban cada vez más con terrenos agrícolas, como lo recordaba la aristócrata Marta Matte Larraín (1897-1990), quien señalaba que "en nuestro tiempo el Parque Forestal era como ir al campo"[10].

Las principales ciudades de Chile habían crecido sin la menor planificación, producto en gran parte de los flujos migratorios desde las zonas rurales[11]. Estos inmigrantes fueron principalmente jóvenes campesinos de entre 15 y 30 años, encontrándose entre ellos a más mujeres que hombres[12]. Tan considerable fue la migración femenina, que en 1920 había más de 120 mujeres por cada cien hombres en las ciudades de Santiago, Talca, Chillán, Concepción y Temuco[13]. Con el crecimiento explosivo de las ciudades surgió el dramático problema de la vivienda: proliferaron ranchos, conventillos y cités, en los cuales habitaban grandes contingentes de personas en las más precarias condiciones.

Por ejemplo, los conventillos consistían en una serie de pequeños cuartos, en los que cada familia vivía hacinada en uno o dos de estos, que daban a un patio común. El interior de los cuartos estaba sucio, húmedo y sin ventilación, mientras que el patio estaba sin pavimentar, siendo así un claro foco de enfermedades[14]. Este hacinamiento y falta de higiene cobraron miles de víctimas, ya que hacia 1910 algo menos de un tercio de los santiaguinos vivía en esas condiciones[15].

La pobreza se encontraba ampliamente expandida en la población y durante mucho tiempo no se entregó un sentido de urgencia a resolver este problema. Al contrario de lo que sucede hoy en la capital, la clase alta vivía en el centro histórico y el resto de la población sobrevivía a su alrededor: "Los sectores populares rodeaban este [centro], en forma de anillo periférico, en una suerte de 'cinturón de miseria que rodeaba las clases media y alta'"[16]. Desde el núcleo central partían algunas calles que daban a los suburbios, muchas de las cuales todavía tenían acequias de aguas servidas de las que emanaban olores pestilentes. Eran calles fangosas y polvorientas, que conducían a barrios misérrimos, donde se desarrollaba una vida indigna y precaria[17]. En cambio, el centro estaba conformado por las grandes casas de la clase alta, que podían "recibir y alojar cómodamente a tres generaciones de una misma familia", y en cuyo comedor "podían instalarse sin problema cincuenta o sesenta personas"[18]. Las paredes tenían revestimiento de yeso y a veces de mármol o estuco, además de variadas decoraciones. Pero esta era solo la "fachada". Los materiales de construcción de las viviendas, tanto de la clase alta, media y baja, eran fundamentalmente el adobe colonial y la teja; y recién en la segunda década del siglo XX se empezó a trabajar con mejores materiales[19].

También durante este periodo los servicios urbanos eran deficientes. Existía un sistema de retiro de basura en Santiago, pero este funcionaba con retraso y de manera ineficiente, quedando esta fuera de los hogares por mucho tiempo.

Además, muchas personas solían arrojar sus desperdicios a las acequias a tajo abierto que pasaban por afuera de las viviendas, provocando así anegamientos de aguas servidas en la ciudad[20]. Las acequias mismas eran también un grave problema, ya que presentaban filtraciones que contaminaban el suelo y a veces se desbordaban, llevando los residuos orgánicos a la superficie[21].

Para solucionar de manera parcial estos problemas, en 1908 se entregó la primera sección del sistema de alcantarillado público en Santiago y hacia 1915 un 48% de las viviendas se encontraba en una zona de conexión obligatoria[22].

El agua potable era de dudosa calidad, lo que, por ejemplo, llevó a que la prensa denunciara casos en que se encontraron sanguijuelas en el agua de cañería. Pero este problema comenzó a desaparecer a partir 1910 en Santiago[23], y por los mismos años en Concepción se iniciaba la construcción del alcantarillado (1909), llegando su sistema de agua potable a cubrir el 30% de la población hacia 1930[24].

Dados los problemas recién expuestos, no es de extrañar la existencia de una alta tasa de mortalidad en el país, provocada especialmente por enfermedades respiratorias, infecto–contagiosas y del aparato digestivo.

Entre 1887 y 1923 la tasa de mortalidad en Chile aumentó y los cálculos indican que su rango varió entre 28 y 35 defunciones por cada mil habitantes[25]. Aún más impresionantes son las cifras de mortalidad infantil: entre 1907 y 1926 alrededor de un recién nacido de cada cuatro moría antes de su primer año de vida[26], lo que significa que en promedio cada mujer perdía al menos un niño antes de que este cumpliera su primer año de vida. Y esto es solo el promedio; en algunas regiones del país la mortalidad infantil era peor, elevándose a más de 70%[27].

Los servicios médicos eran escasos y era común la falta de doctores y medicinas en la ciudad, y aún más en los barrios populares, el campo, las minas y las salitreras (en promedio, había solamente un médico por cada 3.300 habitantes en el país[28]). Más aún, en esos tiempos las prestaciones de salud entregadas por el Estado casi no existían, no había antibióticos y los hijos nacían en las casas sin las precauciones médicas necesarias. Tan escasas eran las condiciones de salud e higiene, que durante estos años la esperanza de vida al nacer llegaba a solo 30 años.

En lo que respecta al transporte, este siempre ha sido un servicio clave en la ciudad, en especial cuando las urbes se expanden y las distancias se agrandan. Así, para reemplazar los carros de sangre (impulsados por caballos) que se utilizaban en esa época, en 1900 Santiago estrenó un nuevo sistema: el tranvía eléctrico, con una primera línea que recorría entre las actuales avenida presidente Balmaceda y avenida Portugal. Este sistema se propagó rápido y una década después ya cubría la mayoría de la ciudad con 280 carros de servicio y 26 líneas. Sin embargo, durante este tiempo, otros transportes públicos se mantuvieron o agregaron como complemento: los carros de sangre siguieron andando en la periferia, y algunos vehículos a motor se fueron añadiendo al transporte público, como las "taguas" y las "góndolas", precedentes de los autobuses[29].

Para distancias mayores, el transporte predilecto era el ferrocarril. Ejemplos de ello eran las locomotoras a vapor que unían Santiago y Puente Alto y la Estación Mapocho, que fue inaugurada en 1913 y tenía sus principales conexiones con Mendoza, Valparaíso y las ciudades del norte del país. En regiones destaca Concepción, ciudad que podía mostrar un rostro más moderno en 1908 con el inicio de su tranvía eléctrico "atestado generalmente con gente modesta que se beneficiaba con las tarifas bajas"[30].

Las mejoras tecnológicas no quedaron solamente en el transporte público, ya que a inicios del siglo XX aparecieron los primeros automóviles en Chile. En 1906 existían solo seis autos particulares en la capital, pero para el año 1917 el número había ascendido a 2.354. El alza en el uso de este nuevo medio de transporte llegó a tal punto que llevó a la autoridad a fijar nuevas reglas de tránsito y a colocar en 1910 el primer límite de velocidad: 14 km/h.

El aislamiento continuó siendo un problema para muchos chilenos a pesar de las mejoras en el transporte público y privado. La infraestructura vial interurbana era escasa y de mala calidad, por lo que el viaje a –y desde– las regiones extremas tomaba varios días y no estaba exento de dificultades, profundizando la incomunicación en el amplio territorio del país. Los viajes a otros países eran realizados exclusivamente por la élite, único grupo capaz de, por ejemplo, costear las travesías de más de un mes en barco a Europa. De esta manera, la gran mayoría de los chilenos vivía y moría en la ciudad o el campo en que había nacido, sin haber conocido o visitado el territorio nacional y mucho menos otros países. Para qué hablar de vacaciones fuera del lugar de residencia.

En aquella época la iluminación eléctrica continuaba siendo una novedad para la mayoría, por lo que para las celebraciones del Centenario del país la población santiaguina acudió en masa a presenciar el nuevo y moderno alumbrado del centro de Santiago que se instaló para las festividades[31]. Este esfuerzo por iluminar eléctricamente las ciudades no se detuvo en la capital, sino que durante las primeras décadas del siglo XX también se extendió a otras ciudades, reemplazando así la iluminación a gas. Esto sería, más tarde, vital para la transformación de la vida nocturna que se consolidaría en los años veinte en el país.

Pero aún si hubo una gran migración a las ciudades a inicios del siglo XX, la mayor parte de la población nacional seguía viviendo en áreas rurales (57%, según el censo de 1907). La vida en este sector se estructuraba bajo el sistema socioeconómico de las haciendas, propiedad rural bajo el dominio de un solo propietario y que empleaba poco capital físico y abundante trabajo dependiente con el cual tenía una relación más personal que contractual[32]. En 1935, alrededor del 65% de la mano de obra ocupada en ellas eran inquilinos junto a la mano de obra aportada por su familia, y otro 25% era "una masa subempleada, desarraigada, a menudo trashumante"[33], conocida como peones. Los primeros daban su trabajo a cambio de tierra, especies y algo de salario.

En palabras de Sol Serrano y coautores: "La hacienda entregaba a sus inquilinos talaje, alimento para los bueyes, una ración de media cuadra de tierra para sembrar la chacra y otra cuadra junto a la casa para su propio usufructo [...], leña para calefacción y una ración alimenticia diaria correspondiente a una libra de harina o galleta, quinientos gramos de porotos guisados con chicharrones y quinientos gramos de cazuela de papas. Finalmente, el salario constante y sonante ascendía a 96 pesos [de la época] si se trabajaban los 240 días del año"[34]. El segundo grupo, comprendido por los peones afuerinos, trabajaba nominalmente por un salario en dinero más bajo que el pago equivalente de los inquilinos, aunque en la práctica se les pagaba en especies.

El devenir en las salitreras no era mucho más auspicioso. Un ejemplo que ilustra lo difícil que era la vida de los obreros en esta zona fue lo ocurrido el 21 de diciembre de 1907 en la Escuela Santa María de Iquique. Aquel día, no menos de diez mil personas, considerando obreros, mujeres y niños, se negaron a desalojar la Escuela y volver a sus respectivas oficinas salitreras hasta que sus demandas por mejores condiciones laborales no fueran escuchadas. Entre las peticiones de la huelga se encontraban la eliminación del pago forzoso con fichas —los obreros eran remunerados con fichas que solo podían ser utilizadas en los servicios entregados por la respectiva oficina salitrera— y la libertad de comercio; el pago de los salarios a tipo de cambio fijo —para evitar la devaluación del peso—; la posibilidad de tener una romana (balanza) fuera de la pulpería[35], donde el comprador pudiera comprobar la exactitud de su compra; escuelas para los obreros, entre otras. Pero los patrones se negaban a negociar bajo la presión de una huelga, ya que para ellos implicaría la pérdida del respeto del obrero al patrón y una afrenta a su prestigio moral. Los obreros se rehusaban a volver al trabajo, porque sus demandas serían olvidadas, como ya había sucedido otras tantas veces. Tras una semana de ocupación, y ante una situación sin avances, las fuerzas militares abrieron fuego y dispararon con ametralladoras a los huelguistas desarmados, matando a varios cientos de ellos. Así, la matanza de Santa María de Iquique pasó a marcar el movimiento obrero chileno.

Respecto al consumo de bienes y servicios a principios del siglo XX, podemos decir que esta fue una época de cambios y nuevos productos. "La mayoría de los trabajadores chilenos durante el ciclo salitrero [1880 a 1930], abandonó las infusiones de yerba mate y las sustituyó por té y café importados, reemplazó la chicha y vinos de baja calidad por cerveza [...], sustituyó la miel por el azúcar industrial [...], comenzó a adquirir ropajes de fabricación industrial de origen nacional o importado, reemplazó ojotas (sandalias) y otros tipos de calzados rústicos por zapatos y botas, se acercó al consumo de nuevos servicios considerados indispensables, como peluquerías y barberías"[36]. Pese a lo anterior, tener un clóset con ropa era un lujo reservado para los chilenos de clase alta; la mayoría de los chilenos tenía atuendos más bien limitados, muchos de los cuales eran heredados. Ilustrativo de este contraste es que para la clase alta se abrió en 1910 una sucursal de la tienda *Gath & Chaves* en Santiago –en la calle Huérfanos con Estado–, la primera multitienda al estilo europeo en Chile, la que consistía en cuatro pisos de los mejores productos y prendas nacionales e importados[37].

En el ámbito laboral y la oficina, la modernidad estaba representada por las máquinas para sumar y escribir que se importaban desde Europa y Estados Unidos.

Para los domicilios comenzaron a llegar las primeras aspiradoras, tostadoras, planchas eléctricas y refrigeradores; aunque, por supuesto, también eran privilegios que solo podía costear la clase alta. Dentro de la casa, el cuarto de baño también continuaba siendo un lujo de la élite ya que implicaba instalar un costoso sistema de tuberías, por lo que la mayoría de las familias tenía el baño afuera de su vivienda.

Por estos años los chilenos también se incorporaron a nuevas formas de entretenimiento: personas de todas las clases sociales empezaron a ir al cine a ver filmes europeos y –especialmente tras la Primera Guerra Mundial– hollywoodenses. La ida al cinematógrafo era una actividad bastante demandada, considerando que aún no existían la radio ni la televisión[38]. Ya en 1917 había 32 salas de cine en Santiago y nueve en Valparaíso (además de otras en varias ciudades a lo largo del país), donde los chilenos observaban a través de las películas mudas el estilo de vida moderno norteamericano[39].

La nueva cultura de masas también se expresó en la asistencia y seguimiento de espectáculos deportivos masivos como el boxeo y el fútbol, los cuales se desarrollaron como "deportes nacionales" en las primeras décadas del siglo XX[40]. En el caso del fútbol, la gran popularidad alcanzada por este deporte llevó a que en 1933 ocho clubes de la Asociación de Football de Santiago –Santiago National, Morning Star, Green Cross, Audax Italiano, Colo-Colo, Badminton, Unión Deportiva Española y Magallanes– exigieran la creación de una división profesional, la cual fue llamada Primera División. También, en el caso de la aristocracia, las instalaciones deportivas, como el Club Hípico de Santiago o el Sporting Club y su hipódromo viñamarino, se convirtieron en importantes lugares de sociabilidad y encuentro.

La ópera y el teatro también atraían gran concurrencia. El Teatro Municipal de Santiago era uno de los lugares favoritos de encuentro de la alta sociedad, llegándose incluso a considerar la inasistencia a uno de sus eventos una "infracción" tan grave como faltar a misa. Los sectores populares, en cambio, mataban los ratos de ocio con el juego: La rayuela, el popular "monte", las chapitas y el "cara o cruz" entusiasmaban a personas de todas las edades y en cualquier lugar, inclusive la calle, a pesar de que la ley prohibía los juegos de azar.

En el Chile de nuestros abuelos imperaba un régimen parlamentario de hecho –conocido como "Parlamentarismo a la chilena"–, en el cual diputados y senadores provenientes de un reducido círculo social dominaban la arena política, manteniéndose, en todo caso, la figura de un presidente, que poco tiene que ver con las facultades que posee este cargo actualmente.

La participación política no estaba extendida a toda la población. Es más, se excluía de esta a mujeres, ciegos, analfabetos y a menores de 21. Lo anterior, junto al hecho de que el grupo masculino apto para votar tenía una participación más bien baja, llevaba a que los presidentes de la República fueran electos por un porcentaje menor al 10% de la población en edad de votar.

Como se puede ver, a principios del siglo XX Chile era un país lleno de desafíos sociales. Era precario en muchos sentidos, y similar a las naciones que hoy consideramos subdesarrolladas. No obstante, no podemos ignorar que es justamente también en este periodo cuando se sientan los precedentes de muchos de los adelantos que en el futuro mejorarán la calidad de vida de Chile durante el resto del siglo XX: se inician el alcantarillado y el servicio de agua potable; llegan los primeros tranvías eléctricos y automóviles; la iluminación pública comienza su expansión; la educación primaria se extiende en las ciudades y se busca combatir el ausentismo escolar; se avanza en el desarrollo de la educación superior, creándose en 1919 la Universidad de Concepción, la cual se sumó a las ya existentes Universidad Católica y Universidad de Chile. El consumo de bienes importados aumenta, se inician los eventos masivos deportivos y artísticos; y en el plano de políticas públicas se dan los primeros pasos en políticas de vivienda y salud, las cuales, aunque no hayan logrado extinguir los problemas existentes en el país, sí marcaron un punto de inflexión en las tareas y el enfoque que tenía el Estado respecto a sus obligaciones frente a las problemáticas sociales. En pocas palabras, podemos notar a inicios del siglo XX transformaciones que, vistas desde hoy, son el inicio de procesos de mejoras en el bienestar nacional que continuarían –cada una a su ritmo– durante el resto del siglo.

Entender el país en que nacieron y crecieron nuestros abuelos puede ser muy positivo para evaluar la velocidad y profundidad de los cambios ocurridos en nuestra sociedad. Las nuevas generaciones, muchas veces inconscientemente, creemos que nuestros padres y abuelos enfrentaron un marco y contexto similar al que a nosotros nos ha tocado vivir, y no logramos imaginar la vida y el país en que nuestros ancestros crecieron. Una mirada al Chile del Centenario y a las tendencias que marcaron el siglo pasado puede ser muy enriquecedora para comprender el Chile de hoy y lo que podemos esperar y lograr hacia el futuro.

Puerto de Valparaíso (1890).

Vista de la comuna de Providencia, Santiago (1906).

Película costumbrista chilena "Un paseo a Playa Ancha" (1903).

Selección chilena de fútbol de 1910 (05/06/1910).

Iglesia de Los Dominicos, comuna de Las Condes (1924).

Conventillo en Santiago (1920).

Carro de sangre de dos pisos, Valparaíso (1900).

Puerto de San Antonio (1910).

Calle San Antonio con la Alameda de las Delicias, Santiago (1910).

Panorámica de la ciudad de Quillota (1910).

Plaza Italia en un día nevado, Santiago (1915).

Ferrocarril en Coquimbo (1920).

Trabajadores en Chuquicamata (1930).

Labores agrícolas (1935).

PARTE II

DEL CENTENARIO A LOS *CHILENNIALS*: 25 TENDENCIAS QUE CAMBIARON CHILE

En la sección anterior analizamos el Chile del Centenario, aproximándonos a la cotidianidad de la vida del chileno de 1910, destacando especialmente su –precaria– calidad de vida, su posibilidad de acceso a los servicios básicos, su familia y su hogar, y la infraestructura existente en aquella época. El análisis anterior se centró en un momento particular de nuestra historia y, por lo mismo, podría asemejarse a una imagen estática o a una fotografía del país en que nacieron algunos de nuestros abuelos o bisabuelos.

Ahora tomaremos esta imagen y, en vez de aproximarnos a ella como a una fotografía, la usaremos como el primer cuadro de una película que nos permitirá ver y estudiar cómo fueron evolucionando las condiciones de vida en Chile mientras nuestros abuelos crecían y nuestros padres nacían. Si bien un filme sobre los cambios de la sociedad tendría muchas aristas, nos centraremos en 25 movimientos de mediana y larga duración, influidos e impulsados por las decisiones humanas, que inclinaron los rumbos que tomó nuestro país en el siglo XX y que dejaron huellas en los patrones de nuestra calidad de vida actual. Para respaldar estas tendencias muchas veces usaremos datos de las más variadas fuentes, pero recordemos que no son los números en sí lo interesante, sino lo que nos dicen sobre las vidas que hay tras ellos.

Las primeras tendencias que revisaremos se centran en la vida de los adultos chilenos, exponen la realidad laboral y educacional a comienzos del siglo pasado y cómo esta fue evolucionando con el pasar de las décadas. Para más adelante dejaremos las tendencias respecto a la vida de los niños más allá de la educación y de la vida de las personas mayores considerando la jubilación. También destacamos en una sección aparte los cambios en la educación y trabajo de la mujer, ya que los consideramos parte de las tendencias más relevantes del siglo XX por sí mismas.

CAPÍTULO UNO

LOS ADULTOS

Los trabajos desempeñados hoy por los chilenos son el resultado de algunas de las principales transformaciones que ha enfrentado el país durante el último siglo: por un lado, la mejora en cobertura educacional y la creciente urbanización; por otro, los intentos de industrialización y los aumentos de productividad.

A inicios del siglo XX la población chilena era en su mayoría analfabeta y casi no contaba con educación escolar. Era común que los niños de los sectores populares no fueran al colegio y que, en cambio, trabajaran apenas tuvieran fuerza para ello, de modo de ayudar al sustento familiar. Sin embargo, la situación de la escolaridad ha cambiado a través los años. Por ejemplo, entre 1920 y 2013 se promulgaron cinco leyes que progresivamente extendieron la cobertura de la enseñanza obligatoria –provista de manera gratuita por el Estado– hasta trece años de educación (de kínder a educación media), cambiando la vida de los jóvenes chilenos y sus oportunidades a futuro; evolución que podremos apreciar en las primeras tendencias que analizaremos.

Por otro lado, hasta la década de 1930 más de la mitad de la población chilena habitaba en zonas rurales. No obstante, desde finales del siglo XIX se empezó a desarrollar una migración campo-ciudad de nivel considerable, especialmente hacia Santiago; un proceso que provocó que para el último cuarto del siglo XX la concentración urbana en Chile superara el 80% de la población. En ese contexto, la especialización productiva y los puestos en las áreas de comercio y servicios aumentaron considerablemente. Estos cambios laborales, que fueron a la par del aumento de la población citadina de Chile, transformaron radicalmente el mundo del trabajo de los chilenos, como veremos más adelante.

Las primeras "leyes sociales" respecto al trabajo también provienen de principios del siglo XX. La discusión parlamentaria sobre la primera de ellas –"Sobre descanso de un día en la semana" (o de descanso dominical)– fue iniciada por el conservador Alejandro Huneeus en 1903 como parte de una solución cristiana al problema obrero de aquella época. Esta iniciativa, sin embargo, se alimentaba de la petición de obreros y empleados, además de tener también razones sociales, de moral e higiene[41]. Aunque algunos pocos parlamentarios consideraron esta ley como atentatoria contra la libertad, que estimulaba la holgazanería o que no respondía a una real necesidad del país, etc.[42], fue promulgada cuatro años después, en 1907. Ejemplos como este hay muchos entre el Centenario y el Bicentenario del país. La situación laboral de los trabajadores chilenos en vísperas del Centenario era bastante más precaria de la existente hoy en día, por lo que resulta interesante analizar los cambios que ocurrieron durante estos últimos cien años para entender cómo llegamos a tener el actual cuerpo legal que regula las relaciones laborales. Cada uno de estos cambios requirió el esfuerzo de un importante número de chilenos que nos antecedieron; esfuerzos que hay que agradecer y que han quedado plasmados en el Código del Trabajo y en los diversos organismos, ministerios, superintendencias y políticas públicas que se han creado desde entonces.

La educación y el trabajo son dos aspectos que estructuraron y estructuran la vida de los ciudadanos y afectan el bienestar de sus familias. Por eso hemos querido empezar la revisión de las tendencias del siglo XX con los cambios en estas dos áreas: la expansión de la cobertura educacional y el acceso a la universidad, y los cambios en los sectores laborales y en los trabajos que realizan los chilenos.

Evolución de la educación de los adultos chilenos

TENDENCIA I: Aprendiendo a leer y escribir
Analfabetismo y Educación Primaria

"En un mundo donde la ignorancia era aliada de la sumisión, la educación cobró un valor emancipador"
–Sol Serrano et al. (eds.). Op. cit., p. 20.

Para entender un texto escrito, es preciso haber dedicado bastante tiempo a reconocer e interpretar el significado de las letras y las palabras. A algunos les habrán enseñado las bases de este ejercicio en el hogar, pero probablemente la mayoría aprendió a leer y escribir en sus años escolares. ¿Se acuerdan de esos años? Los recuerdos pueden estar un poco borrosos, pero sí está claro lo clave que ha resultado haber aprendido a leer, tanto para el desarrollo personal como para el laboral, ya que la lectoescritura es la base de gran parte de la transmisión y aprendizaje del resto del conocimiento que adquirimos en el resto de nuestras vidas.

Según el Censo de 2002, el 95,8% de los chilenos era alfabeto en dicho año, cifra que según el Banco Mundial se eleva a más de 99% cuando consideramos a los jóvenes que tenían entre 15 y 24 años en 2013 (y un 96,7%, si consideramos a toda la población)[43].

Si bien actualmente estamos acostumbrados a que prácticamente todos quienes nos rodean sean alfabetos, esto no era así en el Chile de nuestros abuelos. Es más, durante gran parte del siglo XX el analfabetismo fue una de las principales batallas libradas por la sociedad chilena. Hoy en día aspiramos a que todos los chilenos puedan llegar a la educación superior; sin embargo, esto era impensable en el siglo pasado. En 1907 el 60% era analfabeto, en 1920 la mitad de la población mayor de 7 años seguía sin saber leer. Para gran parte de los chilenos de ese entonces comprender lo que decía el diario, entender carteles o, simplemente, seguir instrucciones básicas por escrito eran un enorme desafío. En el ámbito laboral esto también se transformaba en una gran limitante, pues muchos trabajadores no entendían los contratos –si es que había alguno– y los empleos a los cuales podían acceder eran ocupaciones a veces muy básicas y físicamente desgastantes en su mayoría.

Bajar la alta tasa de analfabetismo en Chile a principio del siglo XX fue, como dijimos, una de las principales batallas educacionales del país. La lucha no era fácil, pero la preocupación existía, por lo que se realizaron esfuerzos por aumentar la cobertura de la escuela primaria y, con ello, la escolarización de la población; especialmente después de las desastrosas cifras del Censo de 1907 (Gráfico 1). A pesar de los esfuerzos, la matrícula en 1920 ascendía a solo un 46% de la población en edad escolar que reportaba el censo de dicho año; en otras palabras, en el Chile de comienzos del siglo XX la cobertura educacional alcanzaba solo a la mitad de los niños. A pesar de que tales cifras ya eran preocupantes, este no era el mayor de los problemas en este ámbito, ya que, si bien la cobertura estaba cerca de llegar al 50%, si consideramos la asistencia promedio efectiva sobre el total de los niños en edad escolar, el porcentaje disminuye a un 27%. Es decir, casi la mitad de los asientos de las aulas estaban vacíos.

GRÁFICO 1. Matrícula educación básica
(Matrícula como porcentaje de la población entre 6-14 años)

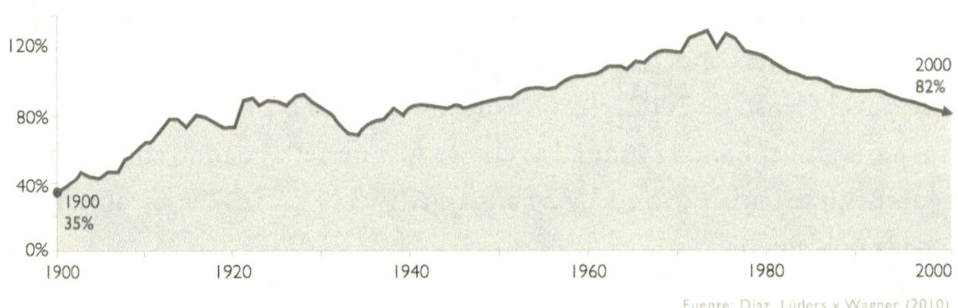

Para hacer frente a estos problemas, en 1920 la legislación chilena estableció, tras dieciocho años de discusión en el Congreso, la obligatoriedad de cursar cuatro años de escolaridad mínima mediante la Ley N°3.654 de Instrucción primaria obligatoria. Esta ley, si bien fue importante en el sentido de reconocer la trascendencia que tenía para el desarrollo del país tener ciudadanos educados y alfabetos, tuvo efectos en el corto plazo más acotados de lo previsto.

Por un lado, la obligación legal de los padres de llevar a sus hijos al colegio no funcionó en la medida en que no existía capacidad de fiscalizar su cumplimiento[44]. Por otro, la pobreza era la causa de fondo que impedía que los niños llegaran a la escuela. Estos tenían que trabajar para aportar al sustento del hogar, por lo que mandarlos a ella era un lujo que muchas familias no se permitían. Desde el punto de vista de los sectores populares, la escuela primaria tampoco entregaba las habilidades necesarias para el trabajo que realizaban los adultos, por lo que, en vez de enviarlos a instituciones educacionales, los apoderados se preocupaban de que el mismo mundo laboral les enseñara las habilidades necesarias. Por tanto, para solucionar el problema del ausentismo escolar, Chile necesitaba no solo construir escuelas y obligar a los padres a llevar a sus hijos a ellas, sino que también era necesario enfrentar conjuntamente el problema de la pobreza en los hogares.

La relación entre la actividad económica, los niveles de pobreza y las posibilidades educacionales se hizo nuevamente patente en la década de 1930. Los comienzos de este periodo estuvieron marcados por la Gran Depresión, que tuvo un fuerte impacto sobre la economía local, el empleo y los ingresos familiares. Esta caída de la actividad económica significó menores ingresos para el fisco y una mayor miseria para las familias, lo que obligó a más niños y jóvenes a trabajar para ayudar a cubrir las necesidades de sus hogares. Y, como resultado, se perjudicó la cobertura educacional en todos sus niveles. En el caso de la educación primaria la matrícula no volvió a sus niveles pre-depresión sino hasta la década de 1950 –como se observa en el Gráfico 1 –, mientras que la cobertura de la educación secundaria se recuperó más pronto, durante la década de 1940.

Otro de los cambios ocurridos durante la primera mitad del siglo XX en materia de educación primaria fue su extensión a seis años en 1927, durante el primer Gobierno de Carlos Ibáñez del Campo (1927-1931). La educación primaria siguió siendo gratuita y dependiente del Ministerio de Educación, pero ahora era entendida como un primer ciclo que enseñaba una formación general y que preparaba a los estudiantes para un segundo ciclo –enseñanza secundaria– en el cual se optaba por una formación técnica que sirviera como preparación específica para el mundo laboral o por una preparación para los estudios universitarios, la que se conocía como "humanidades".

Unos años más tarde, bajo el Gobierno de Pedro Aguirre Cerda (1938–1941), se logró también la homogeneización de los programas y planes de estudios, iniciativa que contribuyó a asegurar un nivel de formación básica general[45]. Pero esta formación ya no tenía solamente un objetivo de capacitación laboral para ejercer algún oficio o profesión, ayudando a extender las oportunidades laborales de las personas, sino también un fin ciudadano. Muchos recuerdan que el lema del Gobierno de Aguirre Cerda era "Gobernar es educar", por lo tanto, enfatizaba también una educación vista como un bien social y democrático, un medio para que las personas se pudieran formar como ciudadanos en democracia y aumentara su participación pública. Era la educación como mecanismo para aspirar a la libertad y ser una persona activa, ya sea en el ámbito laboral o en el político.

Como se puede apreciar, no todos los tiempos fueron de crisis ni todas las iniciativas y esfuerzos en vano. Puede que la ley de 1920 haya tenido poco efecto en el corto plazo, pero la mayor conciencia de la importancia de la educación en la sociedad y la política, el aumento en la inversión presupuestaria de parte del Estado en infraestructura, los esfuerzos varios por ampliar la cobertura, la homogeneización de los programas de estudio, y el paulatino crecimiento de la actividad económica y de los ingresos fiscales lograron, finalmente, aumentar de manera sustancial la asistencia de los chilenos a la educación primaria en la primera mitad del siglo XX. Lo anterior se tradujo en continuas disminuciones de la tasa de analfabetismo a través de las décadas, como se puede observar en el Gráfico 2.

GRÁFICO 2. Analfabetismo en Chile
(Porcentaje de la población mayor de 15 años)

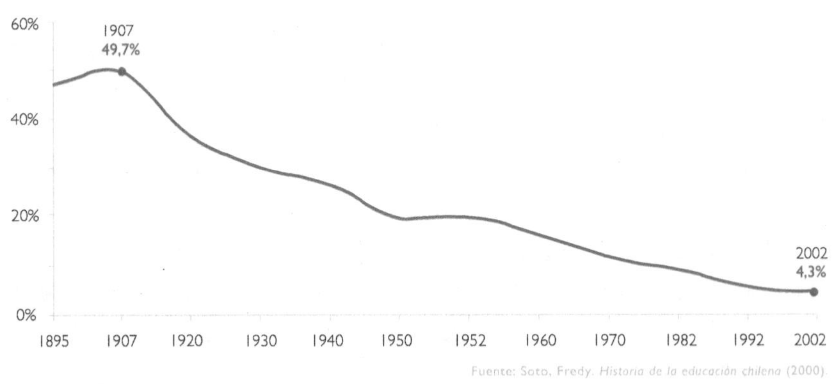

Fuente: Soto, Fredy. *Historia de la educación chilena* (2000).

En la segunda mitad del siglo XX la preocupación por la educación continuó. Un ejemplo de ello fue la reforma educacional impulsada por Eduardo Frei Montalva y promulgada el 7 de diciembre de 1965 que, entre sus varias disposiciones, extendió los años de educación obligatoria a un ciclo de ocho años de educación básica completa, de forma de extender en dos años la educación obligatoria y provista por el Estado.

Antes de terminar el siglo XX el país realizó una última transformación importante de la educación básica. En 1981 se traspasó la administración de los establecimientos educacionales desde el Ministerio de Educación a la administración municipal y se permitió la posibilidad de crear colegios "subvencionados" –administrados por particulares, pero con financiamiento estatal–, los que se sumaron a las ya existentes escuelas públicas y colegios privados. Si bien en un comienzo todo el financiamiento de los establecimientos subvencionados fue estatal, más tarde se facultó a sus sostenedores para fijar cobros mensuales a las familias. Este régimen de financiamiento compartido –comúnmente conocido como "copago"– tuvo su origen a fines del año 1988, aunque fue a partir de 1993 que se promovió su expansión. Para los expertos, este régimen tiene sus pros y contras. Por un lado, se le acusó de acrecentar la desigualdad en el país, y, por otro, se le atribuyó el lograr que más chilenos obtuvieran una educación de calidad. Durante el segundo Gobierno de Michelle Bachelet (2014-2018) la visión oficialista, influenciada por las protestas estudiantiles de los años previos, confirió más preponderancia a los primeros argumentos y, por lo tanto, decidió poner fin a este sistema. Si su eliminación fue para mejor o peor, es algo que sigue en debate; probablemente, falten todavía algunos años para evaluar cuál fue su impacto en la sociedad chilena.

La calidad de la enseñanza básica que reciben los niños y jóvenes chilenos hoy en día sigue siendo uno de los temas en los que estamos al debe. Los conocimientos con los que llegan los estudiantes a la educación media distan, en muchos casos, de lo esperado para su edad. Además, sigue existiendo una gran brecha entre la calidad de la educación impartida en los colegios particulares y en la educación pública. Ambos temas son grandes desafíos pendientes para los chilenos del siglo XXI.

Sin embargo, que queden batallas pendientes no significa que no se hayan ganado algunas o avanzado en otras. La educación básica no es la ideal, pero prácticamente hemos eliminado el analfabetismo en Chile y la cobertura es extraordinaria, sobre todo en comparación a la que había cuando nuestros abuelos nacieron. Lo mismo aplica para la infraestructura de los colegios, los programas educacionales y la calidad de profesores. Estos logros no son el resultado de una reforma puntual, sino de un cúmulo de reformas grandes y pequeñas concretadas a través de las décadas, de un cúmulo de esfuerzos individuales, de diferentes Gobiernos, y de un país capaz de financiar la educación de los estudiantes económicamente menos privilegiados.

TENDENCIA 2: El liceo y los futuros dirigentes del país
Educación secundaria

La educación secundaria en Chile, hoy conocida como educación media, nace en 1813 con la fundación del Instituto Nacional. Este segundo ciclo de enseñanza era concebido como el siguiente paso educacional después de la escuela primaria[46] y buscaba formar a la clase letrada del país y prepararla para los estudios superiores. Es más, los estudios secundarios se coronaban con la obtención del grado de bachiller, título necesario para ingresar a la universidad.

La educación secundaria pública se impartía en los liceos fiscales y su plan completo duraba seis años[47]. En un comienzo había liceos de primera y segunda clase: los de primera enseñaban el plan completo y los de segunda únicamente ofrecían los tres primeros años. En caso de querer terminar el plan completo, los estudiantes debían dirigirse a uno de primera, los que en su mayoría solo estaban en las grandes capitales urbanas. Esta configuración del sistema deja entrever algunas de las características de las instituciones de educación secundaria del siglo XIX y principios del siglo XX: su educación era relativamente buena, sus planes homogéneos, pero su configuración era centralizada, urbana y elitista[48]. Quienes asistían a los liceos eran principalmente habitantes de las grandes ciudades, debido a la ubicación urbana de ellos. Algunos tenían la opción de internado, pero esto significaba un gran costo que solo las familias acomodadas podían afrontar. Más aún, cada año adicional de estudios implicaba un año menos aportando al sustento familiar, y los contenidos poco tenían que ver con los requerimientos del trabajo, razones por las que pocos se aventuraban a cursar este segundo ciclo escolar, y menos aun eran los que lo terminaban.

Durante las primeras décadas del siglo XX la cobertura de la educación secundaria creció, pero siguió siendo baja. Si contabilizamos a los hombres entre 10 y 20 años de edad, la matrícula se elevó desde uno de cada 71 hombres en edad de estudiar en 1885 a uno en 33 en 1930. Pero, al igual que en el caso de la educación primaria, la matrícula no era quizás el mayor de los problemas, y la verdadera cuestión de fondo era la deserción. Esta se hacía patente a través de todo el sistema educacional y dependía de la situación económica de la familia más que de las capacidades intelectuales del niño. Por ejemplo, en 1911 un total de 76.688 hombres estaban matriculados en primer grado de primaria, mientras que tan solo 298 lo estaban en sexto año de humanidades –secundaria– en algún liceo fiscal masculino[49]. Esta deserción reinante se observaba de manera patente aún en la década de 1930, como se muestra en la siguiente serie de datos sobre matrícula en 1909 y 1934 (Gráfico 3).

GRÁFICO 3. Número de matriculados en humanidades según año de estudio de cada 100 matriculados en humanidades, 1909-1934

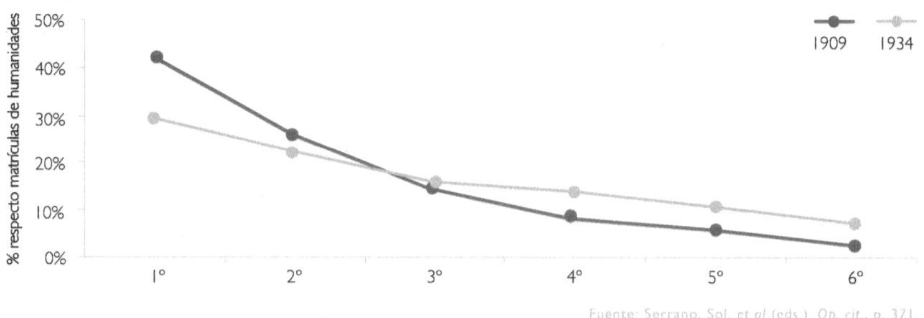

Fuente: Serrano, Sol, *et al* (eds.) *Op. cit.*, p. 371.

Durante la primera mitad del siglo XX la educación secundaria constituyó un privilegio de pocos, pero no por ello fue de poca importancia, puesto que los privilegiados que la cursaron se convirtieron en la élite política, económica e intelectual del país. Los liceos emblemáticos, aunque para un grupo reducido, fueron fuente de movilidad social, ya que permitieron que jóvenes no pertenecientes a la élite, sino a una incipiente clase media, accedieran a una educación de primer nivel. Estos liceos serían la cuna de muchos chilenos que tomarían las decisiones del rumbo que el país seguiría en las décadas venideras.

La segunda mitad del siglo XX comenzó con paulatinos aumentos de la cobertura de la educación secundaria. En 1950 los matriculados en educación secundaria llegaban a 81.000, en 1960 a 137.000 y en 1967 alcanzó los 206.000 alumnos. Sin embargo, varios de los problemas seguían presentes. En palabras del historiador Cristián Gazmuri:

"Hacia 1964, la deserción escolar durante la enseñanza primaria era de un 68% y más de 30% de los licenciados del primer ciclo no accedía a la enseñanza media. El absentismo en ésta, por su parte, era aproximadamente de un 75%. El nivel educativo medio de la población chilena era de 4,2 años de estudio, siendo en la población rural de 2,4 años. Por otra parte, los métodos

A pesar de que las palabras del historiador puedan sonar un poco negativas, lo cierto es que, como se puede ver en el Gráfico 4, el porcentaje de chilenos que tenía la posibilidad de asistir a la educación secundaria había aumentado y, además, se había seguido invirtiendo en infraestructura escolar, los liceos tenían presencia en más ciudades y los docentes estaban cada vez más preparados para su labor.

GRÁFICO 4. Matrícula educación media
(Matrícula como porcentaje de la población entre 15 y 18 años)

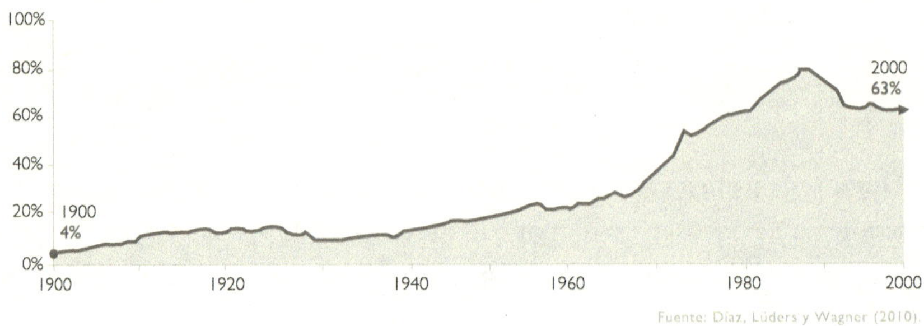

La siguiente reforma educacional importante ocurrió durante el Gobierno de Eduardo Frei Montalva. La mencionamos brevemente en la sección anterior porque estableció los cursos escolares como los conocemos hoy. Respecto de la educación secundaria, la reforma determinó que estaría conformada por cuatro años de educación media, y lo que se llamaba primero y segundo de humanidades se transformó en lo que hoy conocemos como séptimo y octavo básico. Junto con este cambio de sistema, vinieron esfuerzos por posibilitar que más estudiantes prosiguieran hacia la educación media y no solo fueran unos pocos los que continuaran con su aprendizaje académico. Sin embargo, el aumento de niños en la enseñanza escolar provocó un aumento de la demanda de educadores que no se alcanzaba a suplir. El Gobierno de Frei decidió solucionar el problema mediante la formación de profesores que solo tenían que tomar un curso durante el verano para quedar habilitados para ejercer como docentes. Por esta formación acelerada se les conoció despectivamente también como "profesores Marmicoc" (una marca chilena de olla a presión).

Es decir, únicamente se estaba solucionando el problema del acceso a la educación, pero no el de su calidad.

Este empeño de masificar la educación se prolongó durante las décadas siguientes, permitiendo así que el porcentaje de estudiantes de educación media como proporción de los chilenos entre 15 y 18 años de edad que asistía a la educación secundaria pasara de 23,7% a 62,9% en cuarenta años (1960-2000). Finalmente, ya en el siglo XXI, en el Gobierno del presidente Ricardo Lagos (2000-2006), se extendió la obligatoriedad de la educación a la enseñanza básica y media completa mediante la Ley N°19.876[51]. En 2013 el presidente Sebastián Piñera (2010-2014) promulgó la ley que extendió la obligatoriedad de la educación al Kindergarten, aumentando de doce a trece años la educación mínima exigida.

TENDENCIA 3: ¡Todos a la universidad!
Educación superior

A inicios del siglo XX en Chile existían solo dos universidades: la Universidad de Chile y la Pontificia Universidad Católica de Chile. En el país de nuestros abuelos ir a la universidad no solo era un privilegio de pocos, sino que de casi nadie. Es más, terminar la educación secundaria ya era una excepción, pues la gran mayoría, como ya se mencionó, solo podía aspirar a terminar la educación básica.

De estas dos universidades, la primera en abrir sus puertas fue la Universidad de Chile, fundada en 1843 por el venezolano Andrés Bello, y en sus inicios contaba solo con cinco facultades: Leyes y Ciencias Políticas, Ciencias Matemáticas y Físicas, Humanidades y Filosofía, Medicina, y Teología. Luego, en 1888, se fundó la Universidad Católica; sus primeros titulados fueron solamente ingenieros civiles, arquitectos y licenciados en derecho[52].

Años después aparecieron las primeras universidades fuera de Santiago: la Universidad de Concepción en 1919, impartiendo las carreras de dentística, farmacia, química industrial y pedagogía en inglés; la Universidad Técnica Federico Santa María, fundada en 1926 en Valparaíso, pero que empezó impartiendo clases en 1932 en su Escuela de Artes y Oficios y su Colegio de Ingenieros, basándose en la técnica y los oficios, y la Universidad Católica de Valparaíso en 1928, que inició enseñando en sus facultades de Ciencias aplicadas y Matemáticas y Ciencias Económicas y Comercio.

Luego se abrieron la Universidad Austral de Chile, en Valdivia en 1954, que tuvo como sus primeras facultades Bellas Artes, Agronomía, Ingeniería Técnica Forestal y Medicina Veterinaria; y la Universidad de Antofagasta –futura Universidad Católica del Norte– en 1956. En el año 1947 se fundó la Universidad Técnica del Estado, a partir de diversos planteles técnicos, para fomentar la educación técnico profesional y el cultivo de la ciencia y el desarrollo de la técnica de la producción y de la economía (decreto N°1.831 de 1947), la cual, junto con la Universidad de Chile y la Universidad Católica, en las décadas de 1950 y 1960, establecerían sedes en regiones.

Con el transcurso de los años no solo aparecieron nuevas universidades, sino que se sumaron también nuevas disciplinas. Hasta la década de 1930 muchas de las ciencias sociales y la filosofía eran estudiadas solo por autodidactas, y fue recién en las décadas del cuarenta y cincuenta que la economía, sociología, antropología, filosofía e historia dejaron de ser practicadas por entusiastas y se profesionalizaron. De esta manera, al comenzar la década de 1960 estas ya estaban constituidas como disciplinas autónomas, debido a que ya no se encontraban subordinadas a los intereses de otras disciplinas –como el derecho, por ejemplo–, dejando así de ser un apéndice en las facultades universitarias[53].

En 1981, bajo la Ley General de Universidades se desarticuló la red de universidades públicas chilenas: las sedes regionales de la Universidad de Chile, en conjunto con las sedes de la Universidad Técnica del Estado –la cual desaparece–, fueron transformadas en nuevas universidades públicas (la Universidad de Santiago de Chile, de Atacama, de Antofagasta, de La Serena, del Biobío y de la Frontera) e Institutos profesionales (IP) (IP de Talca, más tarde Universidad de Talca; IP de Osorno, luego Universidad de los Lagos; IP de Valdivia, luego integrado a la Universidad Austral de Chile; e IP de Magallanes, más tarde Universidad de Magallanes). Así, fueron separadas en su administración, regionalizándolas e independizándolas entre sí, con el fin de que la competencia interuniversitaria controlara su desarrollo y que tuvieran un menor tamaño, fueran más fáciles de administrar y alcanzaran un menor poder político.

A pesar de que en las décadas entre el Centenario del país y 1980 se aumentó considerablemente la matrícula de educación superior, la cobertura seguía siendo menor a un 10%, por lo que se mantenía como una posibilidad inalcanzable para muchos. Adicionalmente, en estas décadas, si bien aumentaron las disciplinas impartidas y se profesionalizaron los docentes, no se experimentaron cambios estructurales mayores en el sistema de educación superior.

Durante los primeros años de la dictadura militar, la matrícula disminuyó producto de la reducción de vacantes y carreras impartidas provocada por motivos políticos y de presupuesto; sin embargo, desde el año 1981 en adelante, debido a la autorización por parte del Gobierno para la apertura de nuevas instituciones privadas de educación superior, la cobertura empezó a aumentar rápidamente, como se ve en el Gráfico 5. Esta mayor oferta estaba compuesta tanto por universidades como por institutos profesionales y centros de formación técnica, que tenían los objetivos de "expandir la matrícula, [...], diversificar el sistema de educación superior, y de estimular la competencia entre instituciones"[54]. El proceso fue lento inicialmente, ya que entre 1981 y 1987 solo se autorizó la apertura de cinco universidades privadas y 23 IP, pero entre 1988 y 1989 se autorizaron 17 y 34 respectivamente. Finalmente, en 1990 el proceso se acelera y solo entre enero y el 7 de marzo de 1990 –justo antes de terminar el régimen militar– se autorizaron 18 universidades y 23 IP; mientras que los centros de formación técnica alcanzaron la cifra de 161 ese mismo año[55]. Este proceso de expansión fue el gran impulsor del aumento en las últimas décadas de la cobertura de educación superior que podemos observar en el Gráfico 5, y se produjo en poco tiempo, en comparación a otros países, como Suecia o Noruega, que alcanzaron los mismos niveles de matrícula en el doble de tiempo (unos treinta años)[56].

En la actualidad, la cobertura en educación superior de Chile es buena a nivel internacional, como muestra el Gráfico 6[57] para el año 2011, y muy buena, si nos comparamos con países con similar nivel de ingreso per cápita, como Croacia, Malasia o Letonia. Más aún, los buenos números no solo se observan a nivel de cobertura promedio, sino también en los sectores con menos ingresos de la sociedad[58].

Dar la posibilidad de tener estudios superiores a tantos jóvenes chilenos ha sido uno de los grandes logros alcanzados por sus padres y abuelos. Fueron las generaciones que nos precedieron las que se esforzaron para que sus hijos accedieran a esa oportunidad que ellos no tuvieron, y posiblemente se encuentran muy orgullosos al ver la cantidad de jóvenes que son primera generación de universitarios de sus familias. Sin embargo, a pesar de los avances observados, la "pega" está lejos de estar terminada, pues si bien la mejora en cobertura fue notable, algunas de estas nuevas universidades no mantuvieron el estándar de calidad mínimo deseado. Este es el desafío para las nuevas generaciones: nuestros padres lograron aumentar la cobertura, es tiempo de que en el siglo XXI nos tomemos en serio la lucha por la calidad en la educación, en todos sus niveles.

GRÁFICO 5. Matrícula educación superior
(Matrícula como porcentaje de la población entre 19 y 25 años)

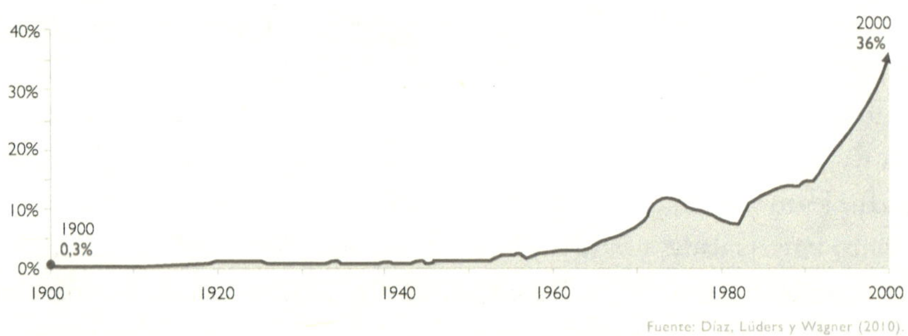

GRÁFICO 6. PIB per cápita y matrícula en educación superior

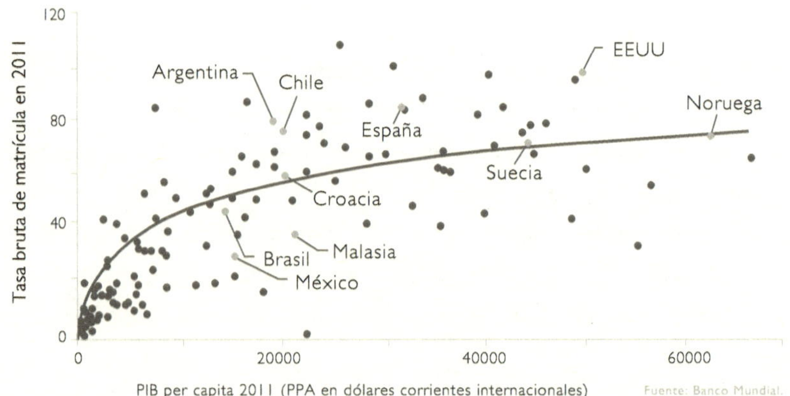

TENDENCIA 4: Midiendo el nivel de educación de los chilenos
Años promedio de escolarización

La breve historia sobre la notable evolución de la cobertura educacional recién descrita y el aumento de la escolaridad efectiva –la cual muestra el promedio de los años de escolaridad efectivos de la población total del país– se encuentra resumida en el Gráfico 7 de años de escolaridad promedio en Chile. De esta figura se desprende que los años de educación formal que tenían en promedio los chilenos aumentaron desde 2,75 años en 1910 –reflejo de la baja cantidad de personas que continuaban sus estudios hacia la enseñanza secundaria y universitaria, así como de la alta deserción escolar durante los primeros años de escuela básica– hasta 11,13 años en 2010. Y la realidad de las nuevas generaciones es mejor aún. Ya que, a pesar de que el aumento de la cobertura en todos los niveles educacionales llevó a que los chilenos del Bicentenario tuvieran en promedio ocho años más de educación formal que sus símiles del Centenario, este indicador, al considerar toda la población, subestima la mayor cantidad de años de educación de las nuevas generaciones (ya que las personas de mayor edad reducen el promedio a 11,13 años al tener menor educación). Los chilenos que hoy tienen 40 años recibieron en promedio más años de formación que sus conciudadanos que hoy tienen 50, y la generación que se formó bajo la Ley de Enseñanza Media Obligatoria va a tener aún más años de educación formal en promedio, por lo que este indicador seguirá subiendo.

GRÁFICO 7. Años de escolaridad promedio en Chile (1850-2010)

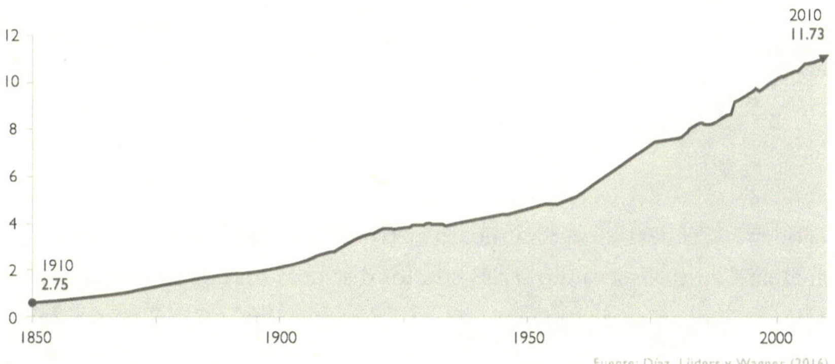

Otra manera de ver el aumento del nivel de educación formal en Chile es la calculada por Díaz, Lüders y Wagner[59], quienes juntan los años de escolaridad de todos los chilenos en una medida de "universitarios equivalentes"[60]. Esta metodología suma los distintos tipos de educación según su valor para el mercado[61], y no linealmente según los años de escolaridad. Lo que se puede apreciar consecuentemente en el Gráfico 8, que presenta esta medición para los años 1852 a 1995, es que el crecimiento más rápido de los *universitarios equivalentes* en Chile en el siglo XX se produjo en tres etapas: entre 1900 y 1920, cuando aumentó más la cobertura en educación básica; en las décadas de 1970 y 1980, cuando hubo un mayor incremento en la cobertura en educación media; y en los años ochenta, cuando aumentó fuertemente el acceso a la educación superior. En 1995 esta medida alcanzó el 16,1%, lo que se interpreta como que la educación de los chilenos en 1995 era equivalente a que un 16,1% de la población total tuviera educación universitaria completa. En 1960, antes de que estas cifras iniciaran un rápido crecimiento, esta medida alcanzaba solo un 5,6%.

GRÁFICO 8. Universitarios equivalentes en Chile (1852-1995)

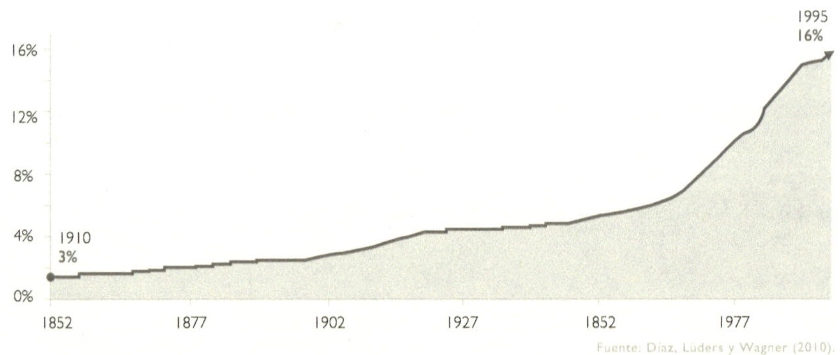

Podemos realizar un acercamiento alternativo a la evolución de la educación formal en Chile observando series con los distintos niveles educativos alcanzados por la población. Según datos de los censos de 1960 a 2017 resumidos en el Gráfico 9, los jefes de hogar que terminaron la educación primaria tuvieron un importante aumento, al pasar de ser un poco menos que la mitad de la muestra a ser casi el 85% a inicios del siglo XXI. Mientras que los universitarios aumentaron su proporción en la población más de tres veces, pasando de 1,8% a 6% en los 42 años entre 1960 y 2002. Más impresionante ha sido el aumento en los quince años entre 2002 y 2017 en que la proporción de universitarios se volvió a triplicar. Sin embargo, al igual que lo que ocurría con los años de educación promedio, hay que considerar que estos datos tienen el problema de agrupar en un conjunto a personas de todas las edades en cada año, por lo que la expansión de la educación no se ve completamente reflejada en esta imagen global. Por ejemplo, si consideramos solo los jefes de hogar de entre 30 y 34 años, datos que se muestran en el Gráfico 10, el aumento sería más pronunciado. Así, los que terminaron la educación secundaria aumentaron en este periodo de 7% a 83%, en vez del 59% encontrado si consideramos toda la muestra. Finalmente, en el Gráfico 11 presentamos este mismo ejercicio, pero ahora diferenciado por regiones. Esto nos permite ver que las mejoras se experimentaron a lo largo de todo el país, aunque algunas zonas comenzaron de niveles más precarios que otras; se trata de diferencias que, en parte, se mantienen hasta hoy.

GRÁFICO 9. Nivel educativo alcanzado en Chile, 1960-2017
(% de los jefes de hogar que alcanzaron los respectivos niveles educativos)

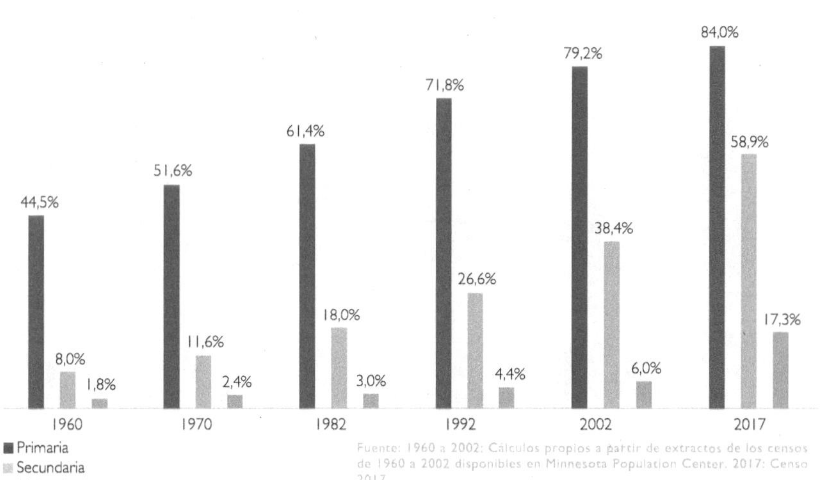

GRÁFICO 10. Nivel educativo alcanzado en Chile, 1960-2017

(% de los jefes de hogar entre 30 y 34 años que alcanzaron los respectivos niveles educativos)

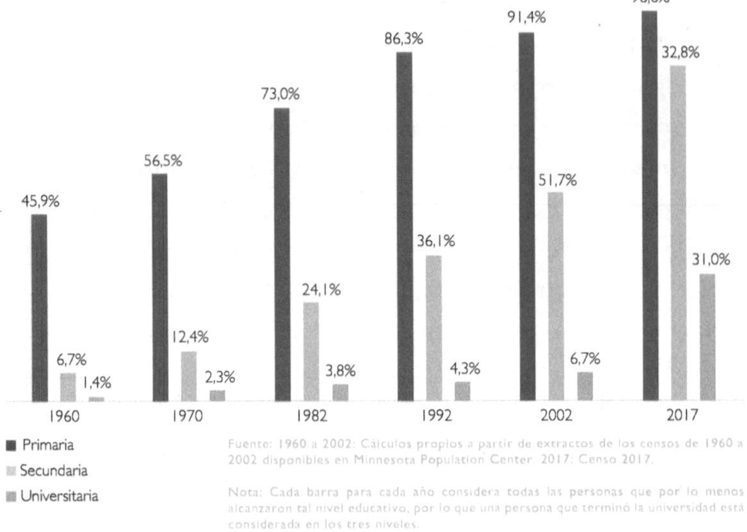

Fuente: 1960 a 2002: Cálculos propios a partir de extractos de los censos de 1960 a 2002 disponibles en Minnesota Population Center. 2017: Censo 2017.

Nota: Cada barra para cada año considera todas las personas que por lo menos alcanzaron tal nivel educativo, por lo que una persona que terminó la universidad está considerada en los tres niveles.

GRÁFICO 11. Porcentaje de jefes de hogar con ed. universitaria por regiones

(Regiones unificadas por consistencia territorial)

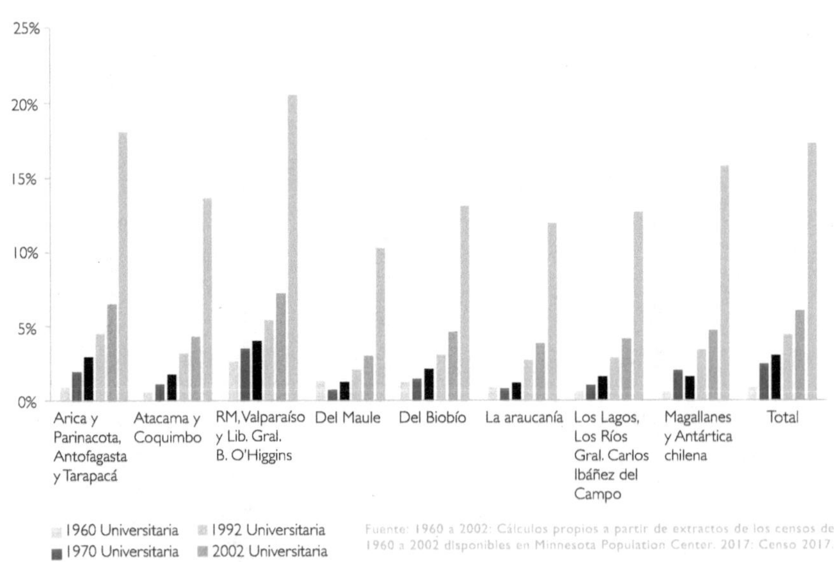

Fuente: 1960 a 2002: Cálculos propios a partir de extractos de los censos de 1960 a 2002 disponibles en Minnesota Population Center. 2017: Censo 2017.

Los años de educación formal alcanzados por la población no varían solo entre regiones, sino también entre hogares con distinto nivel de ingreso. Para estudiar cómo ha evolucionado la desigualdad en los años de educación alcanzados por la población chilena, ocupamos un índice Gini[62], tomando los años de escolaridad de la población laboralmente activa –entre 18 y 60 años– como variable[63]. Los resultados, calculados nuevamente con datos de los censos de Chile entre 1960 y 2017, se pueden observar en el Gráfico 12.

El emparejamiento en la distribución que podemos notar en los años de educación entre 1960 y 1982 proviene principalmente de la mayor cantidad de personas que terminaron la educación primaria y del mayor porcentaje de chilenos de clase media y baja que pudo continuar con sus estudios secundarios. Entre 1982 y 2017 el principal factor de la reducción de este índice fue el aumento en el porcentaje de jóvenes que terminaron sus estudios secundarios y la mayor cobertura de la educación superior. Por tanto, en el Chile de la segunda mitad del siglo XX hubo tanto un aumento de los años de escolaridad como una disminución de la desigualdad en los años de educación cursados.

GRÁFICO 12. Gini años de educación

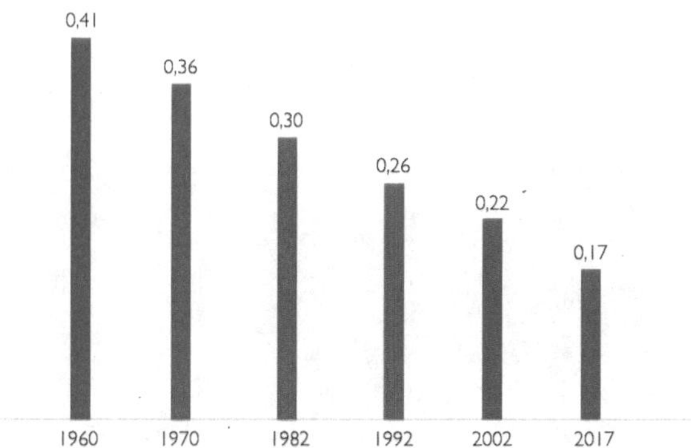

Fuente: 1960 a 2002: Cálculos propios a partir de extractos de los censos de 1960 a 2002 disponibles en Minnesota Population Center. 2017: Censo 2017.

Transformación del trabajo

TENDENCIA 5: ¿En qué trabajaban los chilenos?
Los sectores productivos

Cuando uno piensa en la importancia de los sectores económicos en la historia de Chile durante el siglo XX, el primero que se viene a la mente es la minería. Sin embargo, si queremos hablar específicamente del trabajo que realizaba la mayoría de los chilenos durante la primera mitad de ese siglo, nuestro foco debería ser puesto en la agricultura.

A pesar de lo paradójico que esto pueda sonar, la explicación reside en que, a pesar de que la minería ha sido un sector de alto impacto económico a través de la historia, no congrega una gran cantidad de trabajadores en sus faenas, como sí lo hace la agricultura[64]. Por ejemplo, podemos apreciar en los Gráficos 13 y 14 que, a inicios del siglo XX –según el Censo de 1907–, 470.423 chilenos eran agricultores, labradores o gañanes (jornaleros). Esto representa un 37,46% de la totalidad de trabajadores del país y se compone casi enteramente de hombres, mientras que los mineros eran "solo" 34.020 hombres, es decir, un 2,71% de la fuerza laboral del país (incluidos dentro de los "otros" en el gráfico).

GRÁFICO 13. Profesiones y oficios en el año 1907

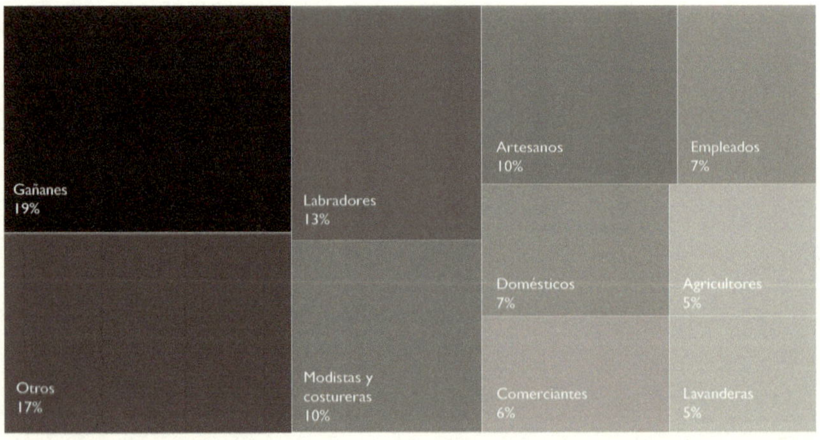

Fuente: Censo Nacional de Población de Chile de 1907.

GRÁFICO 14. Profesiones y oficios en el año 1907 (hombres)

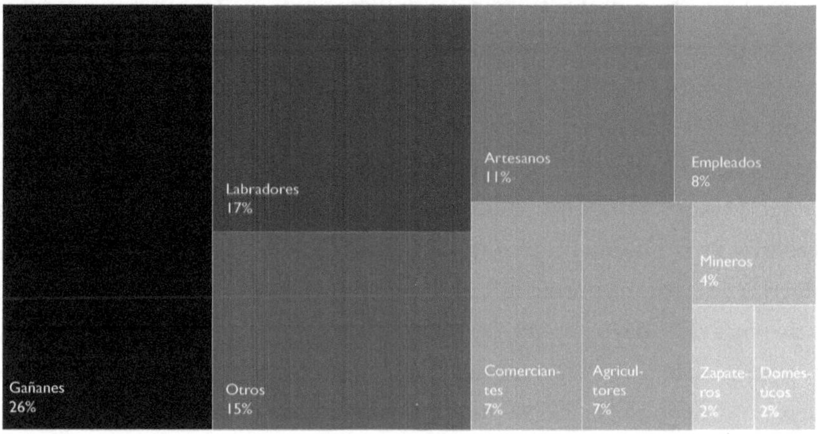

Fuente: Censo Nacional de Población de Chile de 1907.

A continuación, describiremos brevemente algunos aspectos importantes de la vida rural en el siglo XX, repasaremos la evolución del trabajo agrícola en Chile y veremos cómo, con el pasar de las décadas, los trabajadores fueron migrando desde este sector de la economía hacia otros.

Sector agrícola

Casi desde el inicio del asentamiento de los españoles en lo que sería la zona central de la República de Chile, el país basó su economía en la agricultura, ya que los metales preciosos se agotaron pronto, o bien se encontraban inaccesibles al otro lado de la frontera del río Biobío. Desde aquella época, el sistema socioeconómico en que se desarrolló el trabajo agrícola fue de una alta concentración de tierras en estancias –dedicadas a la crianza ganadera– y, posteriormente, en haciendas. A inicios del siglo pasado, esta actividad era poco modernizada y continuaba ocupando el sistema de inquilinaje, en uso desde la época colonial. Este sistema consistía básicamente en una forma de trabajo donde los inquilinos prestaban sus servicios y el de su familia como mano de obra en las tierras del patrón, recibiendo a cambio un pago en especies, así como también una porción de tierras cultivables para su beneficio, pero que no eran de su propiedad. Vivían junto a sus familias en casas precarias, una de las cuales fue descrita por Tancredo Pinochet a comienzos de ese siglo del siguiente modo: "Se compone de un dormitorio, donde duerme en promiscuidad toda la familia, y otra pieza, que es una especie de bodega, donde se resuelven en confuso montón, monturas, frenos, ollas. Las piezas no están entabladas ni en el piso, ni en el cielo; las murallas no están ni pintadas, ni empapeladas, ni siquiera enlucidas. El dormitorio es oscuro, sin ventilación, de mal olor. La gente come en el suelo"[65]. Además de esto, muchos inquilinos vivían inmovilizados en la hacienda por las deudas contraídas con las pulperías de la misma propiedad, que aprovechaban de venderles los productos a precios más altos de lo común.

A pesar de lo precaria de esta realidad, los inquilinos no eran los trabajadores que peor se encontraban. Ellos tenían una vida estable, trabajo y hogar permanente, lo que les permitía un nivel de vida superior al de los peones. Estos últimos eran la mano de obra flotante y desarraigada, contratada en la temporada de mayor trabajo agrícola y que iba de campo en campo buscando empleo. A ellos se les pagaba por la labor del día en dinero (el jornal), comida y/o especies, y dormían al aire libre o allegados –si podían– a algún inquilino. Por último, dentro de los tipos de trabajadores agrícolas, también se encontraban los labradores, quienes, a diferencia de los inquilinos, poseían pequeñas propiedades independientes –no asociadas a estas haciendas– o arrendadas.

El trabajo en el campo se realizaba de sol a sol y básicamente a mano, con azadas o guadañas para segar los cultivos –aunque a veces se utilizaban máquinas simples, como la segadora mecánica tirada por caballos o la trilla–. En las décadas del Centenario, el trabajo agrícola era más básico e intensivo físicamente, y no ocurrió una modernización mayor y extendida de las labores del campo sino hasta la segunda mitad del siglo XX.

Los hacendados no tuvieron los incentivos para invertir en sus tierras y aumentar su productividad durante la segunda mitad del siglo XIX ni tampoco durante la primera del siglo XX. En los momentos de *boom* prefirieron actuar ampliando las tierras cultivadas y contratando más de la mano de obra barata que había disponible. Los dueños de las haciendas, residentes de Santiago, gran parte de las veces preferían canalizar sus ganancias de la agricultura a la inversión financiera y a la banca, en vez de invertirlas en sus haciendas, donde la inversión en capital fue mucho menor[66]. A pesar de esto, el sector creció durante la primera mitad del siglo pasado gracias al aumento demográfico del país y el consecuente incremento de la demanda interna. Sin embargo, la baja productividad y los efectos negativos sobre la agricultura que trajo la protección industrial de la época de la Industrialización por Sustitución de Importaciones (ISI) –desde la década de 1940 a la de 1970– provocaron que, al mismo tiempo que se buscaba favorecer la producción industrial, se desprotegiera a los productos alimenticios e insumos, desincentivando aún más la inversión agroganadera. Todo esto indujo a que desde la década 1940, y cada vez más hasta después del golpe militar en 1973, Chile se viera obligado a importar masivamente alimentos[67].

Respecto de las políticas agrarias, durante la década del sesenta se elevaron las críticas al sistema de tenencia de la tierra y se atribuyó a este la baja producción agropecuaria del país. Para hacer frente a este hecho, se implementaron sucesivas reformas agrarias con el propósito de desconcentrar la propiedad y hacer producir las tierras subexplotadas.

La primera de estas reformas fue realizada en 1962 durante el Gobierno de Jorge Alessandri. Aunque en realidad fue pequeña su intervención en las tierras –se le llamó por eso la "Reforma de macetero"–, creó las instituciones que en los siguientes periodos presidenciales expandirían su impacto.

Durante el Gobierno de Eduardo Frei Montalva (1964-1970) se expropiaron 3,5 millones de hectáreas de campo y se reasignaron a treinta mil familias campesinas, entre 1967 y 1970.

En el de Salvador Allende (1970-1973), este sistema de expropiación y reasignación se agudizó debido a que incluso familias que todavía no habían sido beneficiadas recurrieron directamente a la toma de los campos, y en total se expropiaron en torno a 6,4 millones de hectáreas de tierra. Esta nueva política agraria tuvo su fin en 1973, con el golpe de Estado, pero a pesar de que la política no continuó, el sistema antiguo de haciendas con una producción poco moderna, basada en el inquilinaje y de escaso capital, no volvería a la vida rural chilena[68].

En el Gráfico 15 podemos apreciar que efectivamente durante la década del sesenta se elevó la producción agrícola por trabajador (*proxy* de productividad). Sin embargo, el gran despegue de la agricultura surgió un poco después, en los ochenta, cuando Chile decidió abrirse al comercio exterior. De esta manera, la apertura a la competencia, la tecnificación de la producción y la mayor profesionalización de la agricultura, permitieron en las últimas décadas aprovechar las ventajas comparativas del país y aumentar su productividad a niveles nunca antes vistos en su historia.

GRÁFICO 15. PIB por trabajador en el sector agrícola
(En pesos de 1906)

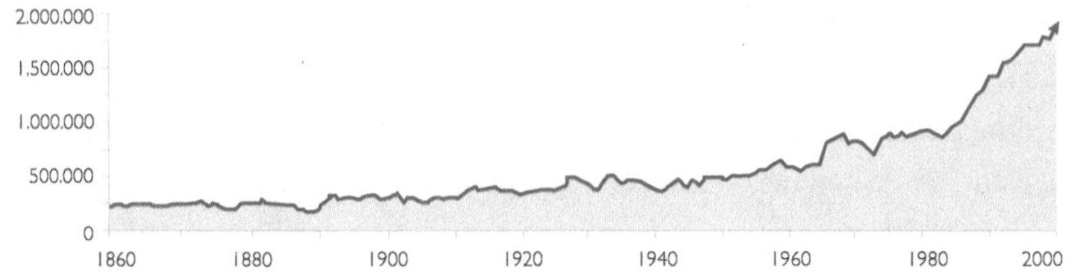

Respecto de las cifras de trabajo, a inicios del siglo XX más de 400 mil personas –es decir, un 38% del total de la fuerza laboral– trabajaba en tareas agrícolas o de pesca en Chile, cantidad que aumentó constantemente hasta llegar a las 683 mil personas en 1960, y a 777 mil a final de siglo. Sin embargo, este aumento tiene más relación con el crecimiento demográfico que con un incremento de la importancia de la agricultura en la fuerza laboral; pues ya en la década de 1870 este sector había llegado a su máxima participación en la fuerza laboral (45% aproximadamente) y desde entonces –especialmente desde 1930 en adelante– solo ha descendido hasta alcanzar un 12% en el año 2000 y un 10,4% en 2010.

El fuerte proceso de urbanización que se desarrolló desde la década de 1930 incidió en el declive de la fuerza laboral agrícola. No obstante, este descenso también fue fomentado por el crecimiento de la productividad en la agricultura. Esta hizo posible producir la misma cantidad ocupando menos trabajadores, lo que permitió alimentar a una mayor población urbana dedicada a otras actividades. Por ejemplo, podemos notar que en 1910 el PIB agropecuario fue de 158.317 millones de pesos de 1996[69], lo cual fue producido por 482.485 trabajadores. Por tanto, su productividad media por trabajador fue de $328.130. En contraste, a comienzos de este siglo con solo 82.852 trabajadores, es decir, un sexto de los necesarios en 1910, hubiéramos podido producir el mismo monto que en aquel año.

Tal vez las cifras en pesos y trabajadores no sean tan palpables para demostrar el crecimiento productivo del país. Veamos entonces la evolución de la producción de cereales en Chile. En el año 2010 se obtuvieron en Chile un poco más 15 millones de quintales de trigo, como se puede apreciar en el Gráfico 16, mientras que durante toda la primera década del siglo XX produjimos anualmente solo un tercio de estos quintales. El aumento del maíz producido fue aún mayor, de 300.000

quintales en 1910 a 13,5 millones en 2010; mientras que las papas ascendieron de 2 millones a 10 millones de quintales. Todo esto, además de otros productos más diversos, solo con un 70% más de trabajadores que en 1910[70].

GRÁFICO 16. Producción de productos agrícolas en Chile (1860-2010)

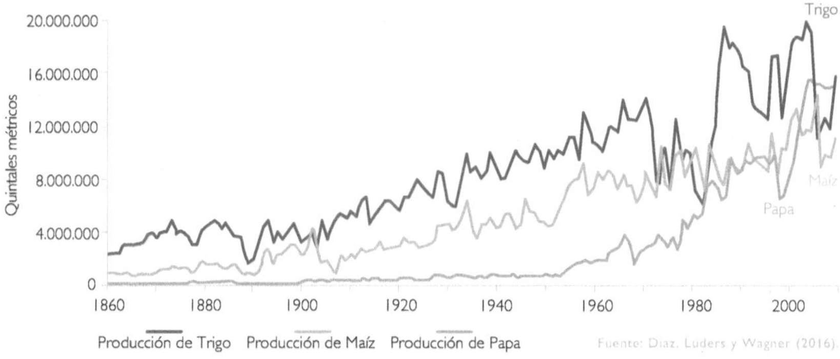

Si bien el sector agropecuario era el que congregaba más trabajadores en sus faenas a comienzos del siglo XX, con el transcurso de esa centuria el sector secundario fue tomando mayor preponderancia, y aumentando así su importancia económica relativa. A continuación, analizaremos esta evolución.

Sector secundario

En el Chile del siglo XIX el sector secundario –artesanal, manufacturero e industrial– era pequeño. No en el sentido de la cantidad de personas que trabajan en las labores artesanales o manufactureras, ya que un cuarto de la población se desempeñaba en este sector[71], sino que en el sentido de que la mayoría de ellos trabajaba en empresas familiares, pequeñas –según los estándares actuales–, o bien por cuenta propia. Esto se debía a que la población chilena era poca y mayoritariamente pobre, por lo que el mercado doméstico no era lo suficientemente atrayente para la creación de mayores industrias. Adicionalmente, tampoco se había realizado una acumulación de capital físico y humano, necesario para el desarrollo de una industria más compleja y de mayor tamaño[72]. Debido a esto, en muchos casos eran las mismas familias las que fabricaban sus propios productos[73].

El Censo Industrial realizado en 1895 por la SOFOFA muestra que el promedio de empleados por establecimiento en esos años podía variar desde 5 en Talcahuano hasta 30 en Valparaíso, en tanto Concepción tenía 21 empleados por establecimiento y Santiago 17. Sin embargo, la mayoría de las industrias allí referidas eran empresas pequeñas: zapaterías, panaderías, modistas, sastrerías, herrerías, pequeñas fábricas de muebles, empresas de fotografía, entre muchas otras; y el promedio lo elevaba un par de empresas de mayor tamaño que contrataban más de cien o doscientos empleados.

Por ejemplo, en Coelemu, de los 517 trabajadores industriales que había en la ciudad 340 trabajaban en una sola fábrica de paños: Bellavista de Tomé, "la más acreditada tal vez de las que existen en la actualidad en el país", según el Censo Industrial. En esta misma línea, los santiaguinos tenían en su ciudad tres fábricas de cervezas y maltas como los establecimientos industriales más grandes, entre las que se encuentran las de Gubler & Cousiño, en Providencia al lado del río Mapocho, y la Fábrica de Cerveza Andrés Ebner, situada en la calle que hoy es Avenida Independencia[74]; le seguían las fábricas de conservas de frutas y legumbres de Osvaldo Pérez Sánchez, y la de Compañía de consumidores de gas *hidrójeno*, que empleaban cien personas, y el establecimiento de tejidos de lana de Santiago, donde trabajaban 140 operarios. Por otro lado, en la zona de Valparaíso, los establecimientos más grandes eran las caldererías y fábricas de maquinaria o fundiciones, como las de Lever, Murphy i Cia. y la de Balfour, Lyon i Cia, que operaban con 600 personas cada una; además de la Refinería de Azúcar de Viña del Mar, con 500 operarios y la fábrica de Justiniano *i* Cia., que tenía 400 mujeres realizando confecciones militares. A su vez, en la zona de Concepción, la refinería de azúcar de Penco era el establecimiento industria principal al emplear a 370 operarios.

La gran mayoría de estos establecimientos tenía una alta proporción de hombres, y solo unos pocos contaban con más mujeres que hombres trabajando, como era el caso en Santiago de la fábrica de conservas, las sombrerías para señoras y los establecimientos de bordado.

El trabajo de niños estaba presente en varias empresas pequeñas y familiares, pero también en mayor cantidad en fábricas, como las de galletas, las de cervezas y maltas, y las de tejidos en la capital. La ocupación infantil era una realidad deplorable en aquella época, que se ha ido dejando en el pasado casi completamente. El historiador Gonzalo Vial plasma esta situación de principios del siglo pasado citando las impresiones de Juan Enrique Concha –parlamentario por el Partido

Operarias en máquina automática para encabezar fósforos (1930).

Conservador entre 1906 y 1927– tras visitar un establecimiento industrial: "Jamás he sentido una impresión más fuerte (...) [que con] una fábrica de botellas después de medianoche. Pude ver ahí una cantidad de pequeñuelos, algunos de ocho años, tal vez, que al lado de los hornos de fundición, semidesnudos, sudaban copiosamente, con sus caras tiznadas, sus semblantes demacrados, sus ojitos soñolientos, y que debían seguir en su tarea... hasta el aclarar del nuevo día"[75].

Niños obreros en las minas de carbón de Curanilahue (1924).

Otra característica del sector secundario chileno es que estaba conformado por industrias livianas y poco intensivas en capital, las cuales tenían como objetivo principal la transformación de los productos agrícolas en mercancías manufacturadas para la exportación[76]. Parte importante de estas industrias, las más modernas, fueron iniciadas por inmigrantes, quienes también cumplieron un rol importante en la oferta de mano de obra técnica y profesional necesaria en el área manufacturera.

Entre los productos que se fabricaban en Chile, se encontraban el vino, la cerveza, el azúcar, los fideos y otros alimentos procesados. También se producían cueros, muebles y confecciones, entre otros productos. Adicionalmente hay que recordar las primeras empresas de electricidad y gas, y el siempre presente sector de la construcción. Por último, también se deben considerar todas las industrias que se desarrollaron en torno a la minería del carbón y el salitre desde el siglo XIX debido a su alta demanda de insumos.

En la próxima sección se describirán en detalle las condiciones laborales en estas fábricas, pero por ahora se puede decir que la legislación en torno a la seguridad laboral y la higiene en esos lugares de trabajo era nula a principios del siglo XX. La mayoría de los establecimientos de menor escala operaban en edificios no acondicionados para el trabajo industrial, con poca luz y exiguas instalaciones higiénicas; y existía una gran cantidad de accidentes laborales que se debía principalmente a la falta de prevención por parte de los patrones y a la nula normativa al respecto[77].

A pesar de que la industria chilena transitó sus primeros pasos dentro del ámbito de la empresa privada, desde 1924, y con más fuerza desde la siguiente década, el Estado fue el que encauzó la economía del país ocupando como principales herramientas el fomento, la regulación y la planificación. Entre sus objetivos se encontraron la industrialización y modernización de la economía, como también la protección laboral y social de la población.

Respecto de la industrialización, se puede notar en el Gráfico 17 que desde finales de la cuarta década del siglo XX el sector manufacturero aumentó notablemente su participación en la economía desde el 11% del PIB hasta el 25% del PIB en 1973, siendo el principio de la década de 1940 el punto de inflexión.

GRÁFICO 17. Producto interno bruto por sector (1900-2000)
(% del PIB)

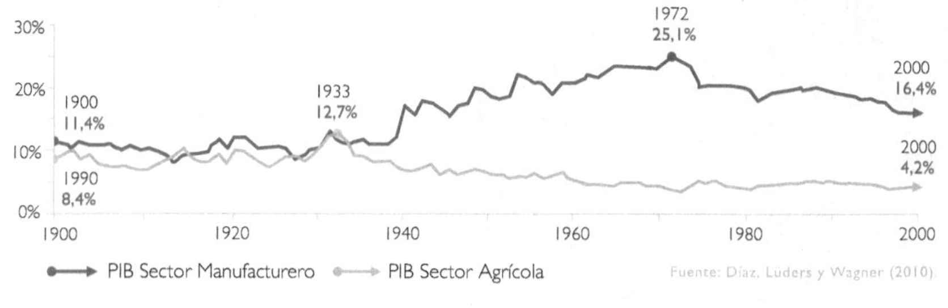

Los trabajadores de la segunda mitad del siglo

Como vimos al analizar el sector agrícola, en la medida en que aumentó la productividad de ese rubro en el país, se necesitó menos mano de obra en la producción de alimentos para poder sustentar a la población. Esto provocó que durante el transcurso del siglo el jefe de hogar emigrara junto a su familia a áreas urbanas en busca de otros trabajos. Este proceso migratorio fue importante y estaba íntimamente ligado a otras evoluciones, como la concentración poblacional y el desarrollo de nuevas y más diversificadas industrias y servicios.

A mediados del siglo XX las profesiones y oficios son mucho más diversificados que a principios de 1900. Esto se refleja en los Gráficos 18 y 19, que tienen más profesiones u oficios particularizados, pero a la vez la sección "otros" es más grande que en los gráficos de 1907.

Entre los nuevos oficios que aparecen, los de mayor presencia son mecánicos y trabajadores en metal; carpinteros y trabajadores en madera; electricistas, albañiles, pintores, fontaneros y afines; y operarios y jornaleros en fábricas. Sin embargo, los sectores que contratan más trabajadores se mantienen: el sector agropecuario, el servicio doméstico y el trabajo administrativo.

En esta época, en paralelo a la diversificación de oficios, se comenzó a concentrar paulatinamente la industria nacional en Santiago. En 1960 el 51,9% de los establecimientos industriales y el 58,5% del empleo en este sector ya se encontraban en la capital. Y en 1967 la provincia de Santiago poseía el 64,4% de las industrias de cincuenta trabajadores o más[78].

GRÁFICO 18. Profesiones y oficios en el año 1952

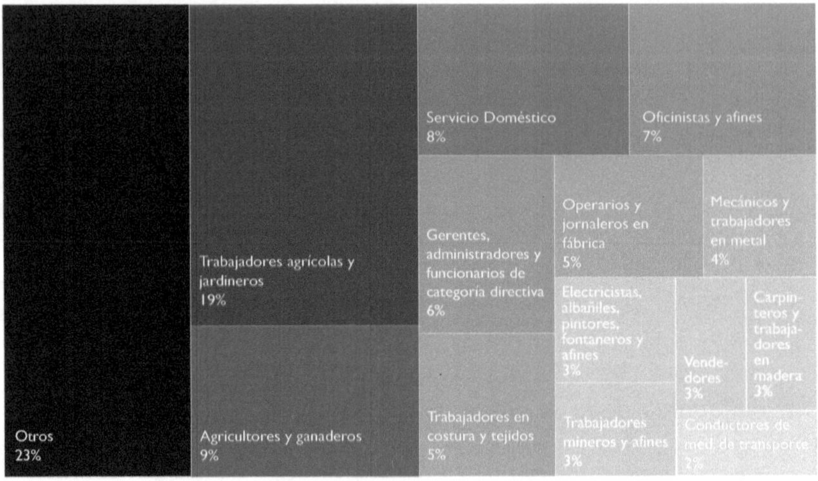

Fuente: XII Censo de población y I de vivienda (1952).

GRÁFICO 19. Profesiones y oficios en el año 1952 (hombres)

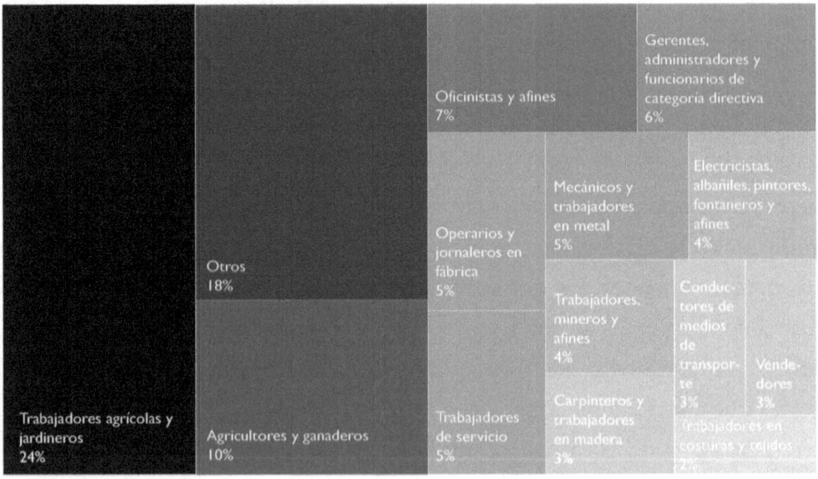

Fuente: XII Censo de población y I de vivienda (1952).

La diversificación de oficios y la concentración de la industria en Santiago son dos tendencias que marcaron a los trabajadores de mediados de siglo. Sin embargo, probablemente la tendencia laboral más importante de esta segunda mitad de siglo fue la transición desde la predominancia del sector primario a una situación en que el sector terciario (las actividades de servicios) crea la mayor cantidad de puestos de trabajo. Este cambio en la fuerza laboral se observa claramente en el censo de 1982, donde se constata que más de la mitad de la población activa de Chile trabajaba en empresas productoras de servicios y no de bienes, como el comercio, las actividades financieras, la educación, la administración pública, el servicio a personas y empresas, el turismo, el transporte, entre otras.

La extensión de este cambio la podemos apreciar también en el Gráfico 20. El siglo XX comenzó con una predominancia del sector primario, representado aquí por las ramas de agricultura y pesca, y de la minería, las cuales demandaban un poco más del 40% de los trabajos en el país. Pero desde 1930 estos sectores iniciaron una declinación continua que se extendió hasta finales de siglo, causada, en parte, por el aumento de la productividad derivada de la mecanización y la utilización de mejores métodos de producción. Por el contrario, solo una de las ramas de actividad del sector terciario, el comercio, que a principios de siglo representaba alrededor de un 7% del trabajo, terminó en el año 2000 superando por sí sola la fuerza de trabajo utilizada en la agricultura, la pesca, la minería y la industria.

GRÁFICO 20. Fuerza de trabajo por sectores (1900-2010)
(% del total)

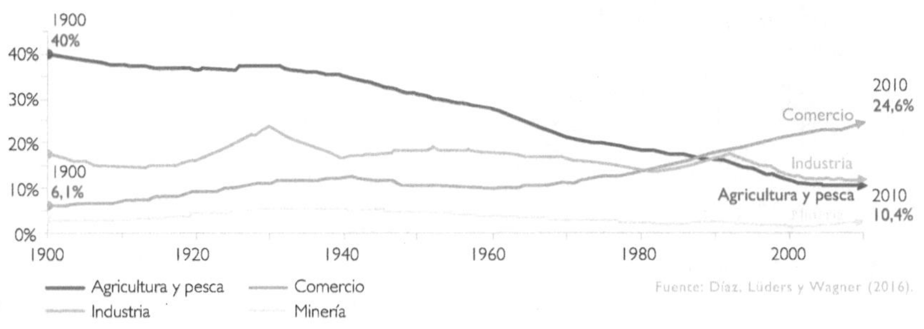

El sector terciario tiene dos grandes periodos de crecimiento en la historia nacional. El primero se desarrolla durante finales del siglo XIX y las tres primeras décadas del siglo XX, años en que existe un importante aumento de la población urbana y se consolidan las casas comerciales como nuevo estilo de venta. Posteriormente, un segundo periodo de crecimiento más pronunciado se inició en la década de 1960 como consecuencia de la diversificación y crecimiento de ramas del sector terciario –como el sector financiero, el hotelero y el gastronómico– y a la mayor demanda de trabajo en otros sectores terciarios más tradicionales, como la construcción, la enseñanza, la salud y el transporte.

¿Y en qué trabajan los chilenos hoy? Utilizando los datos del censo del 2017, podemos ver en los Gráficos 21 y 22 cuánto cambiaron las ocupaciones de los chilenos respecto de sus antepasados encuestados en 1907. A diferencia de estos últimos, los chilenos del siglo XXI se desempeñan en una mayor variedad de ocupaciones, las cuales están menos asociadas al trabajo físico y más a los servicios. Estos nuevos trabajos requieren ciudadanos más preparados, requerimiento que ha sido posible gracias a los avances en educación relatados anteriormente.

GRÁFICO 21. Profesiones y oficios Censo 2017

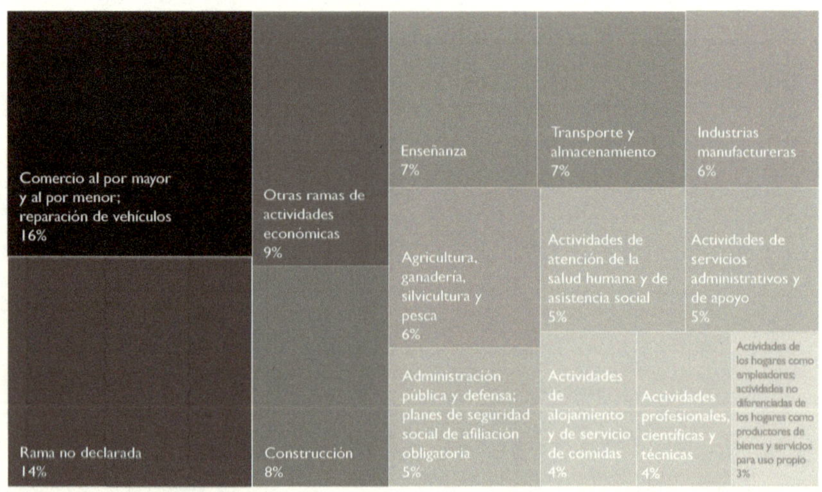

Fuente: Instituto Nacional de Estadística, Censo de población y vivienda de 2017.

GRÁFICO 22. Profesiones y oficios en el año 2017 (hombres)

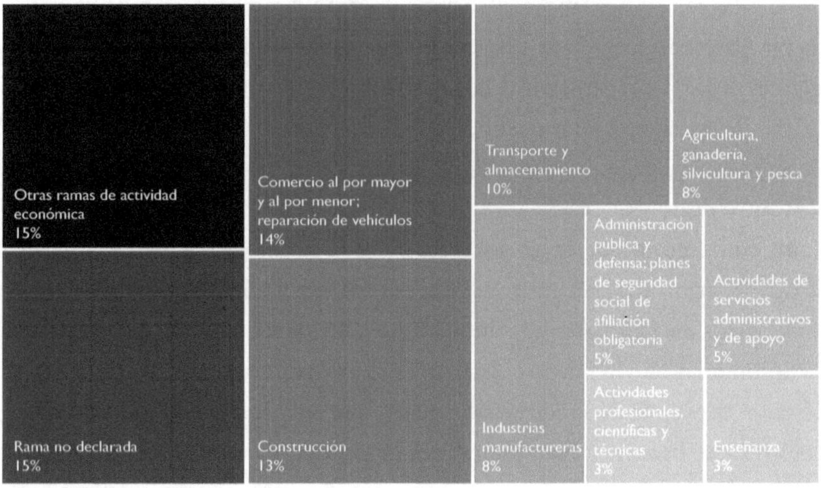

Fuente: Instituto Nacional de Estadística. Censo de población y vivienda de 2017.

Adicionalmente, en el censo de 2017 vemos que, entre las ocupaciones desempeñadas por los hombres, algunas que destacan son: conductores de vehículos, técnicos, oficiales y operarios de industrias, trabajadores dedicados a las ventas y servicios, oficinistas y vendedores. ¿Y cómo ha sido, en particular, la evolución del trabajo femenino? Su desarrollo fue tan interesante durante el siglo XX que en el próximo capítulo le dedicaremos una sección exclusiva.

TENDENCIA 6: Los derechos de los trabajadores
Legislación y condiciones laborales

El siglo XX comenzó con realidades laborales paupérrimas. En palabras del historiador Álvaro Góngora, "las condiciones laborales eran tremendamente duras y hasta 1907, en que se legisló sobre la materia, se trabajaba entre 12 y 14 horas diarias, sin descanso dominical. Por otra parte, las relaciones patrón-obrero no estaban reguladas y los salarios, en las salitreras, se pagaban con fichas, cuyo valor no siempre era respetado y no tenían seguridad del Estado"[79].

Las leyes laborales que existían en Chile a inicios del siglo XX –las pocas que había– correspondían a un grupo desperdigado de leyes que se encontraban en diversos códigos, como el Código Civil y el Código de Comercio. En aquel entonces las relaciones laborales se consideraban dentro del marco privado de la vida y la libertad contractual, por lo que se juzgaba que no era menester del Estado reglamentarlas[80]. En otras palabras, nada sino la voluntad de las partes regulaba el pacto de trabajo, el salario, el despido, la huelga, el sindicato, la previsión por enfermedad y vejez, los accidentes en las labores, el horario de la jornada diaria, el descanso dominical, etc.[81].

Sin embargo, desde fines del siglo XIX la cada vez mayor urbanización e industrialización del país profundizó los problemas sociales y laborales en unas ciudades que no estaban preparadas para recibir tanta gente. La problemática de las condiciones de vida de los obreros y trabajadores durante estos años se resumió en el concepto de la "cuestión social", que engloba la situación de pobreza, inseguridad e innumerables accidentes laborales, hacinamiento, problemas de salubridad y de higiene, por mencionar los principales. Como respuesta a este contexto, se desarrolló un fuerte movimiento obrero y social en pos de mejorar las malas condiciones de vida de la población chilena.

Entre las exigencias de los trabajadores para solucionar algunos de estos problemas se incluía la promulgación de leyes laborales que regularan el trabajo y protegieran así a sectores históricamente marginados. De ese modo, como consecuencia de un contexto confrontacional y huelguista, de eternas discusiones parlamentarias con respecto al tema de la legislación laboral, de reacciones estatales represivas que llegaron a la matanza de obreros; de respuestas políticas como la formación de partidos de izquierda –como el Partido Democrático en 1887 o el Partido Obrero Socialista en 1912– o el surgimiento del anarcosindicalismo, y respuestas clericales como la publicación y divulgación de la encíclica *Rerum Novarum* (1891) –la primera encíclica social de la Iglesia Católica–; se aprobaron durante las tres primeras décadas del siglo pasado las primeras leyes laborales.

Las "leyes sociales" sobre el tema laboral se aprobaron desde 1907 en adelante. La primera fue la Ley de descanso dominical (N°1.990), dictada dicho año y sustituida por otra en 1917 –Ley N°3.321– para aclarar la irrenunciabilidad del derecho. Esta ley establecía la obligatoriedad de dar el domingo como día de descanso irrenunciable en las empresas mineras, industriales y comerciales, fueran estas públicas o privadas. Además, consagraba legalmente los descansos del 1 de enero, 25 de diciembre y 18 y 19 de septiembre. Esta legislación fue demandada por amplios sectores –obreros, religiosos, políticos conservadores y laicos– y fue aplazada numerosas veces por congresistas, que sostenían su argumentación en que los trabajadores descansaban lo suficiente por la costumbre de faltar el día lunes a sus labores[82] (popularmente llamado "San Lunes")[83]. Sin embargo, ya era una realidad que se estaba extendiendo de manera natural, fruto de las negociaciones entre los trabajadores y sus patrones. Así, el Parlamento finalmente vino a corroborar esta práctica ya aplicada en las industrias en que antiguamente se solía trabajar los domingos.

Luego, en 1914, se aprobó la Ley N°2.951, conocida como la Ley de la silla, que obligó a los locales comerciales a tener una cantidad de sillas suficientes para todos sus empleados[84]. Esta norma se creó en respuesta a que muchos dependientes pasaban todo el día de pie, ya que les sacaban las sillas para que no se quedaran "flojeando". ¡Un gesto de humanidad tan simple necesitó de una ley!

Hasta finales de 1916, cuando se promulgó la Ley de indemnizaciones por accidentes de trabajo, los trabajadores también carecían de cualquier protección frente a los accidentes laborales. Esta ley obligaba a los empleadores a dar indemnizaciones, pagar asistencia médica y, de ser necesario, costear los funerales en caso de muerte por accidentes laborales. Sin embargo, tal norma terminó siendo engorrosa y poco efectiva. Por una parte, no contenía un seguro (como hoy), sino que exigía demanda y juicio que probase la culpabilidad del empleador, lo cual era costoso para el empleado. Por otra, el asalariado perdía la indemnización si se probaba "culpa grave" suya, y el patrón podía invocar para esto el testimonio de los demás obreros y empleados[85]. Con todas estas dificultades, no sorprende que muy pocos accidentados hayan recibido indemnización.

También en estos años se dictó la Ley de salas-cuna (1917) y la Ley sobre el peso de los sacos carguío. La primera obligó a todos los establecimientos industriales con al menos cincuenta mujeres a tener una sala cuna y permitir a las madres amamantar a sus hijos[86] (hoy la obligación rige para los establecimientos con veinte o más mujeres)[87]. La segunda, por su parte, estableció que las personas no podían cargar sacos de más de 80 kilogramos en sus hombros (hoy rige la Ley N°20.949 que no permite la carga de más de 25 kilogramos). Puede que una ley de este tipo no sea de mucha relevancia para muchos de los lectores de hoy, pero en el contexto de las salitreras donde los sacos pesaban 139 kilos esta normativa sí hacía mucho sentido.

Estas primeras leyes no generaron un *corpus* legislativo que regulara las relaciones laborales y la seguridad del trabajo, sino que fueron soluciones puntuales para mejorar la calidad de vida de los empleados. Ante esta ausencia de protección y normativa, algunos trabajadores buscaron organizarse en sociedades de socorro mutuo, las cuales eran organizaciones creadas por los mismos obreros y artesanos para protegerse, a cambio de la cotización de sus miembros.

No fue hasta la década de 1920 que se inició una mayor discusión sobre la legislación laboral y se produjo una actividad legislativa inmensamente superior a la de todos los años anteriores del siglo[88]. En su discurso de asunción a la Presidencia a principios de esta década, Arturo Alessandri se comprometió a promover una legislación que regularía las relaciones entre capital y trabajo; y también los partidos políticos de todas las posiciones propusieron proyectos y leyes al respecto durante esos años[89].

Sin embargo, a pesar de este mayor interés político, la discusión sobre los proyectos de Código Laboral se entramparon en el Congreso y no fue hasta septiembre de 1924, cuando los senadores legislaban la creación de una dieta parlamentaria mientras aún no se había legislado sobre el *presupuesto público* de ese año[90], que un grupo de oficiales del Ejército se presentó en la sede del Poder Legislativo para presionar a los parlamentarios a que aprobaran una serie de peticiones, entre las cuales se encontraban algunas leyes sociales. Este acontecimiento, que posteriormente se conocería como el "Ruido de sables", provocó la pronta promulgación –en ese mismo mes– de las siguientes leyes laborales:

a) *Ley sobre Contrato del Trabajo* (N°4.053): Instauraba en Chile un marco jurídico para los contratos de trabajo que no fueran de la agricultura, el comercio, el trabajo doméstico, e industrias de menos de diez personas. Entre sus puntos más importantes se estableció que los contratos serían de hasta un año, con posibilidad de renovación. Pero si era un servicio que requería conocimientos técnicos especiales, este podía ser de hasta cinco años (para poner en contexto, hoy en día un contrato de un año y no indefinido se considera precario). También en el contrato se debía precisar al menos la clase de trabajo, si era por hora, la obra o tarea, el pago y su duración. Además, fijaba que cualquiera de las partes podía darle término a este cuando lo estimara conveniente (hoy tiene que ser justificado), pero avisando con seis días de anticipación (hoy se exigen treinta días de anticipación) o abonando una indemnización equivalente al salario de seis días (actualmente, la indemnización es de un mes por año de servicio). Respecto de las horas de trabajo, esta ley estipulaba que, en general, no podía exceder las ocho horas diarias o 48 horas por semana (hoy no puede superar las 45 semanales), a menos que se acordaran horas extras. También estableció que las obreras tendrían un "prenatal" de cuarenta días y "post-natal" de veinte días (la ley actual, aprobada en 2011, confiere un prenatal de treinta días y un postnatal de seis meses).

Esta ley reguló también el contrato colectivo, el cual se definía como una convención en que el patrón y una asociación profesional obrera establecían condiciones comunes del trabajo y el salario en una empresa o grupo de empresas. La asociación obrera sería la responsable directa y solidaria de las obligaciones contraídas por cada uno de los trabajadores, y ejercía los derechos acordados.

Por último, regulaba también el trabajo de los menores de edad. Estableció que solo los mayores de 18 años podrían contratar libremente su trabajo, mientras que los mayores de 14 años solo podrían trabajar con autorización del padre o la madre. Los menores de 14 años, en cambio, no podrían trabajar en ningún tipo de trabajo ni ser aprendices, a menos que hubieran completado la educación escolar obligatoria[91].

b) *Ley sobre seguros de enfermedad, invalidez y accidentes del trabajo* (N°4.054): Esta segunda ley obligó a que todas las personas que tuvieran como único ingreso su sueldo gozasen de un seguro de enfermedad, invalidez y accidentes del trabajo pagado por su patrón, excluyendo a los pertenecientes a alguna asociación de socorros mutuos. El seguro se llamaría Caja de Seguro Obrero y sería organizado por una caja central y cajas locales, que se costearían con las cuotas de los asegurados, los patrones y el Estado, y las multas y los intereses de sus inversiones[92].

c) *Ley de accidentes del trabajo* (N°4.055): Esta ley disponía que el patrón fuera el responsable de los accidentes en el trabajo y las enfermedades asociadas a este. También definió la asistencia médica que debía pagar el patrón, y los derechos e indemnizaciones al respecto.

d) *Ley sobre la organización del sindicato industrial* (N°4.057): Decía que para establecer un sindicato en empresas de minas, canteras, salitreras, fábricas, manufacturas o talleres se necesitaban registrados más de veinticinco operarios[93]. Estos podrían entonces celebrar los contratos colectivos de trabajo y hacer valer los derechos establecidos en estos, representar a los obreros en el ejercicio de sus contratos individuales y en los conflictos colectivos, y atender los fines de mutualidad y cooperación. También estipulaba que podían formarse sindicatos profesionales –conformados por empleados y obreros de una misma profesión, industria o trabajo similar– destinados a defender sus intereses económicos comunes.

En conjunto, las leyes promulgadas crearon un cuerpo más denso de legislación laboral, por lo que, para unificar las leyes, corregir errores y hacer más fácil su consulta, se promulgó el primer Código del Trabajo en 1931 mediante el DFL N°178. En sus páginas se refundieron inicialmente catorce leyes y decretos relacionados con el mundo laboral, muchos de las cuales ya enunciamos; y en sus cuatro libros se reguló el contrato de trabajo, la protección laboral de obreros y empleados, las organizaciones sindicales y los tribunales y la Dirección General del Trabajo.

Como el mismo Código del Trabajo mencionaba en sus primeras páginas, el codificar las leyes no implicaba que no se pudieran realizar modificaciones al Código sin cambiar su esencia. Es más, el *corpus* se profundizó siguiendo los cambios sociales y políticos del país y los deseos de los diversos actores sindicales por obtener los beneficios que otros grupos habían obtenido[94]. Leyes de estos años son, por ejemplo, la Ley N°6.020 de 1937, que estipulaba que ningún empleado particular podría recibir una remuneración menor a un sueldo vital –predecesor de lo que hoy conocemos como salario mínimo–, el cual era aquel "necesario para satisfacer las necesidades indispensables para la vida del empleado, alimentación, vestuario y habitación; y también las que requiera su integral subsistencia"[95]. También está la ley de inamovilidad laboral de 1966, la cual no permitía al empleador despedir a un trabajador sin causa justificada. Antes, como ya vimos, se podía despedir cuando se quisiera. Y también, entre otras, la Ley N°16.625 de sindicalización campesina de 1967, obtenida tras décadas de movimiento campesino, y que permitía que las asociaciones sindicales incluyeran campesinos de distintos fundos, fortaleciendo su organización social, laboral y política.

Por su parte, durante las décadas de 1920 y 1980 los beneficios de la legislación social y previsional estaban estructurados en base a Cajas de Previsión, las cuales eran instituciones semipúblicas que entregaban pensiones, indemnizaciones, subsidios de cesantía y enfermedad, asignaciones familiares y prestaciones médicas[96]. Para financiar estos gastos, las Cajas cobraban contribuciones a los empleadores y empleados.

En el país existieron más de 35 Cajas, sin embargo, tres instituciones concentraron la mayoría de los afilados: El Servicio de Seguro Social (sucesor de la Caja de Seguro Obrero), la Caja de Empleados Particulares y la Caja de Empleados Públicos y Periodistas. Estas Cajas fueron un gran avance en la legislación social de Chile, ya que la cobertura de sus beneficios alcanzó hogares que anteriormente estaban desprotegidos, lo que aumentó el bienestar de muchas familias chilenas. No obstante, la legislación social y laboral de esta época también se caracterizó por no ser de carácter general, sino que se basaba en ir respondiendo a la presión de distintos grupos de influencia. Dado lo anterior, la legislación terminó plagada de regímenes de excepción y pequeños grupos favorecidos con mejores beneficios[97].

Respecto de la seguridad laboral y la higiene en los establecimientos, en 1940 se promulgó el "Reglamento sobre higiene y seguridad industriales" (Decreto N°655). Este cuerpo reglamentario es el primero en normar de manera más profunda y técnica las obligaciones higiénicas y de seguridad por parte de las empresas, regulando en sus 261 artículos desde las instalaciones sanitarias hasta el manejo de explosivos, pasando por situaciones específicas de varios tipos de industrias, empresas y talleres. Casi tres décadas después, en 1968, se promulgó la Ley N°16.744 sobre accidentes de trabajo y enfermedades profesionales, la primera en que aparece una "manifestación legislativa, clara y orgánica" de la prevención de riesgo, y ya no de manera indirecta[98]. Esta ley, aunque con muchas modificaciones, sigue rigiendo hasta el día de hoy la legislación sobre accidentes y prevención en el trabajo.

Luego del golpe de Estado de 1973 se consideró la desregulación y flexibilización del mercado de trabajo como un eje fundamental en la nueva estrategia de desarrollo económico del país[99]. Durante los primeros años del gobierno militar se flexibilizaron los derechos laborales, hasta que finalmente en 1987 se derogó el antiguo Código del Trabajo de 1931 y se promulgó uno nuevo, que buscaba "hacer posible el funcionamiento de un sistema laboral individual y colectivo compatible con una economía social de mercado" sin distinción entre empleados y con el Estado en un rol subsidiario[100]. A pesar de que a los pocos años se promulgaron nuevos Códigos laborales –en 1994 y 2003–, la naturaleza del código de 1987 se mantiene hasta el día de hoy, pero con mejoras para los empleados en lo que respecta a negociación colectiva y la seguridad laboral. En otras palabras, los Gobiernos posteriores a la vuelta de la democracia trataron de mejorar las condiciones laborales, pero siempre preocupándose de no rigidizar en exceso el mercado del trabajo.

En el campo previsional, entre 1973 y 1980, se buscó una mayor uniformidad del sistema, por lo cual se fueron homogeneizando las pensiones mínimas, la reajustabilidad de beneficios y los requisitos para pensionarse. Adicionalmente, desde 1975 hasta 1980 se redujo gradualmente el monto de cotización, con el objetivo de aumentar el ingreso disponible de las familias y reducir el desempleo. Sin embargo, como era de esperarse, la contrapartida de la menor cotización fue una reducción en los beneficios para los pensionados. Una medida importante de este periodo, y conveniente desde el punto de vista de la población más pobre, fue la extensión del régimen de pensiones asistenciales decretada en 1975, la cual benefició a más de doscientos mil pensionados e inválidos que estaban al margen de la previsión[101]. Esta pensión asistencial correspondía a la porción no contributiva –financiada por la comunidad con los impuestos de todos– o solidaria del sistema, la cual se había iniciado en 1952 al crearse el subsidio de pensión mínima en el Seguro Obrero[102].

Finalmente, en 1980 se aprobó una gran reforma al sistema de pensiones, donde se pasó desde el sistema de reparto a un sistema de capitalización individual, caracterizado por el hecho de que la pensión que el trabajador recibe al jubilar es el resultado directo de cuánto cotizó a través de su vida laboral más la rentabilidad que tuvieron sus ahorros. Desde la vuelta de la democracia hasta nuestros días, los principales esfuerzos de gobierno han estado puestos en fortalecer las pensiones de los adultos mayores más desfavorecidos a través del financiamiento de pensiones básicas (sucesora de la pensión asistencial) y el aporte a aquellos con pensiones bajas con, por ejemplo, el llamado Aporte Previsional Solidario[103], que se creó en el primer Gobierno de Michelle Bachelet (2006-2010).

Hoy en día el sistema chileno es un sistema mixto de pensiones, financiado tanto por los privados como por el Estado[104]. Si bien este tiene el desafío de ir mejorando las tasas de reemplazo, también ha tenido logros que lo llevan a consolidarse como un sistema sostenible en el tiempo y relativamente bien evaluado a nivel mundial (Tabla 1). Las nuevas generaciones tendrán que replantearse preguntas acerca del perfeccionamiento de su funcionamiento. Por ejemplo, en 1975 la Caja de Empleados Particulares exigía para financiar el sistema previsional que el empleador de cada trabajador contribuyera un 46,9% de la remuneración imponible de este y que el trabajador contribuyera un 12,6% adicional. Hoy, sin embargo, el sistema exige una contribución de solo 10% por parte del trabajador. Entonces, ¿cuánto están dispuestas las nuevas generaciones a contribuir para aumentar sus pensiones a futuro? Eso tendrán que decidirlo ellos. Pero lo que sí es cierto es que desde el Chile del Centenario las mejoras han sido notables: la seguridad social entrega más beneficios, alcanza una mayor cobertura y es financieramente más sólida; los beneficios de las pensiones no dependen de los grupos de presión y el sistema está preparado para enfrentar el proceso de envejecimiento de la población sin desfinanciar al Estado y sin perjudicar a las futuras generaciones, como ha sido el caso en varios países.

TABLA 1. Resultados Índice Global de Pensiones de Melbourne Mercer (2016)

Nota	Valor del Índice	Países	Descripción
A	> 80	Dinamarca	Un sistema de pensiones robusto y de primera clase que entrega buenos beneficios, es sostenible y tiene una alto nivel de integridad.
A	> 80	Países Bajos	Un sistema de pensiones robusto y de primera clase que entrega buenos beneficios, es sostenible y tiene una alto nivel de integridad.
B+	75-80	Australia	
B	65-75	Finlandia	Un sistema de pensiones que posee una estructura sólida, con muchas buenas características, pero que tiene áreas para mejorar que lo diferencias de los sistemas con nota A.
B	65-75	Suecia	
B	65-75	Suiza	
B	65-75	Singapur	
B	65-75	Canadá	
B	65-75	Chile	
C+	60-65	Irlanda	Un sistema de pensiones con algunas buenas características, pero también con riesgos mayores y/o defectos que deberían ser corregidos. Sin estas mejoras, su eficacia y/o sostenibilidad de largo plazo pueden verse afectadas.
C+	60-65	Gran Bretaña	
C	50-60	Alemania	
C	50-60	EE.UU.	
C	50-60	Francia	
C	50-60	Malasia	
C	50-60	Brasil	
C	50-60	Polonia	
C	50-60	Austria	
D	35-50	Italia	Un sistema de pensiones que posee algunas características deseables, pero también tiene importantes defectos y/o omisiones que tienen que ser corregidos. Sin estas mejoras, su eficacia y sostenibilidad están en duda.
D	35-50	Sudáfrica	
D	35-50	Indonesia	
D	35-50	Corea del Sur	
D	35-50	China	
D	35-50	México	
D	35-50	India	
D	35-50	Japón	
D	35-50	Argentina	
E	< 35	Ninguno	Un mal sistema de pensiones que está en sus primeras fases de desarrollo o no es existente.

Fuente: Mercer. Melbourne Mercer Global Pension Index Report. Victoria, Australia, 2016. Disponible en: http://www.globalpensionindex.com/wp-content/uploads/MMGPI2016–Report.pdf

La seguridad laboral ha aumentado, el trabajo infantil ha disminuido drásticamente, las condiciones de higiene han mejorado y el contrato de trabajo es más respetado. Reconocer estos hechos no debiese incentivar a dormirse en los laureles, pero sí a ser agradecidos por los logros que han tenido nuestros antecesores, ya que las condiciones laborales que enfrentamos hoy son gracias a los esfuerzos de los chilenos del ayer.

CAPÍTULO DOS

CAMBIOS EN LA VIDA DE LAS MUJERES

"La sociedad dice: la mujer ha nacido para el matrimonio;
la naturaleza dice: la mujer ha nacido para vivir"[105]
—Martina Barros Borgoño

La cultura imperante a principios del siglo XX asumía que la mujer debía estar sometida siempre a alguna figura masculina, primero al padre y, tras casarse, al marido. Las mujeres de entonces no podían votar ni administrar sus bienes[106]; ellas estaban hechas para el hogar. Se les valoraba su rol de formadoras de los futuros ciudadanos, pero a la vez se les negaba una participación más directa y activa en el quehacer público.

Esta visión sobre la mujer no respondía solamente a la práctica imperante, sino que se elogiaba y reproducía en muchos medios de prensa, como se puede ver en la siguiente publicación de 1877: "La misión natural de la mujer, aquella noble misión que la Providencia le ha confiado para el bien de la sociedad y del individuo, consiste principalmente en ser buena y abnegada madre de familia, esposa fiel y consagrada a los deberes domésticos e hija sumisa y obsequiosa para con sus padres"[107]. Esta visión, con más o menos matices, se mantuvo hasta bien entrado el siglo XX en Chile.

A pesar de que las labores domésticas eran responsabilidad femenina, la autoridad indiscutida del hogar era el padre, quien, fuera de ser proveedor, no se involucraba en los quehaceres de la casa. La madre estaba a cargo de los niños, a los cuales lavaba, alimentaba y enseñaba cosas básicas de socialización e higiene, en un contexto en que las familias eran mucho más numerosas que hoy. El trato de la madre con los hijos era más cercano, a diferencia del padre, a quien se admiraba, pero también se temía.

La relación entre el marido y la mujer era muy desigual, como ilustra el historiador Cristián Garay: "Al hombre se le permitían deslices que a la mujer se le consideraban indecorosos; podía ir a casas de remolienda (prostíbulos), tener una amiga íntima o permitirse llegar a horas indebidas y no ser recriminado bajo el peso de su autoridad. Otro indicativo del predominio del varón era la iniciativa de disponer de la casa para la vida social, en donde la mujer simplemente acataba. Estas dinámicas eran iguales tanto en la cúspide de la pirámide social como en su base".

Dada la poca formación que recibían las mujeres, cuando tenían que ganarse la vida se veían enfrentadas a una realidad muy difícil, pues no eran muchas sus opciones de trabajo, e incluso en ellas eran bastante peor pagadas que los hombres. En el Chile en que nacieron nuestras abuelas, las mujeres que trabajaban eran principalmente empleadas domésticas, costureras, lavanderas o labradoras, y se les hacía casi imposible ascender a trabajos de mayor complejidad por mucho que se esforzaran.

El cambio que ha experimentado el rol de la mujer desde el Centenario hasta hoy en día es significativo, tanto así que podríamos llamarlo el "siglo de la mujer". Fue este siglo el que vio el ingreso de ellas al mundo público; el siglo en que lograron reivindicaciones en sus derechos y entraron con fuerza al campo político, laboral y cultural. En algunos de estos cambios, como el ingreso de las mujeres a la universidad, Chile fue pionero en América Latina, pero en otros, como el derecho a voto, nos demoramos bastante en ponernos a la altura. En total, fue un siglo de brotes y revoluciones femeninas en muchos aspectos, y a pesar de que el siglo XXI recién comienza, ya resultan promisorios los cambios que se puedan lograr en esta nueva centuria.

Las movilizaciones ciudadanas del año 2018 pusieron en el centro de atención los abusos y discriminaciones que siguen sufriendo las mujeres e impulsaron a un debate nacional al respecto. La postal de las mujeres con sus torsos desnudos en la Casa Central de la Universidad Católica quedará en la memoria de los chilenos. Sin embargo, es importante entender que, más que una foto o postal, esta manifestación es parte de un proceso mayor que se inició hace muchos años en Chile.

Durante este proceso cada cambio ha tenido su ritmo, sus impulsores y sus detractores, y si bien cada uno tiene su historia, al ser mirados en conjunto se entiende mejor la dimensión de lo logrado y aquello que queda por resolver. En este capítulo veremos algunas de las tendencias que marcaron a este "siglo de la mujer" y trataremos de entender cómo estos repercutieron en la vida diaria de las chilenas y de la sociedad como un todo.

TENDENCIA 7: Escolares, colegialas, liceanas y universitarias
Educación de las mujeres

"Contemplo con gran júbilo la enorme transformación que se va operando en el espíritu de las más jóvenes. A estas se las educaba sin más expectativas que la de buscar marido"
—Martina Barros de Orrego

Durante el siglo XX se presenció un verdadero cambio en el nivel educacional de las mujeres chilenas. Si bien es en la segunda mitad del siglo XIX en que se dan los primeros pasos al respecto, fue durante los 1900 cuando se avanzó con mayor fuerza hacia la paridad de la instrucción femenina con la masculina.

Para entender el contexto en que empezaron a surgir estos cambios, es útil entender primero cómo estaba organizado el sistema educacional estatal a finales de siglo XIX. "Hacia fines de esa centuria, por precario que fuera, el sistema público educaba a niños y niñas en la escuela primaria, a jóvenes de élite y de sectores medios en los liceos y la universidad, a proletarios y artesanos en escuelas nocturnas, y a jóvenes de ambos sexos en escuelas técnicas y en escuelas normales"[108].

Las escuelas que entregaban instrucción primaria, a su vez, estaban divididas en dos: primarias elementales, que impartían cuatro años de estudio, y primarias superiores, que ofrecían seis. Los primeros cuatro años eran iguales en ambas. Las escuelas elementales fiscales enseñaban "lectura y escritura del idioma patrio, doctrina y moral cristiana, elementos de aritmética práctica y el sistema legal de pesos y monedas"[109].

Por su parte, las escuelas superiores, además de las asignaturas elementales, enseñaban "instrucciones religiosas [...] gramática castellana, aritmética, dibujo lineal, geografía, el compendio de la historia de Chile y de la constitución política del Estado [...]. En las escuelas superiores para mujeres, sustituirá a la enseñanza del dibujo lineal y de la Constitución política, la de economía doméstica [normas para el gobierno de la casa], costura, bordado, y demás labores de aguja"[110].

La cita deja en evidencia que, si bien hombres y mujeres iban a la escuela primaria, ambos no aprendían lo mismo. En el caso de ellas, la formación entregada estaba orientada a prepararlas para las labores domésticas. Y una vez terminada la educación primaria las oportunidades eran aún más desfavorables para el sexo femenino, ya que mientras los hombres podían acceder al liceo (enseñanza secundaria) y después a la educación universitaria, ellas podían aspirar como máximo a seguir carreras técnicas o ir a las escuelas normales de preceptores.

Las escuelas normales existían en Valdivia, Santiago, La Serena, Chillán y Concepción[111], y en ellas se formaban los maestros *idóneos* para dirigir las escuelas primarias del Estado. La educación impartida en estos establecimientos duraba cinco años e incluía los ramos de Pedagogía teórica y práctica, Religión, Castellano y Literatura, Alemán, Matemáticas, Historia Natural, Higiene, Física y química, Historia universal, Historia de Chile y América, Derecho público, Geografía y cosmografía, Dibujo, Caligrafía, Gimnasia, Música y Trabajos manuales[112].

Por otra parte, los Anuarios Estadísticos de la época señalan una gran variedad de otros tipos de educación que se impartía en el plano técnico. Los cursos destinados a procurar a la mujer una "educación profesional propia de su sexo" se impartían en Escuelas Técnicas Femeninas, y versaban sobre lencería, camisería, bordado en blanco, bordado artístico, flores artificiales, tejidos a máquina, modas, sastrería, sombrerería, cordelería, secretaria superior e inferior de comercio, cocina y encajes a bolillo[113].

Como hemos señalado, el sistema de educación pública en el siglo XIX utilizaba la escuela primaria para "civilizar" a niños y niñas de sectores populares, y el liceo para convertir en "ciudadanos" a los hombres de clase media y de la élite. Sin embargo, las mujeres de la élite no cabían en ninguna de las dos categorías. ¿Quién educaba entonces a las mujeres jóvenes de las clases acomodadas? La educación de las chilenas de la élite era un asunto privado y por eso se educaban en colegios particulares, pertenecientes a congregaciones religiosas, en un principio. En estas instituciones se las formaba para ser "señoritas de sociedad" y madres instruidas; básicamente, se las educaba para ser buenas jefas de hogar.

Los primeros liceos que entregaron educación secundaria al sexo femenino se crearon en Valparaíso (1877), Copiapó (1878) y Concepción (1883), los cuales eran dirigidos por Centros de Padres que recibían alguna subvención estatal. Recién el 12 de abril de 1892 se abrió el Instituto para Señoritas en Valparaíso, el primer liceo fiscal de mujeres del país[114]. Es interesante notar que, a diferencia de los liceos de hombres, que eran fiscalizados por la Universidad de Chile, los liceos de niñas estuvieron hasta 1924 bajo la supervisión del Ministerio de Instrucción Pública, dado que se tenía desconfianza y recelo de que, bajo el amparo de la Universidad, ellas se liberalizaran en exceso[115].

Hacia 1908 funcionaban 31 liceos fiscales para mujeres en todo el país[116], cifra que, si bien por un lado sorprende positivamente, al darnos cuenta de cuánto representaban en cobertura caemos en la cuenta de las reales posibilidades de las mujeres de ingresar a estudios secundarios en aquella época. Según los cálculos de Sol Serrano y coautores, "en 1895 la relación entre alumnas en liceos estatales y el total de niñas entre cinco y veinte años fue de 0,03%; ni siquiera una de cada cien estaba matriculada en uno de ellos. En 1907 aumentó a 0,9%, luego a 2,2% en 1920, para alcanzar un 2,7% diez años después. En ese mismo año, la cobertura de la educación privada era de 1,5%, lo que elevaba la cobertura secundaria nacional –pública y privada– a 4,2%"[117].

El acceso era uno de los problemas, pero no era el único. En los liceos femeninos de aquel entonces "no existía un *curriculum* uniforme más que la división de los ciclos entre preparatoria y humanidades, los cuales variaban en extensión. Primero fueron dos cursos de preparatoria y tres de humanidades, y luego, a partir de 1923, se ampliaron a cuatro y seis, respectivamente"[118]. Otro de los grandes problemas que enfrentaban los liceos era la elevada deserción. Al dividir las matriculadas en base al curso al cual asistían las mujeres de entonces, podemos apreciar que gran parte se encontraba asistiendo al ciclo de preparatoria y solo un número mínimo alcanzaba a terminar el ciclo completo de humanidades[119].

Como se puede apreciar, si bien a principios del siglo XX se realizaron avances tendientes a incluir al sexo femenino a la educación secundaria, esta oportunidad estaba reservada solo para un pequeño grupo de mujeres de sectores socioeconómicos altos. Durante algún tiempo esta situación se mantuvo, aunque con el transcurso del siglo los liceos fueron paulatinamente incluyendo a la clase media y la élite fue migrando hacia colegios particulares que entregaban también educación secundaria. Para que las niñas de campo y los grupos más necesitados pudieran acceder a la educación superíor, faltarían todavía algunas décadas.

Esta historia de escolares y colegialas, y de cómo fueron surgiendo las liceanas es uno de los procesos importantes del siglo pasado. En el siglo XIX a las mujeres se las incluyó dentro de la enseñanza primaria, pero no se las consideró en la enseñanza secundaria. Los liceos fiscales femeninos del siglo XX vinieron a cubrir esta necesidad, brindando nuevas oportunidades para ellas. Un hito significativo dentro de esta historia fue el decreto de 1912 que estableció la igualdad de planes y programas de educación para ambos sexos, decreto que ayudó a que se fuera dejando atrás la visión de que a las mujeres solo había que educarlas para que formaran a sus hijos y desempeñaran correctamente las labores del hogar. Esta nueva normativa, la creación de liceos femeninos y la incorporación de las mujeres al mundo universitario (tema que veremos a continuación), cambiaron radicalmente el panorama educacional para el sexo femenino, comenzando a parecerse cada vez más al de los hombres.

En los Gráficos 3 y 4 del capítulo 1 podemos ver cómo siguió evolucionando la cobertura educacional primaria y secundaria tanto para hombres como para mujeres en la segunda mitad del siglo XX. De acuerdo a cifras del MINEDUC, en el año 2016 la tasa de matrícula de mujeres entre 14 y 17 años en la educación media alcanzaba el 91%, mientras que para la educación básica superaba el 99% entre las niñas de 6 a 13 años[120].

La estructura del sistema se mantuvo muy similar al descrito en los párrafos anteriores hasta los años sesenta. A finales de esta década la educación primaria, que duraba en ese entonces seis años, pasó a durar ocho años y ser lo que hoy conocemos como educación básica. Mientras, la educación secundaria, que también duraba seis años, se transformó en los cuatro años de educación media que tenemos hoy en día. La segunda mitad del siglo XX vio pasar muchas reformas educacionales tendientes a mejorar la cobertura y calidad de la educación básica y media que se entregaba. Se perfeccionó la docencia, se adaptaron los *curriculum* y se invirtió en infraestructura. Acá no evaluaremos cómo cada una de las reformas impactó la cobertura y calidad educacional, pero lo cierto es que durante la segunda mitad del siglo se avanzó bastante.

Una manera de ver los impactos positivos que tuvieron las mejoras en educación de la mujer es observar el Gráfico 23, donde se muestran las tasas de analfabetismo por género. A principios de siglo la tasa de analfabetismo era alta, causada por la baja cobertura y asistencia a clases; adicionalmente, la diferencia entre mujeres analfabetas y hombres analfabetos era de 4%, cifra que llegó a ser de 13% en el Censo de 1952, ya que el analfabetismo entre las mujeres disminuyó menos que entre los hombres. Hoy en día, sin embargo, gracias al esfuerzo de la generación de nuestros padres y abuelos podemos observar que la tasa de analfabetas disminuyó desde 62% en 1907 a 4% en 2002, y que la brecha entre hombres y mujeres se logró cerrar por completo en este ámbito.

GRÁFICO 23. Analfabetismo por género
(% de la población)

Permitir algo que no estaba prohibido: las nuevas universitarias

"Siendo apenas una adolescente de quince años, tuvo que enfrentar una comisión implacable (encabezada por el rector Ignacio Domeyko y el adusto Diego Barros Arana), ante un público ansioso y expectante. Mientras, el ministro impulsor del proyecto que abrió la universidad a las mujeres, Miguel Luis Amunátegui, esperaba nervioso detrás de la puerta. No tenía motivos, según lo demostró el tiempo; Eloísa sería uno de los mejores alumnos de su promoción y, al titularse [de médico cirujano], la Universidad de Chile publicó su brillante tesis de grado, de inquietante título: *Breves observaciones sobre la aparición de la pubertad en la mujer chilena y las predisposiciones patológicas del sexo*"[121].

Habiendo obtenido el título en Bachiller en 1881 y luego el de Medicina y Cirugía en 1887, Eloísa Díaz se convertía en la primera mujer médica de América del Sur. Este hecho fue todo un evento en Chile y en la región, pues hasta hacía poco el acceso a la universidad había estado vedado para las chilenas y aún seguía prohibido para el resto de las latinoamericanas. Las mujeres podían educarse en escuelas y colegios, pero esta educación no se consideraba una vía de acceso a los estudios superiores, los cuales estaban reservados para los hombres de élite.

Haber logrado la incorporación de las mujeres al mundo universitario no fue un tema que haya tomado poco tiempo, y menos que haya estado exento de debate y controversia. A la mujer en ese entonces se le reconocía su papel de educadora de los futuros hombres de la patria, pero existían cuestionamientos si para ello era necesario realizar estudios superiores. Fue toda una sorpresa cuando a principios de la década de 1870 algunas directoras de colegios secundarios femeninos empezaron a solicitar que se les permitiera a sus alumnas dar exámenes válidos para entrar en la Universidad de Chile. En rigor, ninguna ley lo prohibía, sino que la cultura imperante lo suponía. El Consejo Universitario estuvo de acuerdo en que se les permitiera rendir los exámenes, pero la resolución debía tomarla el ministro[122]. Gracias a la insistencia de las directoras y luego de varias discusiones, el 5 de febrero de 1877, siendo presidente Aníbal Pinto, el ministro Miguel Luis Amunátegui firmaba el decreto –que posteriormente se conocería por su apellido– que permitía a las mujeres rendir exámenes para obtener títulos universitarios:

"Considerando:

1° Que conviene estimular a las mujeres a que hagan estudios serios y sólidos;

2° Que ellas pueden ejercer con ventaja alguna de las profesiones denominadas científicas;

3° Que importa facilitarles los medios de que puedan ganar la subsistencia por sí mismas,

Decreto:

Se declara que las mujeres deben ser admitidas a rendir exámenes válidos para obtener títulos profesionales, con tal que se sometan para ello a las mismas disposiciones a que están sujetos los hombres.

Comuníquese i publíquese"[123].

Hacia fines de siglo XIX algunas mujeres siguieron los pasos de Eloísa, convirtiéndose, a su vez, en las primeras abogadas Matilde Throup en 1892 y Matilde Brandau en 1898, y farmacéutica Griselda Hinojosa en 1898. Si bien la puerta hacia la igualdad de oportunidades en la educación superior se había abierto, todavía quedaba un largo camino por recorrer. Las mujeres que accedían a esta instancia eran la excepción, incluso había años en que no entraba ninguna a la universidad. Si analizamos las cifras del primer Censo del siglo XX vemos que en 1907 había en Chile 1.944 abogados y solo tres abogadas; 2.148 ingenieros y ninguna ingeniera; 1.001 médicos, de los cuales solo siete eran mujeres. También brillaban por su ausencia las mujeres entre los arquitectos –los 697 que fueron censados eran hombres– y entre los periodistas –los 374 existentes eran hombres–. Exceptuando por la pedagogía, en que había más mujeres que hombres, el panorama era similar en todas las profesiones.

En 1910 la matrícula en las instituciones de educación superior del Estado señalaba que solo un 14,6% de los alumnos eran mujeres[124], estudiando la mayoría de ellas en el Instituto Pedagógico y en la Escuela de Bellas Artes (74% de las mujeres). Recién en 1919 se titularía la primera ingeniera chilena, Justicia Acuña, mientras que en 1930 Dora Riedel recibiría el primer título de arquitecta. La primera profesora universitaria fue Amanda Labarca, quien en 1922 dictó la cátedra de Psicología Pedagógica en la carrera de Pedagogía de la Universidad de Chile. En ese entonces, la segunda universidad que se creó en Chile, la Pontificia Universidad Católica de Chile, todavía no permitía el ingreso de mujeres, algo que recién ocurriría el año 1932.

El ingreso de las mujeres a la educación superior fue pausado. Por ningún motivo hay que pensar que una vez que las universidades permitieron la postulación de mujeres ellas corrieron a inscribirse en masa[125]. La cultura de la época y la menor preparación de las mujeres impedía a la mayoría llegar a tener la opción de siquiera cuestionarse si entrar, panorama que fue cambiando paulatinamente a medida que se incrementaba la cobertura educacional secundaria femenina y la mujer iba adquiriendo mayor protagonismo público.

Al observar los datos de mitad de siglo vemos que ya había ocurrido un avance. Hacia 1955 en algunas carreras, como Derecho, más de un 35% del alumnado eran mujeres. En otras carreras profesionales y de ciencias duras, como Ingeniería, Construcción Civil y algunas ciencias puras, el porcentaje era menor. Pero en Pedagogía, la proporción alcanzaba el 40%[126]. Sumando todas las carreras, si tomamos los datos de todos los matriculados en primer año de la Universidad de Chile, Pontificia Universidad Católica de Chile y Universidad Católica de Valparaíso en 1957, podemos ver que un 36,4% eran mujeres[127].

Elisa Vias, que entró a estudiar Derecho a la Universidad Católica en 1955, da un testimonio muy interesante que sirve para entender cómo era el acceso a la universidad para las mujeres a mitad del siglo pasado:

"Me acuerdo muy bien de la época cuando postulé a la universidad. Era el año 1955 y había recién terminado el sexto de humanidades en un colegio de monjas Carmelitas que quedaba en la calle Compañía. En mi curso quedábamos alrededor de veinte mujeres; al principio, éramos más, pero las otras se fueron saliendo. Eran otros tiempos, en ese entonces muchas mujeres, inclusive de los mejores colegios, se salían de estos porque se casaban o porque no le veían el sentido a seguir estudiando.

Recuerdo que tuve que dar el Bachillerato, similar a lo que es la PSU hoy, pero con la diferencia de que esta prueba no era de alternativas, sino que escrita. A mí me fue bien. De mi curso, tres entramos a estudios superiores: dos a estudiar Pedagogía y yo a estudiar Derecho en la Universidad Católica. El resto tomó caminos variados. Bastantes se casaron de inmediato, algunas hicieron cursos de educación para el hogar y otras entraron a tomar cursos en la Cruz Roja con el objetivo de ser auxiliares en hospitales. Las menos entraron a trabajar, el resto se quedaba ayudando en la casa. En ese tiempo la verdad es que uno si no estaba casada a los 23 era considerada solterona, así que tampoco había mucho tiempo entre que uno salía del colegio y había que casarse. Básicamente todas se casaban rápidamente, estudiaran lo que estudiaran, hicieran lo que hicieran.

Todavía me acuerdo lo nerviosa que estaba en mi primer día de clases. Era la primera de mi familia en estudiar en la Universidad y me tenía que ir bien. Mi padre me fue a dejar a la Casa Central de la Universidad Católica y a medida que entraba me sentía entrando a un mundo nuevo y desconocido. En mi generación éramos alrededor de veinte mujeres y cien hombres. Me acuerdo de varias anécdotas, algunas que te hablan de cómo era Chile en ese entonces y como veían a las mujeres. Me acuerdo que una vez un profesor, mirándome a mí y mis amigas, nos dijo que solo veníamos a la Universidad a buscar marido… O cuando un compañero se me acercó en el recreo y me dijo 'tú eres una de esas que le quitó el puesto a un hombre'. Recuerdo que me indigné y le dije 'estás equivocado, yo le gané a un hombre, y por eso estoy aquí'. En esa época todavía persistía la idea de que las mujeres servían solo para la casa, aunque menos que cuando mi mamá era joven. La verdad es que guardo muy buenos recuerdos de esa época. Me sentía muy afortunada porque en ese entonces todavía muy pocas mujeres asistían a la universidad"[128].

Como menciona Elisa, la vida universitaria no era fácil para las primeras mujeres, pero la sociedad estaba cambiando. No solo se fueron igualando las condiciones de ingreso para hombres y mujeres, sino que de a poco fue cambiando también la mentalidad. Cada vez se esperaba menos que las mujeres se conformaran con aprender únicamente los oficios del hogar, lo que llevó a que un mayor porcentaje de ellas se entusiasmara con seguir estudios superiores. En la segunda mitad del siglo XX, si bien hubo varias reformas que siguieron potenciando el sistema de educación superior, todas se aplicaron a la par para hombres y mujeres. Estas reformas ya se trataron en el capítulo 1, por lo que en el presente apartado no las expondremos en detalle.

Para entender lo grande que ha sido el cambio en la participación universitaria de la mujer, es útil mirar números recientes. Por ejemplo, en 2013 estaban matriculados en educación superior 1.214.805 alumnos, de los cuales 615.238 eran mujeres (50,6% del total), y "solamente" 599.567 eran hombres (49,4% del total)[129]. Es más, si revisamos los titulados de pregrado en 2012, sea en universidad, instituto profesional o centro de formación técnica, las mujeres corresponden a un 56% del total, superando a los hombres en cada uno de los tres tipos de instituciones[130].

Elisa relataba que en su generación en Derecho de la Universidad Católica habían ingresado veinte mujeres y cien hombres, por lo que en 1955 las mujeres representaban en esa carrera alrededor de un 16,6% de la matrícula entrante. A Elisa le alegraría saber que el año 2014 se matricularon en esa misma carrera 170 mujeres y 143 hombres, pasando a representar las mujeres un 53,3% de los alumnos de primer año. Se trata de un cambio impresionante y probablemente inesperado tanto para su profesor, que decía que las mujeres solo venían a buscar marido, como para su compañero, que decía que lo único que hacían era quitarle el puesto a un hombre.

Esta mayor educación universitaria aparece en la historiografía chilena como impulsora de dos procesos que veremos más adelante: la mayor presencia en el mundo laboral y la consecución de más derechos, incluido el derecho a voto. La mayor preparación permitió que las mujeres ya no estuvieran limitadas a ser costureras, lavanderas, secretarias o auxiliares, ahora tenían la oportunidad de tener una formación profesional, lo que les permitía una mayor diversidad de ocupaciones.

La expansión de la educación también trajo consigo la expansión de la democracia. La historiografía nacional suele resaltar la importancia de la mayor educación femenina en la consecución de mayores derechos sociales para las mujeres. A su vez, dos economistas, Eterovic y Sweet, complementan este análisis al mostrar que la mayor democracia también fomentó la educación, por lo que podríamos pensar que ambos efectos se potenciaron mutuamente[131].

Profesoras de la Escuela de Aplicación (1912).

Ceremonia de graduación, Escuela de Enfermería de la Universidad de Chile (1949).

TENDENCIA 8:   ¿En qué trabajaban ellas?
Cambios en el mundo laboral femenino

"La señora Amanda Labarca Hubertson [...] ha obtenido del Supremo Gobierno la autorización para abrir la matrícula de un curso especial que se destinará a las niñas que, poseyendo ese nivel de cultura e ilustración que es el signo de una persona culta, deseen especializarse en un estudio práctico y remunerado a la vez".

–El Mercurio, 4 de abril de 1918.

La historiadora Elizabeth Hutchison, en su libro *Labores propias de su sexo*, rescata una historia publicada en los diarios de Valparaíso y Santiago a comienzos del siglo XX que ilustra de cierta manera la situación laboral de muchas mujeres en aquella época[132].

Transcurría noviembre del año 1903. Los ávidos lectores de la capital y de Valparaíso abrían sus periódicos y se impactaban al leer la noticia sobre Laura Rosa Zelada, más conocida como Honorio Cortés. Los periódicos relataban la historia de esta joven analfabeta de 19 años de edad que había sido sorprendida trabajando en una panadería haciéndose pasar por hombre. A continuación, precisaban que cuando se descubrió que Honorio Cortés era, en realidad, una joven mujer que se había disfrazado y hecho pasar por hombre, se recurrió de inmediato a arrestarla y enviarla a la cárcel. Laura Rosa Zelada se defendió así ante las acusaciones que se le imputaron:

"Dije al jefe de pesquisas i al Señor Juez del Crimen, que hace más de cuatro años que visto traje de varón i que lo he adoptado: 1. Para resguardar mejor mi honestidad de mujer; y 2. Para ganar más con que vivir. Vestida de hombre, soi mas respetada i ningún hombre me solicita. Así puedo trabajar sin que nadie me incomode ni me fastidie. Vestida de mujer, no podría vivir entre hombres ni trabajar tranquila en cualquier trabajo. El trabajo para la mujer es escaso i muy mal remunerado. Preferí buscar en otro horizonte los medios de satisfacer mis necesidades físicas sin perturbar mis tendencias espirituales"[133].

Testimonios como el de Laura resultan impresionantes para un chileno del siglo XXI. Puede que no sea fácil para una mujer de hoy en día imaginarse cuáles eran las oportunidades laborales de sus abuelas, pero tratar de averiguar esto puede ser un ejercicio muy interesante. ¿Saben si sus abuelas trabajaban? ¿A qué se dedicaban? ¿Hubieran podido dedicarse a lo que se dedican sus nietas hoy?

El caso de Laura Zelada, junto a otros sucesos de la época, fueron generando conciencia sobre las limitadas oportunidades de las mujeres. Puntualmente en su caso, un editorial defendió el derecho de Laura a vestir pantalones y ridiculizó los cargos que se habían hecho en su contra, argumentando que "se cortó el pelo y quedó más hombre que cualquier Diputado o Senador". Sin embargo, la mayoría de los editoriales de periódicos se enfocaban en la lógica económica de las acciones de Zelada: "Si no hubiera cambiado de traje, habría sido lavandera, costurera, es decir; esclava a quien se le paga únicamente lo bastante para que no muera pronto"[134].

En lo sucesivo veremos cómo fueron evolucionando las labores femeninas en un mundo del trabajo históricamente dominado por los hombres. En el Chile del siglo XIX, la sociedad era principalmente rural, y si bien las mujeres trabajaban, su trabajo en general no era pagado ni público. Sin embargo, a finales de dicho siglo y principios del XX muchas mujeres se decidieron a migrar a la ciudad en búsqueda de una mejor calidad de vida, ya que, a diferencia de las malas condiciones reinantes en los campos en esa época, la urbe prometía un empleo seguro y lucrativo en casas acomodadas[135] [136]. Este proceso fue distinto en el caso de los hombres, quienes tenían diversas opciones de destino: aparte de la industria urbana, muchos buscaron trabajo en la producción del salitre, la construcción de ferrocarriles y en la expansión del sistema portuario.

El arribo a la ciudad, si bien se realizaba con altas expectativas, terminaba en muchos casos siendo bastante complicado. Una gran cantidad de mujeres trajo consigo a sus hijos, y al llegar a los centros urbanos se radicaban con sus familias en ranchos que circundaban el centro de la ciudad, sobre todo en Santiago, donde reinaba la pobreza. Para ganarse la vida, la ciudad brindaba la posibilidad de ingresar al servicio doméstico o dedicarse a otras de las tareas tradicionales asociadas al género femenino y la venta ambulante.

Después del año 1900, estas opciones se ampliaron un poco cuando las recién establecidas fábricas industriales de cueros, alimentos, ropas y textiles fueron empleando mano de obra femenina. A pesar de que la mayoría de los empleos eran para los hombres (como se podía apreciar en el caso de Laura Rosa Zelada), ciertas tareas industriales fueron quedando reservadas para mujeres y niños, ya que percibían un menor sueldo. De esta manera, aunque en este período las mujeres experimentaron una ligera diversificación en sus opciones, sus salarios y condiciones de trabajo permanecieron miserablemente pobres[137]. El editorial de *El Mercurio* del 10 de marzo de 1908 constataba esta realidad: "Solo dejaremos constancia, por ahora, de que la condición de la obrera chilena es peor que la de sus compañeros de labor, sea por su mayor ignorancia de la vida, para la cual no fue preparada, por la falta de aprecio con que se mira su labor, la que es por esta causa sumamente improductiva"[138].

Para un análisis más detallado sobre las ocupaciones que realizaban las mujeres en el Chile de principios de siglo XX, un buen punto de partida es mirar los datos del Censo de 1907. En el Gráfico 24 podemos observar que en él un 36% de las mujeres reportó ser modista o costurera[139]. La importancia de este oficio era tal que se incluyó en el *curriculum* de las escuelas profesionales de niñas, considerándolo un trabajo propio de mujeres[140]. A esta ocupación la siguen en importancia el servicio doméstico y las lavanderas, ambas ocupando un 18,7% y 17,4%, respectivamente. Otras labores de aquella época, aunque con menores porcentajes, eran las artesanas, empleadas, comerciantes y labradoras.

GRÁFICO 24. Profesiones y oficios en el año 1907 (mujeres)

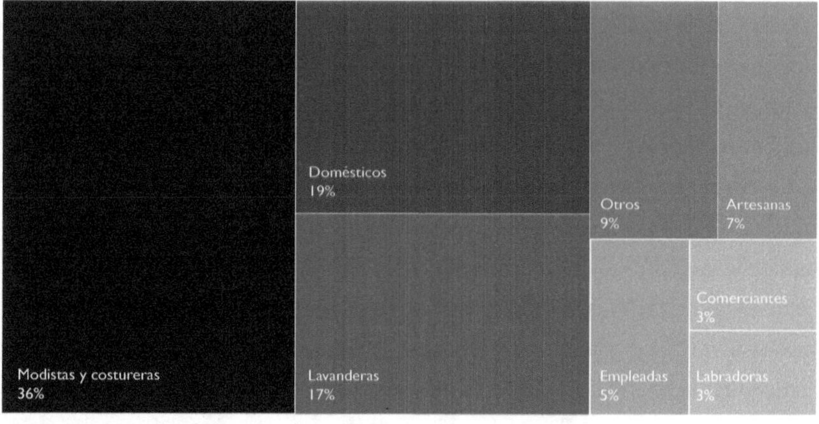

Fuente: Censo Nacional de Población de Chile de 1907

Podemos apreciar también lo poco diversificados que eran los trabajos realizados por las mujeres de principios de siglo, siendo la mayoría de estas tareas "claramente femeninas", lo que demuestra la diferenciación por género a que estas labores eran sometidas. Esto tiene una lógica: las mujeres de entonces tenían muy poca preparación formal para el trabajo, por lo que no es extraño pensar que una vez que desearan ingresar al mercado laboral no tuvieran otra opción que realizar actividades que fuesen básicamente una extensión de la vida doméstica, que era para lo único que de verdad las habían preparado. A pesar de lo anterior, en el Censo de 1907 también encontramos mujeres en profesiones socialmente mejor consideradas, pero eran las menos. Por ejemplo, había tres abogadas, once científicas, diez dentistas, 75 actrices y siete doctoras; cifras muy pequeñas comparadas con las 62.977 lavanderas, o incluso las 3.385 zapateras.

Entre 1907 y el Censo de 1930 las grandes áreas de trabajo femenino remunerado siguieron siendo el servicio doméstico, la industria (vestuario y alimento), el comercio y la agricultura. Sin embargo, en este período las áreas de mayor crecimiento fueron el comercio y el servicio doméstico. Más aún, Hutchinson argumenta que bajo los estándares modernos muchas de las costureras y lavanderas debiesen ser clasificadas como servicio doméstico, pues estaban trabajando al servicio de empleadores particulares. Dado lo anterior, la historiadora reporta que entre el Censo de 1907 y el de 1930 esta área pasó de representar un 36,8% de las ocupaciones femeninas a un 43,7%, lo que quiere decir que casi la mitad de las mujeres de ese entonces trabajaban como parte del servicio doméstico.

En el Censo de 1952 ya podemos observar una mayor diversificación de actividades en el mundo femenino (Gráfico 25). El servicio doméstico continuó siendo la ocupación principal, abarcando cerca de un tercio de los trabajos, pero vemos cómo otros empleos van tomando relevancia: oficinistas y afines (8,3%), gerentes, administradoras y funcionarias de categoría directiva (7,3%), profesoras, maestras y científicas (3,8%), médicos y profesionales afines (2,2%). La mayor inserción de la mujer en la vida pública y el cambio de mentalidad sin duda fueron factores detrás de esta diversificación; sin embargo, el cambio más importante probablemente fue el mayor nivel de educación de las mujeres y las crecientes opciones para perseguir estudios universitarios. El Chile de mitad de siglo XX ya presenta un panorama más alentador para las chilenas, aunque todavía algunos números –como el 31,8% de mujeres trabajando como servicio doméstico– muestran signos de una sociedad que ofrecía pocas posibilidades de desarrollo laboral a las mujeres del país.

GRÁFICO 25. Profesiones y oficios en el año 1952 (mujeres)

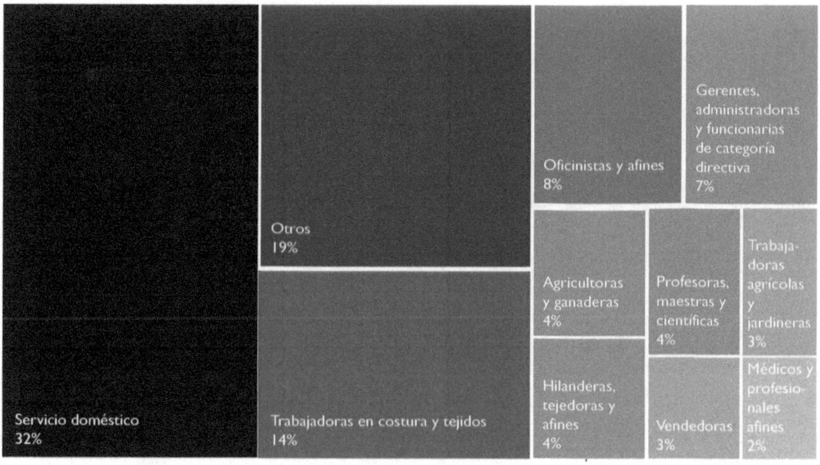

Fuente: : XII Censo de población y I de vivienda (1952).

Al ver las cifras del Censo del 2017 (Gráfico 26), podemos apreciar el cuadro que poseemos hoy en día. Es un panorama en el que todavía queda mucho trabajo para que las mujeres tengan las mismas oportunidades laborales que los hombres, pero también es un escenario mucho mejor que el que enfrentaron nuestras madres y abuelas. De partida, en las generaciones más jóvenes ya no se duda de las capacidades de las mujeres para el trabajo, ni se les excluye del todo de posiciones gerenciales o académicas. Preguntas como "¿podría ser que la mujer tuviera un rol importante más allá de sus labores domésticas y el resto de las labores 'propias de su sexo'?" son cuestiones que se discutían en aquella época, pero que hoy en día tienen respuestas obvias.

El Chile del siglo XXI incluso se ha elegido dos veces a una mujer como Presidenta de la República, el cual representa un trabajo que habría sido absolutamente impensado seis décadas atrás cuando estas no tenían ni siquiera derecho a voto. Podemos notar que las mujeres empleadas como lavanderas, servicio doméstico y costureras, que en 1907 representaban el 73% de las ocupaciones remuneradas, hoy en día solo representan una pequeña porción de la fuerza laboral femenina; y hoy tales empleos han sido reemplazados por otros más diversos en ventas y servicios (17,6%), de la enseñanza (11,8%) y en la salud y asistencia social (9,2%), entre otros.

GRÁFICO 26. Profesiones y oficios en el año 2017 (mujeres)

Comercio al por mayor y al por menor; reparación de vehículos 18%

Rama no declarada 14%

Enseñanza 12%

Otras ramas de actividad económica 11%

Actividades de atención de la salud humana y de asistencia social 9%

Actividades de alojamiento y de servicio de comidas 6%

Administración pública y defensa; planes de seguridad social de afiliación obligatoria 5%

Actividades de los hogares como empleadores; actividades no diferenciadas de los hogares como productores de bienes y servicios para uso propio 8%

Actividades de servicios administrativos y de apoyo 5%

Actividades profesionales, científicas y técnicas 4%

Industrias manufactureras 4%

Agricultura, ganadería, silvicultura y pesca 3%

Fuente: Instituto Nacional de Estadística. Censo de población y vivienda de 2017.

Este fenómeno no ha sido exclusivamente urbano, pues el campo también ha sido partícipe de las transformaciones. Como lo explica Ximena Valdés: "Las mujeres que permanecían en el campo, anteriormente vinculadas al espacio familiar y doméstico, a lo más a los mercados campesinos locales, hoy se movilizan y desplazan en búsqueda de trabajo asalariado en una extensa geografía que cubre gran parte del país"[141].

La evolución del trabajo doméstico retrata de buena manera el desarrollo y evolución de las oportunidades de trabajo femenino. Recordemos que a principios del siglo XX la posibilidad de trabajar como parte del servicio doméstico era uno de los buenos empleos al cual aspiraban muchas mujeres. En 1930, como vimos, este tipo de trabajo representaba 43,7% de las ocupaciones femeninas, y en 1952 seguían representando un 31,8% de los trabajos ocupados por las mujeres. En los últimos años, tomando datos de empleo del Instituto Nacional de Estadística (INE), podemos notar que la participación de este tipo de empleo era de 12% en 2010, y que entre esa fecha y 2017 decreció un 33%, llegando a representar solo un 8% de los empleos (Gráfico 27). Más aún, si consideramos solamente el personal de servicio doméstico "puertas adentro", este representaba un noveno del total, es decir, menos del 2% de las ocupaciones femeninas.

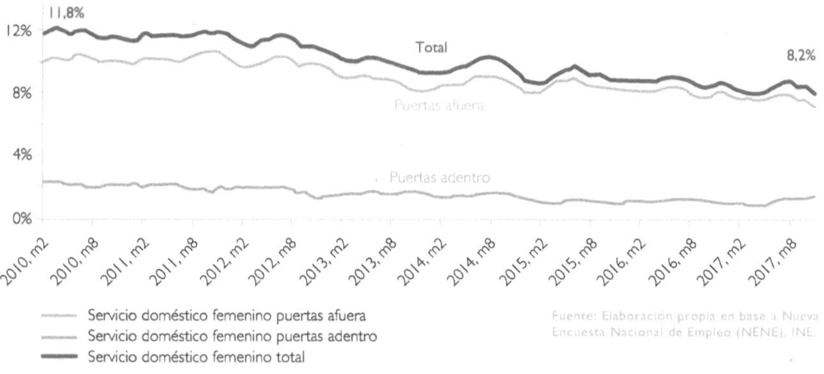

GRÁFICO 27. Mujeres trabajando como personal de servicio doméstico (2010-2017)
(% de la población femenina)

TENDENCIA 9: Del trabajo del hogar al trabajo remunerado
Evolución de la participación laboral femenina

El imaginario colectivo asocia a las abuelas con un buen plato de comida tradicional o las visualiza sentadas en un sillón con un lindo bordado. Las abuelas eran las que sabían zurcir, tejer, cocinar y mantener las cosas ordenadas en el hogar. Si nos damos cuenta, esta imagen tiende a asociar a las abuelas más con las tareas domésticas que con los oficios remunerados. ¿Por qué tendemos a imaginarnos a nuestras abuelas en el hogar? ¿Qué porcentaje de ellas trabajaba fuera de la casa? ¿El imaginario colectivo de los niños y jóvenes del año 2050 seguirá viendo así a sus abuelas?

La relación de la mujer con el mundo del trabajo no solamente versa sobre las ocupaciones que estas desempeñaban y las condiciones bajo las que lo realizaban. Para entender cómo ha cambiado el trabajo femenino en el país, es importante también conocer cuántas mujeres trabajaban o buscaban trabajo como porcentaje del total de mujeres de la época en edad de trabajar (concepto conocido como "tasa de participación"[142]).

Al observar las estadísticas censales, podemos notar que la tasa de participación femenina ha aumentado considerablemente desde el año 1900 hasta nuestros días. Sin embargo, esta evolución esconde largos períodos de crecimiento y disminución, más allá de los cambios transitorios por el ciclo económico, lo cual podemos apreciar en el Gráfico 28.

GRÁFICO 28. Tasa de participación en la fuerza de trabajo en Chile (1900-2010)

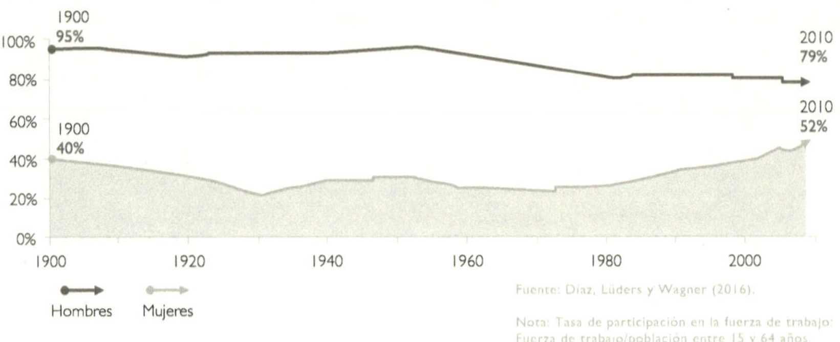

Siguiendo a Loreto Cox[143], la caída de la participación laboral femenina entre 1886 y 1930 se podría explicar por el aumento del nivel de consumo y la caída de los salarios[144]. Al aumentar el nivel de consumo –todo lo demás manteniéndose constante– se hace menos importante buscar ingresos adicionales, lo que provoca que menos mujeres busquen empleo. A su vez, el menor salario disminuye el beneficio de trabajar, haciendo menos atractivo para las mujeres ingresar al mundo laboral[145].

La caída en participación entre 1951 y 1970 respondería, según Cox, al aumento de la calidad de vida[146] (medido con la esperanza de vida), el aumento del nivel de consumo y el aumento de la tasa de natalidad que se da por el *baby boom* chileno[147]. Sin embargo, el aumento de los salarios reales contrarrestaría en parte estos efectos ya que crece en este período.

Finalmente, el fuerte crecimiento desde 1970 hasta el 2000 se debería a un aumento de los salarios y la disminución de la natalidad; aunque el mayor nivel de consumo y el aumento de la calidad de vida lo contrarrestarían, en parte.

En general, se puede desprender del análisis por períodos que el salario afectó sustantivamente la entrada de la mujer al mercado laboral. Esto se debe a que la mujer tendría en Chile, a diferencia del hombre, un permiso social para dejar el trabajo, por lo que reaccionaría más ante los cambios en sueldos.

Otro factor relevante en la participación laboral sería el nivel educativo[148], ya que con una mejor formación se puede acceder a mejores salarios. En esta dirección apuntan Contreras, Puentes y Bravo[149], quienes estudian por cohortes de edad la participación laboral en el Gran Santiago entre 1957 y 1997. Su conclusión es que, comparando una mujer de 20 años nacida en 1945 con otra nacida en 1975, su nivel educativo pasó de 7,7 años a 11,3 años de educación promedio, lo que habría aumentado en ocho puntos porcentuales la participación laboral de ese grupo etario en este periodo.

Por otro lado, el trabajo femenino en Chile ha tenido la particular característica de que su participación laboral ha sido históricamente baja en comparación con los demás países latinoamericanos o desarrollados. Esto se podría deber a factores culturales, como argumentan Dante Contreras y Gonzalo Plaza[150]. Ellos, en base a datos de la encuesta ISSP del CEP del año 2002, forman un índice de machismo, mostrando que la probabilidad de que una mujer chilena participe en el mercado laboral disminuye un 13% si vive en un entorno machista; contrarrestando así el aumento por mayor escolaridad y experiencia laboral que han tenido. También crean un índice de conservadurismo, estableciendo que una mujer conservadora tiene 11% menos de probabilidad de participar en el mercado laboral. Por último, si tiene pareja, su probabilidad de trabajar disminuye un 22%. Sin embargo, últimamente entre las generaciones más jóvenes del país estarían ocurriendo transformaciones culturales respecto a las relaciones de género, lo que reduciría el machismo y el conservadurismo.

Estos cambios recientes, junto al mayor nivel de desarrollo del país, han tenido efectos visibles en la tasa de participación femenina. Es más, al observar el Gráfico 29 vemos que para el tramo de mujeres jóvenes que ya terminó sus estudios –entre 30 y 34 años de edad–, la participación[151] es incluso más alta que el promedio de la OECD. Estas cifras no solo nos indican el gran incremento de la tasa de participación femenina en los últimos veinte años, sino que vaticinan una mayor inclusión de la mujer en el mundo del trabajo, a medida que las nuevas generaciones se adueñen del escenario laboral.

GRÁFICO 29. Tasa de participación laboral de mujeres entre 30 y 34 años (1996-2016)

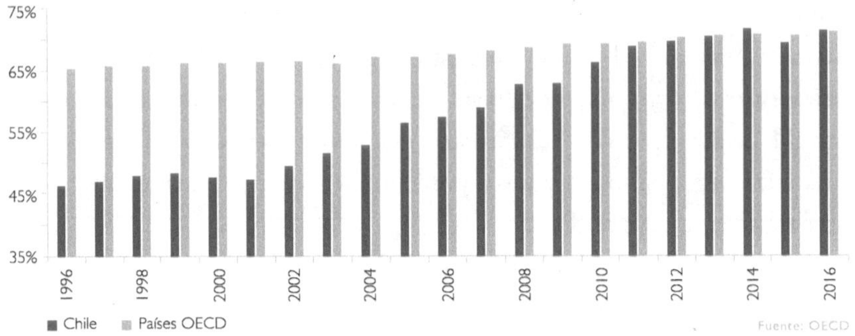

TENDENCIA 10: La lucha por el voto

Avances en la democracia: Participación electoral

El año 2013 elegimos por segunda vez a una Presidenta de la República (Michelle Bachelet) –y esta vez, además, compitiendo contra otra mujer (Evelyn Matthei) en segunda vuelta–, lo cual es un hecho que no nos llama tanto la atención, pues hemos visto a muchas mujeres desempeñando cargos de gran importancia tanto en Chile como en el resto del mundo. Sin embargo, este antecedente, que nos parece de lo más natural, es bien notable cuando lo ponemos en un contexto histórico más amplio.

Michelle Bachelet nació el 29 de septiembre de 1951, solamente dos años después de que se publicara en el *Diario Oficial* la nueva ley que permitía a las mujeres chilenas votar en las elecciones presidenciales (14 de enero de 1949). Más aún, cuando ella nació todavía las mujeres no habían podido elegir a ningún presidente, ya que el primer mandatario electo con votos femeninos fue Carlos Ibáñez del Campo en 1952.

Ni la abuela ni la madre de Bachelet tenían derecho a votar en las elecciones presidenciales en Chile, y solo dos años después de que se las autorizó nacía su nieta/hija que sería elegida presidenta del país. ¿Quién lo hubiera pensado? Tal vez si alguien le hubiera dicho a Ángela Jeria (madre de Bachelet) que su hija sería presidenta, se habría reído o incluso podría haber contestado, retóricamente: "¿Mi hija, presidenta? ¡Pero si yo no puedo ni acercarme a una urna para votar por ese cargo!".

La incorporación política de la mujer fue uno de los procesos que caracterizó el siglo XX. En el Chile del siglo XIX, por el contrario, solo encontramos intentos aislados por conseguir el derecho a voto femenino y tener así la posibilidad de influir más activamente en la política nacional. Uno de estos hechos aislados se produjo en 1875, cuando un grupo de señoras en la ciudad de San Felipe y otro en La Serena intentaron inscribirse en las juntas calificadoras de elecciones, amparándose en la ambigüedad de la Constitución, la cual otorgaba el voto a los "chilenos" mayores de 21 años que supieran leer y escribir. Algunas de estas señoras fueron calificadas para votar, lo que causó una polémica que se reflejó en los periódicos de la época. *El Mercurio* de Valparaíso publicó la siguiente noticia al respecto:

> "Hoy han sido cerrados los registros después de haber inscrito en la primera mesa de este pueblo a la señora Clotilde Carretón de Soffia. La mesa acordó unánimemente que la ley no la eximía, y por lo tanto no había inconveniente de llamarla ciudadano, puesto que contaba con todos los requisitos que aquella dispone"[152].

Pero finalmente, a pesar de haberse inscrito, las señoras no pudieron votar, pues si bien la Constitución no prohibía explícitamente este derecho, se interpretó que no era el espíritu de la Carta Fundamental de 1833. En respuesta a este evento, el Congreso aprobó en 1884 una reforma que excluía explícitamente a las mujeres. Martina Barros de Orrego, en 1917, comentaba este evento, señalando:

> "El epílogo de esta comedia fue una reforma introducida por la ley de elecciones de 1884 que negó de un modo expreso, en su artículo 40, el voto a las mujeres, en la honrosa compañía de los dementes, de los sirvientes domésticos, de los procesados por crimen o delito que merezca pena aflictiva y los condenados por quiebra fraudulenta"[153].

Como se señaló anteriormente, este hecho, más que ser vla tónica del siglo XIX, fue parte de algunos sucesos aislados. Los hombres, y muchas veces también las mujeres[154], consideraban que la política era cosa de señores y las labores domésticas, por otro lado, algo de incumbencia femenina. La historiadora Javiera Errázuriz, al referirse a la actitud de aquella época, señala que "para los hombres estaba tan claro que las mujeres no podían votar, que la calificación de algunas señoras en

San Felipe y La Serena, en 1875, fue considerado como un hecho insólito, incluso divertido pero jamás peligroso o suficientemente interesante como para generar discusión"[155].

El siglo XIX llegaba a su fin y las mujeres no parecían estar cerca de ganar su lucha por el voto. Sin embargo, a medida que este siglo se extinguía, el siguiente se posicionaba en la escena nacional, trayendo consigo una nueva actitud y una nueva oportunidad. Este cambio de centuria pareciera haber despertado a las mujeres chilenas; de a poco vemos cómo se van incorporando en la vida pública, quedando atrás los años en que se conformaban con que su presencia se limitara a la vida privada.

El siglo XX desde un comienzo fue más auspicioso. Dos organizaciones importantes de mujeres instruidas se fundaron en la segunda década de aquel siglo (ambas en 1915): el Círculo de Lectura y el Club de Señoras. El Círculo, fundado por Amanda Labarca, estaba dirigido a mujeres de clase media y alta con intereses intelectuales, especialmente en temas que concernían a las mujeres, mientras que el Club agrupó a mujeres liberales de clase alta como forma de cultivar su identidad oligárquica mediante la educación y la cultura en una época en que a las mujeres no se les permitía entrar a los clubes de hombres. En ambos clubes, además de promover la cultura entre las mujeres chilenas, se debatía y reflexionaba respecto a temas de la contingencia nacional, tales como el derecho a voto y el nuevo rol de la mujer. Un ejemplo de lo anterior lo vemos en la conferencia titulada "El voto femenino" dictada por Martina Barros de Orrego en el Club de Señoras en 1917:

> "Se ha dicho y se repite mucho que no estamos preparados para esto. ¿Qué preparación es ésta que tiene el más humilde de los hombres, con solo hecho de serlo, y que nosotras no podemos alcanzar? La he buscado mucho y no la puedo descubrir. Sin preparación alguna, se nos entrega al matrimonio, para ser madres, que es el más grande de nuestros deberes, y para eso ni la Iglesia, ni la ley, ni los padres, ni el marido, nos exigen otra cosa que la voluntad de aceptarlo"[156].

Estos dos clubes fueron reflejo de la transición al feminismo, ya que promovían una mayor participación de la mujer en el espacio público, aunque todavía limitada. Sin embargo, la mentalidad y discurso respecto al rol de la mujer estaba cambiando radicalmente. En 1917 la Juventud del Partido Conservador presentó la primera propuesta de voto femenino, mientras que la década de 1920 trajo consigo la creación del Partido Femenino Progresista, del Partido Cívico Femenino y un movimiento femenino que invitaba a las mujeres a, como deber ético, trabajar por el mejoramiento social del país[157]. A pesar de que las iniciativas de estas agrupaciones no prosperaron, en esta década el voto entró de lleno en la agenda pública chilena. En marzo de 1934, durante el Gobierno de Arturo Alessandri, y tras arduos debates, se aprobó el voto municipal femenino argumentando que este tipo de administración era muy parecida a la de una casa grande[158]. Con el voto municipal femenino aprobado, las chilenas fueron capaces por primera vez de sufragar y postularse para un cargo público. En ese mismo año el presidente Arturo Alessandri Palma nombró por primera vez a una mujer, Lily Wallace, como alcaldesa de una comuna chilena (La Calera)[159].

Para los partidos de la época, este fue un buen ejercicio para ver las preferencias electorales de las mujeres y empezar a potenciar las facciones femeninas dentro de ellos; aunque este derecho fue más significativo para las mujeres mismas. El logro conseguido las dejaba un paso más cerca de alcanzar lo que tanto deseaban: el derecho a votar en las elecciones presidenciales[160], voto que les daría verdadero poder político para influir en las políticas públicas del país.

Durante la década de 1930 y 1940 continuó la creación de organizaciones femeninas. Desde estas, junto a los diarios y revistas, las mujeres se lanzaron de lleno a la lucha por conseguir sus derechos civiles y políticos. Finalmente, en 1946, y coincidiendo con el inicio del Gobierno de Gabriel González Videla, se aprobó en el Senado el proyecto de ley sobre voto femenino ampliado, promovido por parlamentarios de distintos partidos políticos. El proyecto continuó en la Cámara de Diputados y, luego de mucha espera y oposición[161], el proyecto se promulgó en enero de 1949[162]. En aquella ocasión, el entonces presidente Gabriel González Videla, pronunció las siguientes (emocionantes y esperadas) palabras: "Mujeres de Chile: sois desde este instante ciudadanas de la República, con la plenitud de los derechos políticos, con la capacidad necesaria para ejercerlos y para participar en los actos decisivos de la vida nacional"[163].

La aprobación del voto femenino llegó en buen momento, ya que cada vez se levantaban más voces preguntándose qué tan democrático podía ser un país donde un porcentaje tan grande de la población no tenía derecho a sufragio, y aún menos votaban. Para tener una noción de cuántos chilenos participaban en la elección del devenir nacional antes de la entrada en vigor del voto femenino, analicemos los datos de la elección de 1945: en ellas solo 419.930 chilenos votaron, los que representaban el 70% de los inscritos en los registros electorales, y tan solo el 8,4% de la población total del país[164]. Recordemos que para esas elecciones únicamente podían votar hombres mayores de 21 que supieran leer y escribir.

Mujeres votando en elecciones municipales de 1946.

Si bien la ampliación del derecho a voto a las mujeres fue un primer e importante paso para extender esta base electoral muy pequeña, el proceso tomó tiempo, ya que muchas mujeres obligadas a preocuparse solo por el ámbito doméstico miraban con apatía la participación en política. Esto se reflejó en el número de mujeres inscritas para la elección de 1952, el cual ascendió a 300.000, que era solo alrededor del 27% del total de votantes inscritos. Si bien el proceso demoró en afianzarse, el objetivo se logró treinta años después: en 1970, en un ambiente profundamente politizado, las mujeres inscritas llegaban a ser 1.600.000 y representaban un 47% del total de votantes[165].

Al representar la mitad de los votos, las preferencias de las mujeres pasaban a ser determinantes en las elecciones, tanto así que, por ejemplo, en 1958 Salvador Allende derrotó a Jorge Alessandri entre los votantes masculinos, pero Alessandri ganó tan decididamente entre las mujeres que logró más votos que Allende en el total nacional. En 1970 nuevamente Alessandri derrotó a Allende entre las mujeres, pero el margen de victoria fue tal entre los hombres, que el candidato de la Unidad Popular logró la victoria frente al candidato conservador.

Durante este siglo hubo altos y bajos en la participación ciudadana en política, pero si comparamos cómo empezó el siglo con cómo terminó, vemos un gran avance, y no solo en lo que respecta a las mujeres. En el siglo XX también se expandió la base electoral en otras dimensiones, ya que se incluyó a los ciegos en 1969, se disminuyó la edad mínima para votar de 21 a 18 años en 1970, y se permitió votar a los analfabetos en 1972.

En el Gráfico 30 podemos ver la evolución de la proporción de población en edad de votar que sufragó en las elecciones desde 1870 hasta el presente. Desde el comienzo de la serie hasta la última década del siglo XX, podemos observar cómo una mayor cantidad de chilenos fue participando del proceso de elección de autoridades, pasando desde una situación en la que solo el 8% de los chilenos en edad de votar concurría al proceso eleccionario, hasta llegar a una participación once veces superior[166]. Este *peak* en participación se logró a finales de los ochenta, cuando los chilenos volvieron a las urnas masivamente en el plebiscito de 1988, en una votación que tuvo una participación histórica de 89,1%. Después se produjo una normalización de la cantidad de sufragantes; sin embargo, la disminución se profundizó con la entrada en vigor del voto voluntario en 2012. Desde aquel momento menos del 50% de la población en edad de votar ha optado por ejercer su derecho.

GRÁFICO 30. Votantes en elecciones de Chile entre 1870 y 2017
(% de la población en edad de votar)

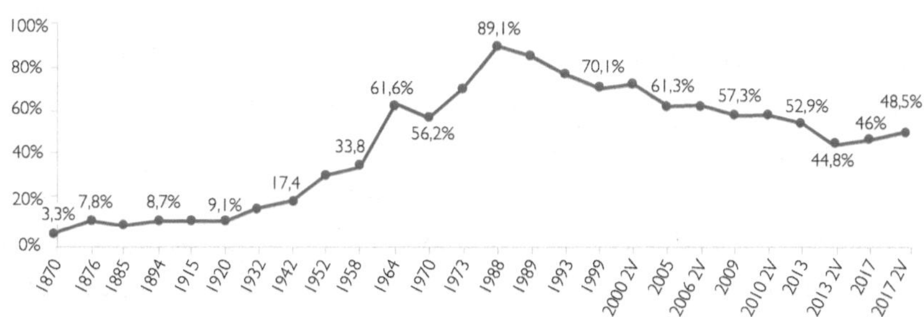

Fuentes: 1870 a 2000 2V: Navia (2004) y 2005 a 2017: elaboración propia a partir de http://www.servel.cl, http://www.idea.int y Compendio estadístico 2010, INE.

Nota: Desde 1989 en adelante se consideran solamente los votos válidos y no el total de votos.

Durante el siglo pasado las elecciones no solo fueron escenario de la democratización respecto a quiénes podían votar, sino que también se efectuaron mejoras en otros aspectos del proceso eleccionario. Los compatriotas jóvenes y, a estas alturas, todos los ciudadanos, estamos acostumbrados a llegar a las urnas y que se nos entregue una cédula única de votación, para a continuación entrar a una cámara secreta donde procedemos a marcar el voto con nuestras preferencias y a depositarlo finalmente en la urna a la salida. Esto, sin embargo, no fue siempre así.

Los pocos chilenos que tenían derecho a votar a principios de siglo XX llegaban a las urnas y se encontraban con que cada partido tenía su propia papeleta con sus candidatos; cada una con distinto color, forma y tamaño. Dado esto, no era complicado saber por quién votaba la gente, lo que facilitaba prácticas como el cohecho, sobre todo en los sectores rurales[167]. Más aún, aunque parezca extraño, los chilenos se podían llevar el voto a su casa, comer una rica comida, ser presionados o convencidos por alguien y luego volver a los centros de votación y depositar el sobre cerrado con el voto en las urnas.

Recién en 1958, al término del Gobierno de Carlos Ibáñez del Campo, se dictó la ley que transformaría el proceso electoral, volviéndolo más parecido a como lo conocemos hoy en día. Esta ley eliminó la posibilidad de que cada partido presentara su propia cédula, estableciendo una cédula única de votación entregada por el Estado y con todos los candidatos en ella. A su vez, se eliminó la posibilidad de llevarse el voto al hogar, y obligó el cierre de todas las campañas y actos de propaganda electoral 24 horas antes de la elección. Estos cambios limitaron la posibilidad de intervención directa o compra de votos y reforzaron la democracia.

Hacer que la votación fuese presencial y secreta, sumado a la incorporación de las mujeres, analfabetos y ciegos a los padrones electorales, permitió que finalmente se consolidara en Chile el voto universal, uno de los pilares de nuestro sistema democrático. El proceso fue largo, pero rindió frutos: gracias a él, hoy en día chilenos y chilenas podemos ir a los centros de votación y en una cámara secreta expresar nuestras preferencias sin presiones. Actualmente, parlamentarios, alcaldes y el mismo presidente deben escuchar a la ciudadanía si quieren salir electos, y hacer suyas nuestras demandas si quieren continuar con el apoyo ciudadano. ¿Se imaginan cómo sería nuestro país si solo votara un 8%? Observar el Chile de principios del siglo XX es una buena manera de comenzar a responder estas interrogantes.

CAPÍTULO TRES

TENDENCIAS EN LA VIDA DE LOS NIÑOS

"Es más travieso que el río
es más suave que la loma:
es mejor el hijo mío
que este mundo al que se asoma"
–Gabriela Mistral

A comienzos del siglo XX, uno de cada tres niños moría antes del primer año de vida. Los sistemas de salud eran precarios, no había antibióticos y existían contados hospitales, por lo que la mayoría de las chilenas daba a luz a sus hijos en sus casas. Además, como los métodos anticonceptivos eran poco confiables, las relaciones sexuales fuera del matrimonio o ilícitas derivaban normalmente, en especial en los grupos de menores ingresos, en una gran cantidad de hijos ilegítimos; los llamados *huachos,* que eran estigmatizados debido a esta condición[168].

De los niños que sobrevivían el año de vida, la mayoría padecía de problemas de nutrición y es por ello que se implementaron programas como las "Gotas de Leche" –una iniciativa privada que se inició en el año 1911 en San Bernardo, donde se realizaban controles médicos a niños, se promovía la lactancia, se proporcionaban alimentos y se les entregaba a sus madres instrucciones sobre su cuidado–, que buscaban asegurar una alimentación mínima a los infantes. Con el transcurrir de los años, el panorama no mejoraba mucho. La educación preescolar era casi inexistente y la posibilidad después de ir a la escuela y recibir una educación formal era baja. Es más, solo un puñado de niños, aquellos pertenecientes a familias adineradas, lograba terminar el colegio. Los hijos de las clases acomodadas pasaban en la escuela gran parte de su día. En ella aprendían a leer y escribir, lo que entonces era un lujo porque, como dijimos anteriormente, solo un 50% de la población era alfabeta en 1907.

En las tardes y fines de semana los niños hacían de las calles su lugar de esparcimiento, donde los juegos tradicionales, como *la pinta*, la *gallinita ciega* y los volantines compartían con los nuevos juegos, como el balancín, el salto en la cuerda, las bicicletas y pelotas[169]. Sin embargo, no todo era juegos; la desobediencia se pagaba caro y, aunque se fueron reduciendo, eran muy comunes los castigos físicos, como los golpes con varillas y los correazos.

El día a día de los niños de familias con menos recursos era ciertamente distinto al de la clase media y alta. Como explica el historiador Cristián Garay:

"En 1939 se calculó en 200.000 la cifra de niños indigentes y vagabundos. El trabajo infantil era muy relevante en la época, e incluso a él accedían las familias de clase media cuyo padre desaparecía. Negocios pequeños, servicios, pero también trabajos serviles eran el gran eje de esta actividad. Para los más desposeídos, el destino natural de las niñas era la entrada al servicio doméstico a los 15 años. Los niños, en cuanto tenían fuerzas –aproximadamente a los 7 años–, trabajaban de fleteros y, generalmente, la importancia del empleo les impedía complementar sus estudios. Una parte de ellos no aprendía a leer, falencia que era remediada cuando se hacía el servicio militar; así los cuarteles eran la más grande institución de alfabetización pública"[170].

"Hay que preocuparse de los hijos entre los 12 y los 18 años; antes de eso, los cuida la mamá y después se educan solos". Esta afirmación –verídica y frecuente en el Chile de nuestros abuelos– representa en buena medida el pensamiento de las generaciones de principio de siglo, cuando la idea de la niñez como una etapa distinta a la del mundo adulto, pero igualmente importante, no se asentaba.

En esta sección, dedicada a las tendencias relacionadas con los niños, nos enfocaremos primero en dos grandes desafíos que tuvo Chile durante el siglo XX para asegurar el bienestar físico de sus menores: la lucha contra la mortalidad y la desnutrición infantil. Luego pasaremos a revisar otro desafío que ha tomado cada vez más fuerza en los últimos años: los avances en el desarrollo infantil a través de la cobertura escolar. Y, por último, nos detendremos brevemente a revisar esos aspectos de vida infantil de nuestros niños que la hacen diferente a la vida de los adultos, desde los juegos a la vulnerabilidad.

Revista de Gimnasia de Escuela N°80 República de Costa Rica (1944).

TENDENCIA 11: La muerte como un verdadero juego de niños: simple y cotidiana
Mortalidad Infantil

Uno de los indicadores más utilizados para evaluar la evolución de las condiciones de vida de la población es la tasa de mortalidad infantil (TMI)[171]. En el caso de Chile, este indicador ha experimentado un descenso significativo y sostenido a través de los años como se puede observar en la Tabla 2. La tasa, que en la década de 1920 fluctuaba entre 250 y 200 por mil nacidos vivos, se redujo fuertemente entre 1935 y 1950, lo que provocó que a principios de la década de 1950 esta se haya disminuido a la mitad (entre 100 y 120). Pero luego se produjo un estancamiento, y recién se inició un nuevo periodo de descenso en 1965, el cual se aceleró a partir de 1975[172]. Como señala la socióloga Dagmar Raczynski, las investigaciones tienden a indicar que el primer periodo de descenso señalado

(1935-1950) estuvo asociado más a factores relacionados al crecimiento y desarrollo económico del país que a factores relativos al sistema de atención pública. Pero luego, cuando la tasa de mortalidad infantil es más baja, esta se asocia de manera más sensible a la organización del sistema de salud y a las prestaciones médicas y paramédicas entregadas, como ocurrió en Chile en la segunda mitad del siglo XX[173].

TABLA 2. Tasa de Mortalidad Infantil (TMI) en Chile entre 1920 y 2013

Año	1920	1930	1940	1950	1960	1970	1982	1990	2000	2010
TMI	256,5	206,3	197,1	153,9	117,1	82,4	23,7	16,0	8,9	7,4

Fuentes: Estadísticas vitales 1920-2012. Anuario Estadístico 1950.

En 1960, si bien en Chile había disminuido la TMI respecto a principios de siglo, seguía siendo uno de los países de más alta mortalidad infantil en América Latina (alrededor del doble de la de Uruguay, Venezuela y Argentina, y mayor que la de Perú, Paraguay, Ecuador y Colombia).

Tarsicio Castañeda investiga las causas del rápido descenso que manifestó este indicador en Chile desde principios de la década de 1960 y particularmente desde 1975 en adelante, concluyendo que las principales causas de la disminución de la TMI fueron: i) la reducción de la natalidad y los programas para las embarazadas y lactantes (leche y consultas); ii) el aumento de la cobertura urbana de agua potable y alcantarillado, iii) los programas para los niños (leche y consultas) –aunque en menor proporción que los programas para las madres y lactantes–; y iv) la convergencia de las TMI regionales producto de la menor diferencia en los puntos anteriores[174].

Datos más recientes muestran una TMI de 7,0 para el año 2013, es decir, un 3% de la que existía en 1920, lo que ciertamente no deja de sorprender. Cuando nuestros abuelos nacieron, entre un tercio y un cuarto de los niños moría antes del año de vida, y siendo que en esa época cada mujer tenía en promedio cinco hijos, podríamos decir que –en promedio– en cada familia un hijo moría antes de cumplir un año. Sin embargo, esta tasa fue disminuyendo durante las décadas que siguieron, limitando esta realidad del pasado a unos pocos casos y permitiendo que hoy Chile sea uno de los países con menor TMI de América Latina.

TENDENCIA 12: Pequeños malnutridos
Desnutrición Infantil

La situación nutricional de la primera mitad del siglo XX es identificada con el hambre popular y la escasez, situación que no escapó a la observación de los contemporáneos, quienes la identificaron como la causa fundamental de las debilidades populares[175]. Como señala el historiador René Salinas, estos sectores solo consumían trigo, maíz, frijoles, papas y cebollas; todos ellos, alimentos con un mínimo porcentaje de nitrógeno, elemento necesario para la fabricación de anticuerpos y el crecimiento, además de ser importante para un buen embarazo. La carne y los peces eran consumidos rara vez por la gente fuera de la clase acomodada, e incluso la leche y los huevos tenían poco consumo. El ingreso extremadamente bajo de la mayoría de los chilenos les hacía prohibitivo el consumo de aquellos alimentos a sus familias; este, incluso, era el caso de los pequeños productores, quienes preferían vender estos alimentos para obtener ingresos monetarios con los cuales hacer frente a necesidades más urgentes como la habitación, el vestuario, la salud, semillas u otras[176].

Los niños vivían una situación especialmente delicada respecto a la malnutrición. No era de extrañarse en esos años una afirmación como la de Eloísa Díaz, médico inspector de la Escuela de Santiago, quien, tras una observación de 17 años –que terminó en 1906– en dicho establecimiento, manifestó que "muchísimos de los niños que acuden a nuestras escuelas se ven pálidos, flacos, demacrados, con la piel seca y casi siempre padecen de pereza habitual [provocada por] la alimentación insuficiente, ya sea por la escasez o mala calidad de las sustancias alimenticias"[177].

La desnutrición de los menores, como se desprende del comentario de Díaz, incrementaba su riesgo de muerte, inhibía su desarrollo cognitivo y afectaba su salud de por vida. Y las enfermedades digestivas, las debilidades congénitas, los trastornos en el desarrollo de la estatura, del peso y del sistema óseo y dentario que desarrollaban estos niños tenían directa relación con su estado nutritivo[178], por lo que la mala alimentación en sus primeros años de vida les acarreaba problemas por el resto de sus vidas, si es que no morían a temprana edad.

Al entender la gravedad de la situación nutricional de la primera mitad del siglo XX y las consecuencias que ello generaba para la población, se dimensiona la importancia del logro alcanzado por Chile en esta materia en la segunda mitad del mismo siglo: entre 1960 y 1990 Chile logró erradicar la desnutrición infantil.

Como podemos ver en la Tabla 3, la desnutrición moderada y grave prácticamente desaparecieron en dicho periodo. Más aún, incluso contabilizando la desnutrición leve, pasamos de un 37% a un 2,9% de prevalencia en niños menores de seis años en tan solo cuatro décadas[179]. Estos impresionantes resultados contrastan con la magnitud que presenta el problema en algunos países de América Latina y el Caribe, donde este flagelo continúa siendo hasta el día de hoy un gran desafío[180].

TABLA 3. Prevalencia de desnutrición global en menores de seis años Chile, 1960-2000

Año	Total	Leves	Moderados	Graves
1960	37,0%	31,1%	4,1%	1,8%
1970	19,3%	15,8%	2,5%	1,0%
1980	11,5%	10,0%	1,4%	0,2%
1990	8,0%	7,7%	0,2%	0,1%
2000	2,9%	2,6%	0,2%	0,1%

Fuente: Conferencia Regional Ministerial "Hacia la erradicación de la desnutrición infantil en América Latina y el Caribe", Capítulo 1: La desnutrición infantil en Chile: políticas y programas que explican su erradicación. 2000. Informe Anual. Santiago de Chile: Ministerio de Salud, p. 47.

Existen varios factores que explican el buen desempeño de Chile en el combate contra la desnutrición, de los cuales podemos destacar (i) los programas de complementación alimentaria, (ii) los programas y acciones que indirectamente palian la desnutrición infantil y finalmente (iii) el crecimiento económico.

Los programas de alimentación complementaria como un primer factor que explica la lucha contra la desnutrición están presentes en Chile desde principios de siglo XX, mas sus alcances y resultados fueron bastante limitados hasta mediados de la misma centuria. Es recién durante la década del cincuenta cuando, junto con la creación y puesta en marcha del Servicio Nacional de Salud (SNS), se inició un Programa de Alimentación Complementaria, que con el pasar de los años fue experimentando una paulatina expansión tanto en el volumen de leche que distribuía como en cuanto a los grupos a los cuales iba dirigido. Este programa luego sufrió una revisión y ampliación en el período 1974-79 y, al mismo tiempo, fue reforzado o complementado con programas directos de intervención nutricional destinados a mejorar la situación nutritiva de los grupos más vulnerables[181].

Como se observa a partir de la implementación de los programas recién mencionados, a mediados del siglo XX la desnutrición infantil comenzó a ser una de las preocupaciones más importantes de la salud pública en Chile. Es por ello que además se crearon diversos programas y acciones que atacaron de manera simultánea los distintos factores que incidían en la aparición y mantención de la desnutrición infantil, constituyéndose dichas mejoras en un segundo factor de mejora de las condiciones nutricionales. Entre las medidas implementadas se pueden mencionar "los programas de agua y saneamiento básico, planificación familiar, aumento de los niveles de escolaridad del conjunto de la población y en especial de la madre, reducción de los niveles de pobreza, aumento de la infraestructura sanitaria básica, etc."[182].

Un tercer factor que no puede descartarse como relevante fue el creciente nivel de ingreso de la población, que permitió, consecuentemente, un mayor consumo de alimentos[183]. En el Chile de nuestros abuelos, para muchas familias el ingreso no alcanzaba para alimentarlos a todos. Parte de esta restricción se refleja en la canasta del IPC del año 1957 (Gráfico 31), la cual señalaba que los alimentos representaban un 48% del gasto familiar en promedio. Tal porcentaje sería bastante mayor, si solo contabilizáramos las familias pobres[184].

GRÁFICO 31. Distribución del gasto del presupuesto familiar en Chile entre 1928 y 2017
(% del total)

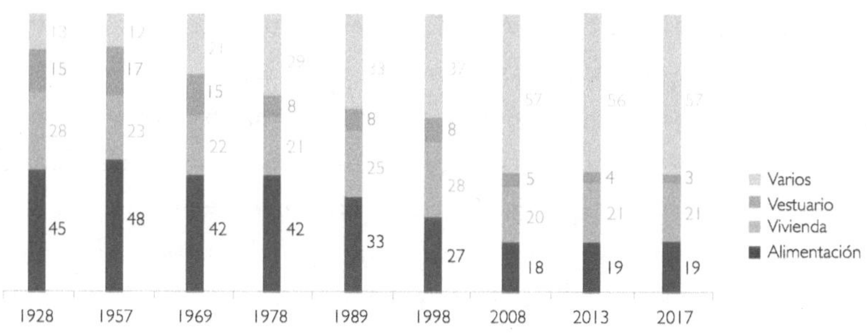

Fuente: Realizado a partir de Matus. Op. cit., p. 57 (datos para 1928); INE, Encuestas de presupuestos familiares (1957-2017).

Quizás un último tema que vale la pena destacar, como lección de la lucha contra la desnutrición infantil, es la importancia de enfrentar estos temas con una política de Estado de largo plazo, siguiendo para esto las experiencias de las mejores prácticas internacionales y escuchando las recomendaciones técnicas, tal como lo señala, a modo de conclusión, la ya citada Conferencia Regional

Ministerial: "[Este] resultado fue la existencia de una política de Estado de lucha contra la desnutrición infantil en el país, aplicada de manera sostenida durante décadas, independientemente de los vaivenes políticos y económicos que sufrió Chile. Este resultado se debió en gran medida al consenso técnico logrado en el país respecto al tema de la desnutrición y sobre las políticas y programas más adecuados para enfrentarlo"[185].

TENDENCIA 13: Del pan "mojado" a los niños obesos
Transición nutricional

El cambio en la nutrición y alimentación de las personas durante el siglo XX no es exclusivo de Chile, sino que la mayoría de los países han pasado, aunque algunos más rápido que otros, a través de las distintas etapas de lo que se conoce como "transición nutricional". La teoría de la transición nutricional describe los cambios en la dieta y en el estado nutricional de las poblaciones, estudiando cómo estos patrones van asociados a cambios demográficos, socioeconómicos y de salud[186].

Según esta teoría, en la etapa de pretransición las dietas se basan en un reducido número de cereales y tubérculos, predominando la desnutrición y el déficit de micronutrientes. Este fue el caso de países sudamericanos con el trigo y la papa, así como el de algunos países asiáticos con el arroz[187]. En el caso específico de Chile, esta etapa es la que mejor caracteriza la situación de la primera mitad del siglo XX, sobre todo cuando consideramos datos como el de la Sociedad de las Naciones que indicaba que más de tres cuartos de los chilenos se alimentaba de modo deficiente o estaba seriamente desnutrido. La falta de diversificación en la alimentación queda reflejada al notar que el consumo de cereal se reducía básicamente al pan, el que se mezclaba con distintos productos para poder saciar el hambre, como era el caso frecuente de comer pan y té para "llenarse": el clásico "pan mojado", como se le conocía.

Los países, al tener un mayor ingreso per cápita, incrementan su consumo de alimentos procesados con alto contenido de grasa, azúcar y sal, pasando de esta manera a la etapa de transición nutricional. En esta etapa, la principal característica es la coexistencia de la desnutrición con la obesidad. En el caso de Chile, continuó existiendo una desnutrición importante en las décadas del sesenta y setenta, e inicios de la de los ochenta, pero a su vez, el mayor nivel de ingreso de la población condujo a mayor consumo de alimentos, muchos de ellos ricos en grasas y azúcar.

Como ya se mencionó, durante la década de 1990 el problema de la desnutrición prácticamente desapareció, lo que fue una noticia muy positiva. Sin embargo, los problemas nutricionales no se extinguieron del todo, pues la cuestión de la obesidad se fue haciendo cada vez más presente. Esto es característico de las sociedades que se encuentran en la etapa de postransición nutricional, es decir, una etapa que se destaca por una dieta con alto contenido de grasa y azúcar, a la vez que por un bajo consumo de fibras. Consecuentemente, en esta etapa predomina la obesidad y aumentan las enfermedades crónicas. Este patrón es el que podemos observar hoy en día en el caso chileno[188].

Así como nuestros abuelos lograron derrotar la desnutrición, nuestro desafío es derrotar la obesidad. La buena noticia es que nuestros antecesores ya lograron avanzar dos etapas del proceso de transición nutricional, quedándonos a nosotros pasar la última etapa descrita por Barry Popkin (Tabla 4): la del cambio de comportamiento, en la que existe un menor consumo de grasas y alimentos procesados, y un mayor consumo de frutas y verduras.

TABLA 4. Transición nutricional

	Patrón 1: Pretransición	Patrón 2: Transición	Patrón 3: Postransición	Patrón 4: Cambio de comportamiento
Dieta	Cereales Tubérculos Legumbres (poca variedad)	Aumento azúcar, grasas y alimentos procesados. Pero también aumento de proteína animal, frutas y verduras	Contenido alto de grasa y azúcar. Bajo en fibras	Menor consumo de grasas y alimentos procesados. Aumento de frutas y verduras
Estado nutricional	Predominan deficiencias nutricionales; frecuentes enfermedades asociadas con malnutrición y alta mortalidad	Coexisten deficiencias nutricionales y obesidad; aumento de la esperanza de vida y de la estatura	Predominio de obesidad e hiperlipidemias; aumento de enfermedades crónicas	Reducción de los niveles de grasa corporal y obesidad; mejoría ósea. Mejor salud en la vejez y mayor expectativa de vida

Fuente: Basado en Popkin, Barry. "Nutritional patterns and transitions", Population and Development Review, vol.19, N°1, 1993, pp. 138-157, y Vio, Fernando y Cecilia Albala. "La transición nutricional en Chile", Revista Chilena de Nutrición, vol. 25, N°3, 1998, pp.11-20.

TENDENCIA 14: La educación temprana y los kindergartners
Cobertura educacional prebásica

"El futuro de los niños es siempre hoy. Mañana será tarde"
—Gabriela Mistral

Las primeras iniciativas de creación de centros de atención de párvulos se dieron dentro de la colonia alemana que se formó en Chile[189]. Fue así como en julio de 1886 se crea anexa a la *Deutsche Volkschule* (escuela primaria alemana), una *Spiel Schule*, para niños y niñas de 3 a 6 años de edad. A pesar de que esta iniciativa duró solo un par de meses, a partir de ella se sentaron las bases de la educación para la primera infancia, así como también permitió el surgimiento de otras propuestas que siguieron avanzando en la fundación de estos centros, como la de Flora Balser que creará un *kindergartner*[190]. De esta manera, la influencia alemana en el desarrollo educacional nacional se hizo patente desde sus inicios, ocupando hoy un lugar importante en la historia de la educación parvularia de nuestro país. Esto queda de manifiesto al notar que incluso hoy en día muchos siguen refiriéndose a los cursos previos a la Básica como Kinder y Pre–kinder.

Los siguientes *kindergartners* de los que se tiene registro son el del Santiago College (1891) y dos *kindergartners* privados subvencionados por el Estado: El Católico y El Santiago (1900). Recién en 1906 se fundó el primero de estos centros con manutención fiscal, así como un curso para formar maestras "kindergarterinas". Este se efectuó anexo a la Escuela Normal N°1 de Santiago, en una casa arrendada al frente de ella en la calle Compañía[191].

En la segunda década del siglo XX, como efecto de la Primera Guerra Mundial y después por la Gran Depresión, se detuvo en el país este impulso fundador y se disminuyó la atención a la educación parvularia a niveles mínimos. Se cerraron gran parte de los *kindergartners* creados e incluso desaparecieron los cursos para educadoras, los que estuvieron detenidos entre 1914 y 1946[192].

La educación de la primera infancia en la mitad inicial del siglo XX fue algo casi muestral; el tema se incorporó al debate nacional, pero la cobertura como porcentaje del total de infantes fue casi nula. Ya vimos anteriormente cómo muchos chilenos de principios de siglo no fueron al colegio y que la mayoría de quienes sí lo hicieron no lo terminaron. Sin embargo, cuando hablamos de educación parvularia la situación es más grave aún: salvo contadas excepciones, ninguno de nuestros abuelos fue al jardín infantil. Este nivel de la formación escolar no se encontraba aún dentro de las preocupaciones y necesidades de los chilenos.

¿Cuál es la importancia de la educación temprana? Como señalan Sergio Urzúa y Loreto Reyes[193], hoy no hay duda científica de la relevancia de los primeros años de vida en el desarrollo del ser humano. Muchas investigaciones neurocientíficas han demostrado que los primeros cinco años de vida son una etapa crítica en nuestro desarrollo. Durante este ciclo se desarrollan gran parte de las funciones y estructuras cerebrales básicas determinantes de las habilidades y competencias futuras. Dada la cantidad de habilidades cognitivas, sociales y emocionales que se adquieren en esta fase de la vida, la educación en este periodo pasa a ser fundamental.

Además, como señaló el premio Nobel James Heckman, la desigualdad social comienza con el ambiente que rodea la primera infancia. En esta etapa se originan brechas de capacidad que repercuten en la vida adulta, por lo que una de las mejores maneras de reducir la desigualdad es invirtiendo en educación temprana, especialmente para los más vulnerables[194]. También, diversos estudios avalan la efectividad de estas intervenciones sobre el desarrollo cognitivo y el desempeño educativo, e incluso sobre otros indicadores sociales como la probabilidad de no participar en el mercado laboral y cometer actos ilícitos, como el consumo de drogas y la delincuencia[195].

Para la segunda mitad del siglo XX Chile era un país claramente atrasado en educación temprana, con las consecuencias que ello conlleva, descritas en los párrafos anteriores. En 1940 solo había diecinueve jardines infantiles fiscales en Chile, más un número no definido de particulares que atendían aproximadamente a 1.500 niños[196]. Este retraso generó preocupación en algunas personalidades de la época, las que intentaron revertirlo. Fue así como en 1944 se creó la "Escuela de Educadoras de Párvulo" de la Universidad de Chile, cuya primera directora fue Amanda Labarca. Junto con este nuevo brote de interés por la educación preescolar, se fueron fundando nuevos jardines infantiles y más cursos para esas profesionales, lo que se ve reflejado en el creciente número de matrículas entre 1947 y 1970 (Tabla 5). Durante los años sesenta se crearon las primeras salas de cuna educativas y ya en 1970 se creó la Junta Nacional de Jardines Infantiles (JUNJI), organismo al cual se le encargó reunir, coordinar y orientar a todas las instituciones que prestaran este tipo de servicio.

TABLA 5. Niños matriculados en educación preescolar en Chile

Año	Matrícula fiscal	Matrícula Particular	Total Matrícula
1947	1.100	1.900	3.000
1948	3.639	2.150	5.789
1951	9.000	2.400	11.400
1952	11.427	2.900	14.327
1958	28.426	3.500	31.926
1962	32.607	5.715	38.322
1963	33.379	6.820	40.199
1964	36.234	7.556	43.790
1965	50.643	5.038	55.681
1966	49.445	8.098	57.543
1967	51.534	9.028	60.562
1968	54.923	12.858	67.781
1970	61.300	15.400	76.700

Fuente: Pradenas, Hernán. Historia de la educación parvularia en Chile. 1980, p. 7.

A pesar de los esfuerzos, del paso de los años y de la mayor conciencia sobre la importancia de este tipo de educación, en 1990 los números de cobertura seguían siendo desalentadores, aunque por lo menos existentes. De los 1.762.325 niños en edad de ser atendidos por el sistema parvulario, solo fueron matriculados 336.507, lo que representaba una cobertura de 19%[197].

En la actualidad la matrícula en la educación parvularia se ha elevado a 381.945 (año 2015); esto representa un aumento de casi 99.000 menores en establecimientos educativos reconocidos por el Estado desde el año 2004[198]. Más importante aún: la cobertura llegó a 50,3%, según la Encuesta CASEN de 2015[199]. Es más, si analizamos las cifras por edad vemos que la cobertura en kínder es bastante alta, llegando a un 94%[200]. La diferencia de cobertura con respecto a los datos de 1990 sugiere que gran parte del mejor acceso a la educación prebásica se ha dado en los últimos años y ha ido de la mano con un mayor entendimiento de los beneficios de este tipo de educación, a la vez que se ha consolidado al alcanzarse en el país un mayor nivel de riqueza[201].

Este proceso de aumento de la cobertura no ha sido solamente para algunos. Por ejemplo, si bien persisten las brechas entre la cobertura de zonas rurales y urbanas, el sector rural ha tenido un importante incremento en esta desde 5,8% en 1990 a 33,8% en 2011[202], lo que muestra que la cobertura rural hoy en día es significativamente mejor que la urbana de hace solo unos años. Respecto de las diferencias por quintiles de ingreso, también se observa una brecha, pero es destacable que incluso en el quintil más pobre la tasa de cobertura de kínder sea de más de 94% en el año 2015 (Tabla 6), lo que sin duda es un gran logro para un país en el que hace unas décadas la educación prebásica era un lujo incluso para los del quintil más rico.

TABLA 6. Cobertura educación parvularia por quintil de ingreso en Chile (2011)

Nivel	Años cumplidos	I	II	III	IV	V
Sala cuna menor	0	2,8%	3,5%	3,8%	9,3%	5,6%
Sala cuna mayor	1	14,4%	18,6%	17,2%	26,0%	24,4%
Medio menor	2	28,3%	31,9%	35,6%	38,3%	50,3%
Medio mayor	3	45,8%	54,8%	55,7%	61,5%	73,4%
Transición 1 (Prekinder)	4	79,0%	79,3%	82,8%	85,6%	89,9%
Transición 2 (Kinder)	5	94,6%	96,1%	97,1%	99,2%	97,8%

Fuente: CASEN 2015.

Estos números nos llevan a estar orgullosos, pero no a ser conformistas. El aumento de la cobertura experimentada en los últimos años es un gran avance, aunque siguen existiendo niños en las familias de menores ingresos que desde pequeños ven condicionadas sus opciones de desarrollo por el nivel de ingresos de su familia. La tarea, en parte, es buscar que la cobertura en los primeros quintiles se aproxime más a la del quinto quintil, especialmente en aquellos cursos que no son obligatorios (sala cuna, medio menor y mayor, y prekinder) [203]. Pero aún más importante que el acceso es que el desafío está en asegurar que la formación impartida en estos cursos sea de buena calidad. Solo así logrará esta educación generar un cambio profundo en las oportunidades en Chile.

Es importante destacar que la evolución en educación prebásica no ha sido solamente de cobertura; tanto la institucionalidad como el gasto en educación parvularia[204] han mejorado y eso es una opinión compartida por los expertos. La importancia de este tipo de educación es tal que seguir avanzando en calidad e institucionalidad en esta materia debiese ser una de las prioridades de política, ya que aún queda mucho por hacer. No obstante, tomando una mirada de más largo plazo, hay que reconocer que ya hemos dado los primeros pasos para una educación de mayor calidad. Gracias al esfuerzo de muchos chilenos, se ha logrado poner este tema como central en la agenda y muchos niños gozan hoy de oportunidades que no soñaron sus abuelos y no tuvieron sus padres.

TENDENCIA 15: Del trabajo al juego
Vida de niños

Es complejo hablar de la vida de los niños. Aunque han vivido pocos años en comparación a sus mayores, existe una gran diversidad de situaciones e historias. Pero a su vez, esta diversidad ha cambiado a través de los últimos ciento cincuenta años. Podríamos incluso hablar de que a fines del siglo XIX prácticamente no existía una "vida de niños", es decir, una etapa separada y diferente de la adultez. La generación de esta idea de que los más jóvenes debieran "vivir como niños", con asistencia al colegio obligatoria, con derechos propios, con ropa y dormitorios especiales para ellos, con juegos, plazas y juguetes, entre otras cosas, se produjo en el siglo XX y se mantiene hasta el presente.

Trabajo infantil

La mayor diferencia que se ha producido en la vida de los más jóvenes en este periodo de tiempo radica en el ámbito laboral, ya que se ha reducido considerablemente la obligación y la necesidad de trabajar desde una temprana edad. Si bien ya a inicios del siglo XX se comenzó a cuestionar el trabajo infantil, no fue sino hasta que se dieron las condiciones económicas y materiales, en conjunto con la implementación de la educación escolar obligatoria y el cambio en la mentalidad de los chilenos hacia la niñez, que empezó a disminuir la actividad laboral entre los niños. Y, como ya hemos visto en secciones anteriores, estos cambios más que experimentarse de la noche a la mañana, fueron procesos que se desarrollaron a lo largo de todo el siglo.

Podríamos pensar que se veía con mala cara que una gran cantidad de niños trabajara en las industrias y la minería chilena. Sin embargo, para muchos no era así. Era común en el siglo XIX y aún más a inicios del siglo XX, con la rápida urbanización que se estaba dando en el país, observar niños "huachos" o a otros que abandonaron sus precarios hogares vagando, mendigando, robando o "ganándose la vida" de alguna manera en las calles de la ciudad. Incluso aún en 1939 se calculaba en 200.000 la cantidad de niños indigentes y vagabundos en el país[205]. Por eso, para algunas personas el que los niños pasaran a trabajar en algún taller, industria o mina era un progreso, ya que allí aprenderían disciplina, valores y abandonarían las calles[206].

Sin embargo, esta mentalidad no duró muchos años, ya que se empezó a crear conciencia de lo peligrosos y físicamente demandantes de algunos trabajos, especialmente en la minería. Cabe destacar, no obstante, que lo cuestionado no era el hecho de que los niños trabajaran, sino las condiciones bajo las cuales lo hacían. Dado lo anterior, no es de extrañar que el trabajo infantil continuara siendo común en el campo, como lo había sido desde la época colonial. Hasta bastante entrado el siglo, se daba por hecho que los niños se incorporarían al trabajo agrícola y ganadero y las niñas a las labores domésticas apenas fueran capaces. En general, recién desde mediados del siglo XX se empezaría a legitimar el colegio como el lugar natural de los niños y el trabajo infantil comenzaría a menguar[207].

Niños indigentes a pie pelado, Santiago (1955).

En lo que respecta a la legislación[208], en 1924 se inició la regulación laboral del trabajo infantil de forma más general, cuando la Ley N°4.053 "sobre el contrato de trabajo" estableció que los menores de 18 años y mayores de 14 años –y mayores de 12 años, si cumplieron su obligación escolar– requerían de la aprobación del padre o la madre para trabajar, además de señalar que "no podrán ser admitidos sino en trabajos adecuados a su edad y por un máximo de ocho horas diarias, que, en faenas peligrosas e insalubres, podrán ser reducidas a seis" (art. 29). A su vez, a los menores de 16 años les quedaba prohibido el trabajo nocturno (art. 30) y a los menores de 18 años los trabajos subterráneos, las faenas que requieren fuerza excesiva y otros trabajos peligrosos (art. 31).

A pesar de la regulación, el trabajo infantil continuó existiendo –y continúa existiendo– pero ya no en las grandes empresas, sino que a menor escala en la economía informal: en el comercio irregular, las ferias, los talleres familiares, en el campo, en la delincuencia callejera, entre otras partes en donde la aplicación de la ley es más difícil y las oportunidades económicas y educativas escasas.

Si revisamos el Censo de 1952 podemos notar que se registró como económicamente activos a 268.876 jóvenes entre 12 y 19 años (un 32% de la población de esa edad), de los cuales 36.395 tenían entre 12 y 14 años. Considerando que en Chile había 379.395 niños entre 12 y 14 años, 9,6% de estos estaban trabajando en labores como la agricultura o ganadería –más de la mitad– o en servicios –un cuarto de estos niños–. Sin embargo, estas cifras ocultan la gran cantidad de niños y niñas que realizaban "quehaceres del hogar" o no se declaraban como personas económicamente activas a pesar de que trabajaban. En el Censo de 1960 podemos encontrar más información respecto a esto último. En ese año aparecía que 39.026 (7,9%) de los niños entre 12 y 14 años estaban en la población económicamente activa. Si se agrega a las niñas que realizaban "quehaceres del hogar", se llega a un total de 17% de los niños trabajando. Más aún, si añadiéramos a los escolares que trabajan, las cifras serían aún mayores[209].

En el Censo de 1970 la cifra de niños entre 12 y 14 años económicamente activos o en "quehaceres del hogar" se redujo a 57.383 niños (8,7%), lo que puede estar asociado a las campañas de escolarización de la década de 1960[210]. A finales de los setenta se promulgó un nuevo Código de Trabajo (DL 2.200 de 1978). En este se aumentó la edad mínima para contratar sus servicios a los 14 años, mientras que los menores de 15 años debían haber cumplido con sus obligaciones escolares (educación primaria) y los menores de 18 debían tener la autorización de sus padres o cuidadores. En ningún caso se le permitía al menor trabajar más de ocho horas. En el año 2000 se incrementaron estas edades mínimas a 15 y 16 años, respectivamente, mientras que en el 2007 se añadió que estos debían haber terminado la educación media o estar yendo al colegio para terminar su educación.

Como se incrementó la edad mínima para trabajar, en el siguiente censo de 1982 se empezó a preguntar la actividad económica desde los quince años, y ya no desde los doce. Pero al menos podemos señalar que en la población entre 15 y 18 años la participación en actividades económicas o en "quehaceres del hogar" disminuyó de 34% a 13% entre el censo de 1982 y el de 2002. Si bien se ha reducido el trabajo infantil, todavía es una triste realidad, especialmente extendida en los jóvenes de más edad –de 15 a 18 años–. El trabajo infantil priva a los menores de su infancia y desarrollo potencial, ya que desvía su atención de una educación que les podría generar mayores y mejores oportunidades laborales en su adultez.

Las últimas estimaciones que tenemos del trabajo adolescente en Chile son del Censo de 2017 y estas nos señalan que aún falta un largo trecho para lograr el objetivo de terminar con este tipo de trabajo: 102.000 adolescentes entre 15 y 18 años estaban trabajando, buscando trabajo o se dedicaban a los quehaceres del hogar (11,1% del total). Estas cifras son mayores entre los hombres, en las zonas extremas del país y en las zonas rurales.

Derechos de los niños

El trabajo infantil se vincula estrechamente a un segundo cambio clave producido durante el siglo pasado: la promulgación y defensa de derechos de los niños. Ya a inicios del siglo XX hubo voces intelectuales que defendían los derechos de los niños en Chile[211], como el derecho a la educación, a ser reconocido por sus padres, a considerar su opinión, o a la enseñanza sin castigos físicos. Pero la realidad mostraba que estos no se cumplían y que el castigo físico, el abuso sexual, el abandono, el trabajo y las malas condiciones de vivienda y salud eran extendidos entre los más jóvenes de la sociedad.

En el ámbito internacional, la primera declaración de los derechos de los niños se formuló el año 1924 en la Declaración de Ginebra realizada por la Liga de las Naciones, tras los desastres de la Primera Guerra Mundial que afectaron a miles de niños. En septiembre de ese año se convino internacionalmente que "la humanidad ha de otorgarle al niño lo mejor que pueda darle" sin discriminación de raza, nacionalidad o creencia, por lo que todo niño debía ser alimentado, atendido, estimulado, recogido si había sido abandonado, ser puesto en condiciones de desarrollarse y de ganarse la vida, ser educado en el sentimiento, y ser protegido de cualquier explotación[212]. Chile firmó la declaración ese mismo año durante el Congreso Panamericano del Niño. Sin embargo, fue más que nada una declaración de principios de que los niños requerían una protección especial y no tuvo mayores efectos legales[213].

De todos modos, dentro del segundo cuarto del siglo XX se promulgaron en Chile algunas leyes relevantes sobre la protección de los niños. Como ya vimos, en 1924 se había iniciado una regulación del trabajo infantil. Mientras, en 1928 se aprobó la Ley sobre Protección de menores (N°4.447), la cual perfeccionó la Ley N°2.675 sobre Protección a la infancia desvalida de 1912 que permitía colocar provisionalmente a los menores abandonados en establecimientos de reforma o de beneficencia. Esta ley de 1928 permitió "solo" el castigo moderado por parte de los padres, creó los Juzgados de Menores y una normativa específica para juzgarlos y adoptar las medidas que correspondieran. En 1935 se promulgó la Ley N°5.750 sobre Abandono de familia y pago de pensiones alimenticias –que sería perfeccionada en 1949–, la cual establecía la intervención de carabineros y penas de reclusión por no cumplir con la pensión dentro de tres meses.

Sin embargo, a pesar de los avances, la legislación chilena aún veía a los niños más como sujetos de protección o caridad que de derechos, ya que se les consideraba como incapaces de ejercer estos, lo que provocaba que el Estado asumiera la tutela de aquellos considerados en una situación "irregular" (es decir, los niños "infractores" o los niños "víctimas") y se exonerara a la sociedad de la responsabilidad de tal situación y de respetar los derechos de los niños en situación "regular"[214].

En la década de 1950 y 1960 hubo en el mundo un nuevo auge de las luchas por los derechos de grupos minoritarios o vulnerados, entre los cuales se encontraban los niños. Precisamente en este periodo, el 20 de noviembre de 1959, la Asamblea General de las Naciones Unidas[215] aprobó la Declaración de los Derechos del Niño, considerando que en 1948 ya había proclamado en La Declaración Universal de los Derechos Humanos que todas las personas poseían derechos fundamentales dada la dignidad del ser humano, y que los niños por su falta de madurez eran más vulnerables y, por tanto, requerían una mayor protección de sus derechos. Con el fin de que los niños pudieran "tener una infancia feliz y gozar [...] de los derechos y libertades que en [esta declaración] se enuncian" proclamó diez principios, más concretos que en la declaración de 1924. Entre estos se encontraban que "el niño gozará de una protección especial y dispondrá de oportunidades y servicios [...] para que pueda desarrollarse física, mental, moral, espiritual y socialmente en forma saludable y normal, así como en condiciones de libertad y dignidad", que tenía derecho a un nombre y una nacionalidad, a crecer al amparo y bajo la responsabilidad de sus padres y en un ambiente de afecto y seguridad, a gozar de los beneficios de la seguridad social, a recibir educación, a disfrutar de juegos y recreaciones, a ser protegido del abandono, la discriminación, la explotación y del trabajo hasta una edad mínima adecuada; y por último, pero bastante relevante, que todo estos principios se supeditaban al interés superior del niño, es decir, que ante conflictos de interés debía prevalecer lo que fuera más beneficioso para este[216].

En 1967 se promulgó en Chile la Ley N°16.618 que fijó el texto definitivo de la Ley de Menores al reunir varias leyes relacionadas a este tema de años anteriores. Esta ley mantuvo en la legislación chilena la doctrina de la situación irregular respecto a los niños, que continuaba siendo el paradigma a nivel internacional sobre el tema. Por ejemplo, la ley establecía que el recién creado Consejo Nacional de Menores se encargaría de propiciar acciones preventivas y medidas de asistencia y protección para los menores en situaciones irregulares, o también decía que la nueva Policía de Menores recogería a los menores en situación irregular, pero no establecía un marco general de defensa de los derechos de todos los niños chilenos.

Veinte años más tarde se instaló de lleno en la discusión internacional la doctrina de la Protección Integral con la aprobación en 1989 de la Convención Internacional de los Derechos del Niño de la Asamblea General de la ONU. Este paradigma se fundamenta en el reconocimiento de los niños no como *objetos* de compasión y caridad, sino capítulo *sujetos* de derechos. Individuos con derechos y responsabilidades que tienen la capacidad, según su desarrollo, de involucrarse en los asuntos que les conciernen. De este modo, la Convención consta de cuatro principios rectores que rigen sus 54 artículos: la no discriminación, el interés superior del niño, su supervivencia y su desarrollo, y la participación. Siendo este último principio el más novedoso, ya que implica darles a los niños la posibilidad de expresar libremente sus opiniones e ideas, en contraste con que antes era común considerar que no tenían opinión o derecho a expresarla. Chile firmó esta Convención en 1990, comprometiéndose a ajustar su legislación para adaptarse a lo señalado en ella.

De este modo, el Estado realizó una serie de cambios a su legislación. Por ejemplo, Chile se suscribió al Programa Internacional de Erradicación del Trabajo Infantil en 1996; en la Ley N°19.585 de 1998 se terminó con la distinción entre niños ilegítimos y legítimos; y se estableció que "los padres tendrán la facultad de corregir a los hijos, cuidando que ello no menoscabe su salud ni su desarrollo personal", a lo que en el 2007 se le agregó que "excluye toda forma de maltrato físico y sicológico". En 1999 se reguló de manera más precisa la tipificación y penalización de los delitos sexuales, en el 2003 se extendió la educación secundaria obligatoria y en el 2004 se crearon los Tribunales de familia, para no crear procesos adversariales dentro del núcleo familiar.

Hoy se ve a los niños y jóvenes exigiendo más sus derechos, y se constata una preocupación extendida de la sociedad por las vulneraciones de estos. Sin embargo, a pesar de las buenas intenciones de la ley, no todo es tan maravilloso en la realidad. Como ya vimos, se mantiene el trabajo infantil, mientras que, por otro lado, se han revelado –y mediatizado– las terribles condiciones en que viven niños vulnerables en el Servicio Nacional de Menores (SENAME).

El SENAME es el organismo encargado de la protección y la restitución de los derechos vulnerados de los niños y adolescentes, por lo que atiende los casos de maltrato, abuso sexual, trabajo infantil y niños en situación de calle. Sin embargo, en los últimos años se reveló que en sus dependencias muchos de los menores allí acogidos sufrían incluso el mismo tipo de vulneraciones que los habían llevado a estas: 1.313 niños murieron entre el 2005 y el 2016 en una institución estatal –y sus organismos privados colaboradores– que los debía proteger. Muchos más fueron maltratados y abusados. ¿Incompetencia? ¿Falta de interés político? ¿Falta de interés de los chilenos? La protección de los niños vulnerados y en riesgo requiere aún una renovación, no solo para ponernos al día, en la realidad y no solo en el papel, con lo establecido en las convenciones de los derechos de los niños que Chile firmó, sino que para establecer políticas públicas y un interés nacional que asegure que todos ellos tengan una infancia feliz. El desafío para nuestra generación está claro: asegurarse de que ningún menor sea privado de las mejores condiciones de vida y de los progresos que hemos logrado como país.

Productos para niños

Ya desde inicios del siglo XX se ha intentado progresivamente separar la vida de los niños de la vida adulta, con el fin de proporcionar una vida inocente y de alegría en donde una persona pueda desarrollar sus potencialidades y jugar con sus pares mientras crece. Este mundo de los niños se ha generado con un número de elementos que los rodean desde que nacen: juguetes, ropa especial para niños, comidas y dulces, plazas con juegos, programas de televisión, videojuegos, celebraciones como la Navidad y el Día del Niño, y un largo etcétera.

Hay juegos que se han mantenido a lo largo del tiempo, especialmente los que se realizan al aire libre, como *las bolitas*, el volantín, *las escondidas* o jugar con una pelota, y muchos otros deportes y juegos tradicionales. El mayor cambio que hubo en este tipo de juegos fue la creación de las plazas con columpios, balancines, palitroques y otros juegos para los más pequeños. Las primeras plazas infantiles de este tipo se construyeron en Chile, se estima que en Valparaíso en el año 1918 y en la Quinta Normal de Santiago en 1920. En 1923 el mismísimo presidente Arturo Alessandri junto a todos sus ministros estuvieron en la inauguración de una plaza en Las Delicias en Santiago desarrollada por la Junta de Beneficencia Escolar. Desde los momentos en que se empezó a valorar más el juego como elemento importante de la niñez, incluso desde el Estado, las plazas comenzaron a proliferar por todo el país[217].

A lo largo de los últimos cien años lo que se ha ido incorporando a la vida infantil han sido, más que nada, los juegos y entretenciones que se realizan al interior de las casas, o bien los juguetes relacionados con la tecnología o que son producidos industrialmente. Los juguetes de inicios del siglo XX imitaban la vida de los adultos en pequeño: muñecas de porcelana o trapo, máquinas de coser y otros utensilios para que las niñitas aprendieran las labores del hogar; mientras que se daban trencitos, caballos de madera, rifles, o soldaditos de plomo, que eran los héroes de la época, a los niñitos. De este modo se preparaban para su vida adulta. Todavía faltaba tiempo para que los mundos de fantasía y los superhéroes hicieran su entrada e invadieran las estanterías de juguetes.

La costumbre de dar juguetes a los niños en Navidad no se extendió en Chile a partir del interés comercial, como podríamos pensar, sino que lo hizo de la mano de la caridad. Aunque ya se habían realizado antes actividades privadas similares, en la década de 1930 la primera dama Juanita Aguirre Luco –esposa de Pedro

Aguirre Cerda– dirigió el Comité de Navidad que organizaba la Pascua del Niño Pobre con el objetivo de no dejar a ningún niño sin juguetes, para eliminar las diferenciaciones sociales entre los más pobres y los más ricos durante la infancia[218]. Tal era la envergadura de este evento que, por ejemplo, en 1939 y 1941 se repartieron 460.000 juguetes en cada año por todo el país; entre ellos, muñecas de trapo, barquitos, libros para niños, autitos y trompetas.

Niño con su regalo de Navidad en La Moneda, Pascua del Niño Pobre (1951).

Si bien durante las primeras décadas del siglo XX se importaban juguetes desde Europa, Estados Unidos y Japón, muchos también eran confeccionados nacionalmente, en especial a mediados de siglo gracias a la protección estatal a la industria chilena. No obstante, con el tiempo los juguetes norteamericanos y del sudeste asiático empezaron a abarcar todo el mercado. Los artefactos europeos tuvieron mayor importancia a inicios de siglo, cuando eran adquiridos principalmente por las familias más pudientes del país que seguían las modas del viejo continente, pero prontamente fueron reemplazados tras las guerras mundiales y la crisis económica de la década de 1930. Mientras, la industria chilena, que creció gracias al aumento de la clase media en las décadas de 1940 a 1960, perdió su competitividad tras la apertura comercial en la década de 1970. En la actualidad las estanterías están repletas de juguetes importados, siguen dominando las muñecas y los autitos, pero cada vez más los juguetes basados en las películas y programas de televisión favoritos de los niños capturan su imaginación con personajes y situaciones que ya no se basan de exclusivamente en la vida diaria de los adultos, como era antes.

Si hablamos de la imaginación y las afinidades culturales, mucho se ha escrito ya sobre el *soft power* estadounidense, con su influencia *pop* basada en películas, series, *comics* y música; desde los *cowboys* y Disney hace cien años hasta los superhéroes y Pixar en nuestros días. Pero también hay que destacar la menos atendida influencia nipona que se ha dado permanentemente desde, por lo menos, fines de la década de 1970. ¿Cuántos menores de 40 años habrán visto, periódicamente, imitado y disfrutado algunas de las series como *Heidi, Mazinger Z, Los Supercampeones, Los Caballeros del Zodiaco, Dragon Ball, Sailor Moon, Pokemon, Yu-Gi-Oh!, Naruto* y un largo etcétera de series japonesas? Y es que incluso en la década de 1990 en Chile se fundó el primer canal latinoamericano que emitía exclusivamente animación japonesa (EtcTv). Y, en las últimas décadas, ¿cuántas personas no han pasado horas jugando con las consolas de videojuegos de Atari, Sony y Nintendo con sus personajes como Mario y Donkey Kong? Por lo anterior, podríamos decir que en las últimas décadas los gustos infantiles han estado influenciados por tres fuentes principales: la local, la estadounidense y la japonesa.

En primavera y verano –especialmente, en vacaciones– los circos y las ferias con dulces, *shows* y juegos como los de destreza, carruseles, trencitos, cisnes en el agua, *taca tacas*, casas del terror, arcades, autos chocadores, camas elásticas, tagadás y pequeñas montañas rusas, eran un clásico de la niñez. También el cine y los eventos deportivos atrajeron a los más jóvenes desde sus primeros días en la década de 1920, quienes seguían a sus ídolos en los partidos de futbol y las peleas de boxeo, e iban a las funciones de cine a ver películas de comedia o de *cowboys*, y a los niños actores como Jackie Coogan, Baby Peggy o Shirley Temple.

Como decía la revista infantil *El Pibe,* en 1922, "¿Hay cosa que cautive más a los niños que el cinematógrafo?"[219], y pareciera que esa fascinación continúa hasta la actualidad, en que las cintas más vistas en Chile son las películas animadas infantiles provenientes de EE.UU., siguiéndoles siempre de cerca las películas de superhéroes. Si sacamos cuentas, en ocho de los últimos diez años la película más taquillera de la temporada ha sido una película animada infantil, en un año fue un filme para adolescentes, y la única película que les quitó el sitial fue la comedia chilena *Stefan vs Kramer* el 2012, que seguramente los más jóvenes también disfrutaron[220].

La primera revista infantil en Chile fue *La Revista de los Niños*, que empezó a circular en 1905. Incluía secciones de pasatiempos, moldes para recortar, poesías, colaboraciones de niños, datos curiosos, entre otras cosas[221]. Más duradera fue la revista semanal *El Peneca,* de la editorial Zigzag, que se publicó por primera vez en 1908 con historietas, pasatiempos y varias colaboraciones de sus lectores, lo que la diferenció del resto y la hizo popular entre ricos y pobres. Se publicó hasta 1960, siendo aún popular entre los niños, como testimonia Cristián Gazmuri en su relación con las historietas en los años cincuenta:

> "Con algunos amigos, nos suscribíamos a *El Peneca*, revista genuinamente infantil que llegaba los jueves por la tarde en el tren. Hacíamos guardia en la puerta de la librería, frente a la estación de ferrocarril, donde se vendía. […] Nos íbamos corriendo a casa a leerla. Pocas horas más felices he pasado en mi vida que las tarde que llegaba *El Peneca*; después me pasó lo mismo con *Barrabases*, revista de dibujos sobre fútbol, pero nunca con la misma intensidad. Todavía recuerdo los nombres de las diversas series de dibujos animados y sus héroes"[222].

Era la época antes de la televisión y los videojuegos. La edad de oro de las historietas –entre las décadas de 1940 y 1970–, que incluyó las publicaciones chilenas más conocidas hasta hoy: *Condorito* (1949), *Barrabases* (1954) y *Mampato* (1968).

La tecnología ha impactado la diversión y distracción infantil, especialmente desde la década de 1990 en adelante, en que el crecimiento económico y el progreso tecnológico permitieron la extensión de la televisión, los computadores, las consolas de videojuegos, los celulares y los *tablets* en los hogares chilenos. Aparatos que antes eran considerados para los adolescentes y los adultos, incluso exclusivos para el trabajo, como el computador, actualmente son utilizados por los niños para jugar o ver series y películas. Cuidar a bebés o niños –o, más bien, distraerlos– con videos de Youtube, películas en Netflix y series de BabyTV se ha vuelto normal.

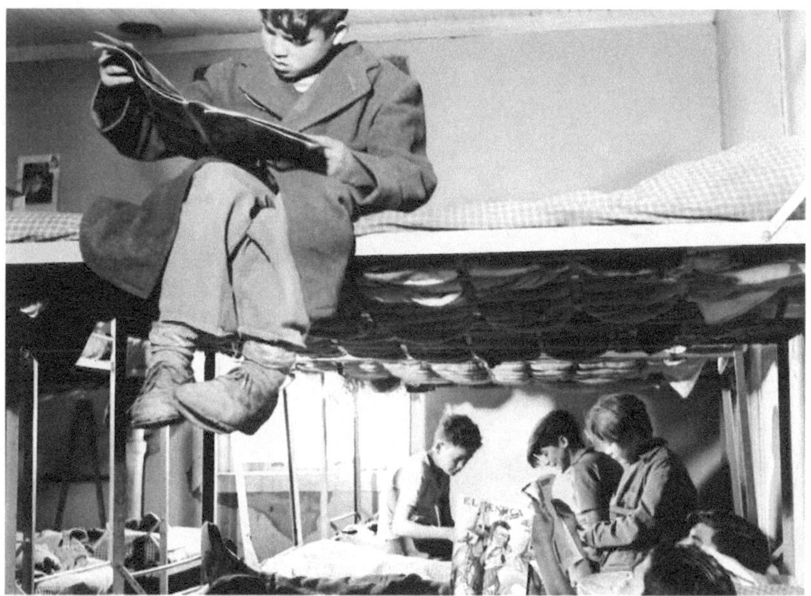

Niños de la Fundación Mi Casa leyendo la revista El Peneca (1950).

Aunque algunos de estos temas puedan parecer nimiedades, en su totalidad afectan la vida de los niños, su imaginación, sus sueños, e incluso su educación y su estado físico. Junto a la reducción del trabajo infantil y la defensa de los derechos de los niños, estas materias ofrecen la imagen de uno de los grandes cambios en el siglo XX y XXI en la vida de los chilenos: la valoración de la infancia como una etapa de vida distinta, de formación, juegos y despreocupación, valorable en sí misma y que debe ser protegida por los adultos para todos los niños.

CAPÍTULO CUATRO

LOS ADULTOS MAYORES

A inicios del siglo XX Chile estaba compuesto principalmente por niños y jóvenes. Pero las mejoras en salud y en ingresos permitieron que, en cien años, la tasa de mortalidad disminuyera un 80% y que la esperanza de vida al nacer de los chilenos más que se duplicara en el mismo periodo. Hoy vivimos más y, a la vez, tenemos menos hijos, por lo cual se prevé un futuro –bastante cercano– con más adultos mayores que niños y adolescentes. Esto ciertamente va a crear nuevos retos para el sistema de salud, el mercado laboral y la sociedad chilena en general. Por estas razones, en este capítulo quisiéramos examinar las tendencias en la mortalidad y natalidad de los chilenos, y también cómo ha envejecido el país, para terminar analizando algunos aspectos importantes de la calidad de vida de los adultos mayores hoy en día.

Nacimientos y muertes en Chile: cambios a lo largo del siglo XX

Es evidente que con los años los chilenos –demográficamente hablando– se han hecho más viejos. Esto se debe principalmente a dos fenómenos que se iniciaron durante el siglo XX: por un lado, vivimos en promedio más años que nuestros antepasados y, por el otro, los hijos por mujer han disminuido considerablemente. Estos dos fenómenos demográficos los podemos enmarcar dentro de los procesos que se conocen como transición epidemiológica y transición demográfica.

TENDENCIA 16: De las enfermedades contagiosas al cáncer
Transición epidemiológica

El primero de estos dos procesos, la transición epidemiológica, se refiere al cambio en el tiempo en la composición de la mortalidad por sexo y edades, de las causas de muerte y de los factores de riesgo; y especialmente dentro de estos cambios destaca el paso desde una predominancia de las enfermedades transmisibles a una predominancia de enfermedades crónicas como causa de muerte. En el caso de Chile, esta transición da cuenta tanto del descenso de mortalidad como de los cambios en la estructura de esta, ocurridos en el país en el último siglo, sobre todo en las últimas décadas[223].

Por tanto, la transición epidemiológica trata principalmente sobre la mortalidad, por lo que primero revisaremos cómo esta ha cambiado en Chile.

Podemos apreciar en el Gráfico 32 que el primer cuarto del siglo XX fue la época en que hubo más fallecidos por cada mil habitantes en Chile en esa centuria, alcanzando una tasa bruta de mortalidad (TBM) de 31,1 en 1920[224]. Además, en dicho periodo no solo se alcanzó la mayor TBM del siglo XX, sino que adicionalmente correspondió a la época en que se registró la mayor cantidad de muertes en Chile, llegando a 115.428 defunciones ese mismo año, siendo que solo había 3 millones 800 mil habitantes.

GRÁFICO 32. Defunciones y TBM en Chile entre 1854 y 2010

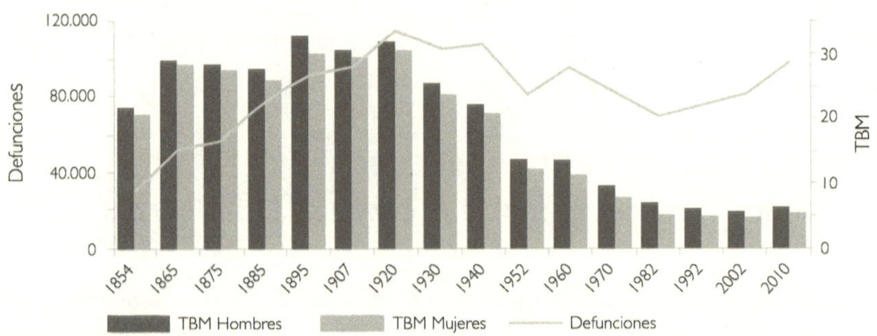

Fuentes: INE, Anuarios de Estadísticas Vitales de 1823-2008 (P). INE, Proyecciones y estimaciones de población 1950-2050. INE, Enfoque Estadístico diciembre 2010: Hombres y mujeres en Chile. Estadísticas Vitales de 1854-2007. INE, Enfoque Estadístico noviembre 2010: La familia chilena en el tiempo. TBM: Muertes por cada 1.000 habitantes.

Algunas de las razones de esta alta tasa de mortalidad se pueden encontrar en la gran migración campo-ciudad que se produjo durante estos años en el país sin que las ciudades estuvieran preparadas para recibir tanta gente. En consecuencia, en las principales urbes del país surgieron barrios marginales y zonas con alto hacinamiento y condiciones insalubres, convirtiéndose en lugares propicios para la propagación de enfermedades.

Desde la segunda mitad de la década de 1920 en adelante, la TBM ha mantenido una tendencia decreciente, llegando a 5,7 muertes por cada mil habitantes en el año 2010, lo que significa un descenso de la mortalidad de un 82% entre 1910 y 2010. Precisamente, la reducción de las enfermedades infecciosas y de la alta mortalidad infantil gracias a las políticas públicas[225], las campañas higiénicas y las mejoras en salubridad e infraestructura hospitalaria durante la primera mitad del siglo XX, fueron las variables que permitieron la gran disminución de la TBM entre 1920 y 1950, como se ve en el gráfico.

Estos cambios también afectaron la composición de la mortalidad por edad, aunque, como se puede ver en el Gráfico 33, el gran cambio en este indicador ocurrió en la segunda mitad del siglo XX. En el año 1910, como señala el gráfico, un poco más de la mitad de las muertes (54%) en el país correspondía a niños menores de 10 años de edad. Cincuenta años después, en 1960, Chile aún estaba compuesto principalmente por jóvenes, en parte porque casi la mitad (48%) de los chilenos no lograba vivir más allá de los 15 años[226]. Pero en el año 2000 tan solo un 4% de las muertes correspondía a menores de 10 años y, a su vez, más de un 72% de las defunciones correspondía a adultos mayores (personas de 60 años o más), grupo etario que solo concentraba un 15% de las muertes en 1910 y 24% en 1960.

La modificación de la composición de la mortalidad por edad está íntimamente relacionada a la evolución de las causas de muerte y a la transición epidemiológica. El proceso de transición epidemiológica se caracteriza por el cambio de una situación de alta prevalencia de enfermedades infecciosas y desnutrición −las cuales provocan muchas muertes a edades tempranas−, a otra de alta prevalencia de enfermedades crónicas y degenerativas, que se generan en la medida que la gente envejece y por el estilo de vida y alimentación de hoy en día −alto consumo de grasas y azucares, por ejemplo−. Así, cabe resaltar que a principios del siglo XX las cinco principales causas de muerte en Chile eran enfermedades generales, que provocaban el 24% de los fallecimientos. Estas incluían en esos años las enfermedades parasitarias y las infecciosas, entre otras[227]. Por otra parte, las del aparato respiratorio y digestivo eran responsables del 16,63% y 7,09%, respectivamente. En total, más de la mitad de las muertes eran causadas por enfermedades infecciosas y diarrea (Gráfico 34).

GRÁFICO 33. Composición mortalidad según grupos de edad en Chile (siglo XX)

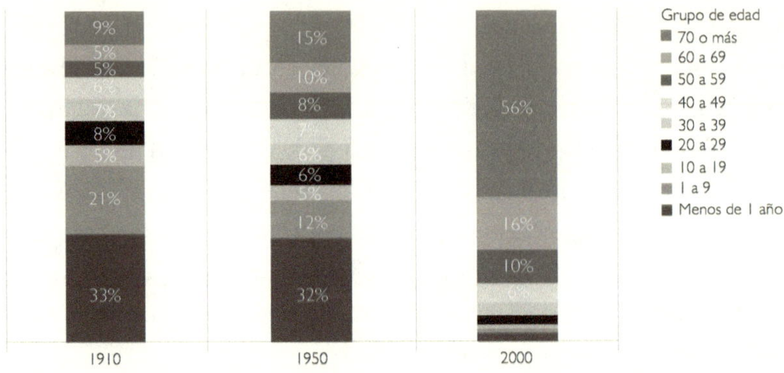

Fuente: Anuario Estadístico de Chile, 1910; Servicio Nacional de Estadística, Demografía y Asistencia Social, 1950; e INE, Anuario de Estadísticas Vitales 2000. En INE, *Hechos vitales en Chile durante el siglo XX y XXI*, 2014.

Cincuenta años después, en 1960, las principales causas de las defunciones correspondían a enfermedades del sistema respiratorio (20,6%), afecciones perinatales[228] (14,4%) y enfermedades del sistema digestivo (11,9%). En cambio, desde la década del setenta hasta la actualidad las enfermedades del sistema circulatorio pasaron a ser el principal grupo de causas de muerte, llegando a concentrar el 27,7% de las muertes en 2010, mientras que los fallecimientos por tumores (cáncer) han ido aumentando su participación considerablemente entre 1960 y 2010, casi triplicando su presencia en ese periodo. En suma, entre estas dos últimas causas de muerte totalizan más del 50% de los fallecimientos en 2010.

Respecto a los grupos de causas de defunción que han reducido su incidencia, es importante destacar la disminución de las enfermedades de la infancia[229], del sistema respiratorio y las infecciosas y parasitarias, que en 2010 llegaron a representar solamente el 13,1% de las muertes (siendo que a mitad del siglo XX representaban alrededor del 50% de estas). Por otro lado, un dato que sin duda vale la pena destacar es que en 1910 el 23% de las muertes correspondía a enfermedades mal definidas[230], mientras que en el año 2010 solo en un 2,5% de las muertes no se logró diagnosticar la causa, lo cual demuestra los avances en la infraestructura, conocimiento y recursos humanos del sistema de salud del país.

GRÁFICO 34. Defunciones según tipo de causa en 1910, 1960 y 2010

Fuente: 1910: Servicio Nacional de Estadística, Anuario Estadístico de Chile 1910. En INE. *Hechos vitales en Chile durante el siglo XX y XXI.* 2014; 1960: DEIS-MINSAL. En Villalón y Vera. *Op. cit.;* 2010: DEIS-MINSAL.

El proceso de transición epidemiológica que vivió Chile fue el resultado de diversos factores: por un lado, los avances médicos realizados durante el siglo XX, la disminución de la pobreza y una mayor y mejor cobertura de los servicios de salud permitieron la disminución y los cambios en las causas de muerte[231]. Por otro lado, el desarrollo económico[232] y la mejor institucionalidad permitieron que se destinaran mayores recursos tanto públicos como privados a la salud, y que se crearan instituciones como el Ministerio de Salud (1924) y el Servicio Nacional de Salud (1952) que de a poco fueron desarrollando instrumentos de extensión de cobertura y capacidad de intervención sobre las principales problemáticas del país en esta área. Así, en la primera mitad del siglo pasado se creó una infraestructura y campañas de salud e higiene para reducir las enfermedades transmisibles, mientras que durante la segunda mitad del siglo XX nacieron los programas de control de la desnutrición, diarrea infantil, de vacunaciones ampliadas, y de control y atención profesional del embarazo y parto. Muchos de estos problemas parecen lejanos hoy en día, por lo que cuesta imaginar que hayan sido las principales preocupaciones del área de la Salud del Chile en que crecieron muchos de nuestros abuelos y tatarabuelos. En ese mundo no solo llegar a ser anciano era difícil: superar la niñez o la juventud también lo era.

TENDENCIA 17: Mortalidad, fecundidad y tamaño de la familia
Transición demográfica

Las familias del Centenario se caracterizaban por estar formadas por un gran número de hijos, reflejando la alta tasa de natalidad, que en 1910 llegaba a 39,2 y al promedio de cinco hijos por mujer. Como ya vimos anteriormente, si bien la natalidad era elevada, la mortalidad le seguía los pasos, por lo que varios de estos niños morían al nacer y otros tantos morían antes de alcanzar la edad adulta. La mortalidad en 1910 era de 32 por 1.000 habitantes y la esperanza de vida de los chilenos que nacieron en ese año era de tan solo 30 años. Por lo tanto, es muy probable que nuestros abuelos hayan tenido más hermanos que nosotros y a más de alguno se le debe haber muerto alguno a los pocos años de nacer, ya que la mortalidad infantil –algo que para la mayoría de nosotros parece ajeno o de baja ocurrencia– en aquellos años era parte de la vida cotidiana, como revisamos en el capítulo anterior.

En el Chile del Bicentenario este panorama es distinto. La tasa de natalidad en el año 2010 llegaba a 14,7 y solo un 9,8% de las mujeres mayores de 15 años tenía cinco hijos o más según el Censo de 2012[233]. La mortalidad, por su parte, ha disminuido hasta llegar a una tasa de 5,5 por cada 1.000 habitantes, como vimos más arriba. Tanto los cambios en natalidad como en mortalidad han traído consigo cambios relevantes en la demografía del país. En el Gráfico 35 se puede ver en conjunto la evolución de ambas tasas en Chile entre 1850 y 2010.

GRÁFICO 35. Transición demográfica en Chile: 1850-2010
(Tasas por cada 1.000 habitantes)

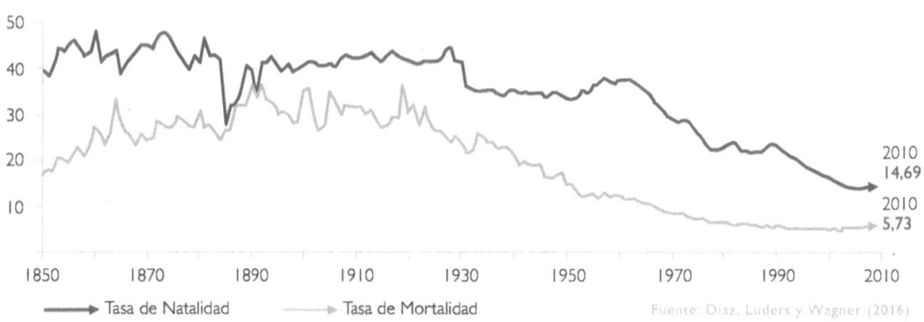

Es a este proceso de disminución de las tasas de mortalidad y fecundidad al que se le conoce como transición demográfica[234] y, como se ve en el gráfico, este proceso se desarrolló en Chile durante todo el siglo XX y continúa hasta nuestros días.

La transición demográfica se puede caracterizar en distintas fases. La primera se destaca por una alta tasa tanto de natalidad como de mortalidad. Esta etapa se asocia bastante bien con el Chile del Centenario, donde la tasa de natalidad y mortalidad, como ya se señaló, tenían un promedio entre 1905 y 1914 de 31,5 y 42,4, respectivamente, lo que se traducía en un crecimiento de la población cercano al 1,2% anual.

La segunda fase de la transición demográfica es una etapa de alto y acelerado crecimiento poblacional debido a la disminución de la tasa de mortalidad con una mantención de la alta tasa de natalidad. En el caso de Chile, esto se observa entre 1915 y mediados de la década de 1960. El resultado en la población del país lo podemos ver en el Gráfico 36, donde el crecimiento de esta se aceleró desde un 1,18% a principios del siglo XX hasta un 2,63% en 1961. Durante esta segunda etapa se logró disminuir la tasa de mortalidad desde 30 por cada mil habitantes en la década de 1910, hasta una de 11 por cada mil habitantes en la década de 1960. Como ya vimos, este cambio fue el resultado de mejoramientos sanitarios, así como de tratamientos médicos ocurridos en esas fechas y la mayor cantidad de recursos destinada al área de salud.

GRÁFICO 36. Tasa de crecimiento de la población de Chile: 1904-2010
(Promedio móvil de 5 años)

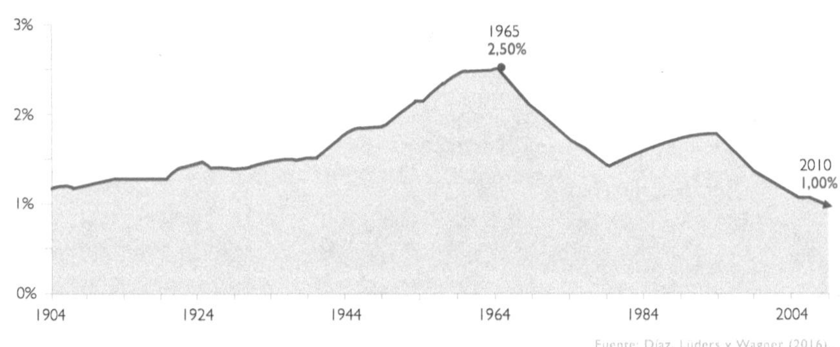

Desde mediados de 1960 Chile entró en la tercera fase de transición demográfica, con una sustancial y rápida disminución de la tasa de natalidad y reducciones adicionales en la tasa de mortalidad. La disminución de la primera, desde una tasa promedio de 35 en la década de 1960 a una de 15 en la primera década del siglo XXI, respondió a distintos factores, entre los que destacan la masificación del uso de anticonceptivos, la creciente participación de la mujer en el mercado laboral, los mayores niveles educacionales de la población, el mayor gasto por hijo y las políticas públicas en el ámbito de la salud[235].

Finalmente, el Chile del Bicentenario habría llegado a la cuarta y última etapa de la transición demográfica, la que se caracteriza por un bajo aunque estable crecimiento poblacional, con bajas tasas de natalidad y mortalidad. En el año 2010 la tasa de natalidad fue de 14,7 por mil habitantes, un 65% menos que en 1910. Respecto del crecimiento poblacional, estamos presenciando su disminución y este ha llegado hasta un mínimo histórico de 1,00% en el año 2010.

Este proceso de transición demográfica provocó que la población en Chile creciera de forma exponencial; de manera que entre 1907 y 1965 el país requirió cada vez un número menor de años para duplicar su población. Así, por ejemplo, la población censada en 1907 (3.213.000), se duplicó en 1953 (46 años); mientras que la empadronada en 1930, lo hizo en 1965 (35 años) y la del Censo de 1952, en 1984 (32 años), llegando a 11.916.000 personas en ese año. Hoy la población crece más lentamente, y en el último Censo de 2017 se contabilizó 17.574.000 habitantes, solo el doble de la población de 1965 (51 años atrás).

Estos cambios demográficos repercuten directamente en el tamaño de la familia chilena: una menor natalidad se ve reflejada en familias con menos hijos, en tanto que una menor mortalidad provoca que aumente el promedio de edad de las familias: si bien nacen menos hijos, una mayor proporción de ellos logran llegar a la edad adulta. También esto ha provocado que hoy en más de la mitad de los hogares viva un adulto mayor.

Ahora, respecto del tamaño promedio de los hogares, podemos decir que si bien es una estadística que se ve afectada por el número de hijos, también está determinada por otros factores, como la cantidad de hogares monoparentales y la existencia de otros familiares o allegados que puedan vivir bajo el mismo techo. En el Gráfico 37 presentamos la evolución del promedio de hijos por mujer, el cual se mantuvo relativamente constante desde inicios del siglo XX hasta la década de 1960, y el número medio de personas por hogar desde 1960, que junto a la primera estadística ha ido disminuyendo progresivamente hasta nuestros días.

GRÁFICO 37. Tamaño de la familia en Chile entre 1907 y 2017

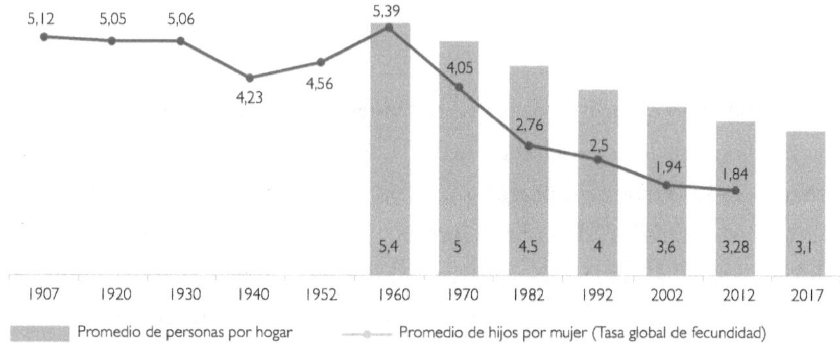

Fuentes: Censos 1960-2017 para el promedio de personas por hogar. Estadísticas vitales desde 1907 a 2012 para promedio de hijos por mujer, y datos preliminares del censo 2012 para el promedio de personas por hogar del año 2012 (dejado a su criterio). INE.

La información del Gráfico 37 la podemos complementar con el Gráfico 38 a continuación, que nos muestra los nacimientos por cada 1.000 mujeres según la edad de la madre entre 1930 y 2014. Allí podemos notar dos hechos importantes. El primero es que existe una mayor caída en la fecundidad en las últimas décadas entre las mujeres jóvenes, que posiblemente siguen estudiando y tienen más perspectivas laborales que sus antepasadas, por lo que retrasan la formación de una familia y tener hijos –si es que desean tener hijos, lo cual también ha disminuido en los últimos años–. El segundo es que la caída en la fecundidad entre 1930 y 1985 era una situación más general, ya que disminuyó la cantidad de hijos por mujer en todos los quintiles de edad, es decir, las mujeres dejaron de "seguir teniendo más hijos" después de los primeros.

GRÁFICO 38. Tasa de fecundidad según quinqueneo de edad de la madre en Chile

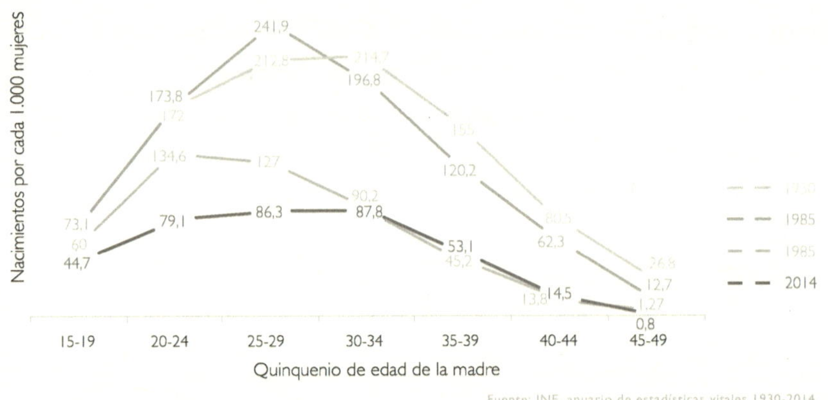

Fuente: INE, anuario de estadísticas vitales 1930-2014.

Un último comentario respecto a esta tendencia de disminución de los hijos por mujer: si bien hemos estado hablando del hogar promedio y del número de hijos promedio, es importante destacar que existe una heterogeneidad en los hogares respecto a estas variables. Un punto interesante aborda un trabajo del economista Rodrigo Cerda[236] al analizar el número de hijos por mujer, pero separando a estas últimas en cuartiles según la cantidad de años de educación que cursaron (Tabla 7). Al realizar este ejercicio, encuentra que efectivamente el número de hijos por mujer ha ido disminuyendo en las mujeres de todos los niveles educacionales. Sin embargo, para el año 2002 las mujeres de menor educación seguían teniendo más hijos que el promedio de las mujeres más educadas en 1960 –y para los otros dos cuartiles ocurre lo mismo, pero con menor retraso–, lo que muestra que, si bien las tendencias en fertilidad se condicen, existe un evidente retraso por parte de las familias con menos educación en esta tendencia.

TABLA 7. Cantidad de hijos por mujer en Chile según cuartil de educación (Censos 1960-2002)

Año	I	II	III	IV
1960	4,73	4,20	3,02	2,55
1970	5,63	4,59	3,69	3,14
1982	4,07	3,30	2,74	2,16
1992	3,19	2,73	2,25	1,97
2002	2,67	2,42	2,01	1,78

Fuente: Cerda, 2007. Siendo I el cuartil de menor educación y IV el de mayor educación.

Ganancia de años de vida y el envejecimiento de la población chilena

TENDENCIA 18: Con los años, nos fuimos poniendo viejos
Envejecimiento de los chilenos

La vejez es un concepto relativo a cada sociedad y época, e involucra diversos aspectos físicos, mentales, sociales y económicos. Hoy en Chile se acepta que a los 60 años de edad se califique a alguien de "adulto mayor"[237]; sin embargo, la vejez involucra mucho más que un umbral de edad. Tal vez hoy en día una persona de 75 años puede ser considerada "vieja", pero hace un siglo muchas personas llegaban a los 50 años en condiciones físicas peores que las de alguien de 75 años de hoy, debido a las enfermedades y accidentes, problemas nutricionales y el mayor trabajo de fuerza que se realizaba en esa época.

La vejez podría ser considerada como aquella etapa final del desarrollo de la vida en que las condiciones físicas y cognitivas del individuo disminuyen, dificultando progresivamente su capacidad de trabajo, por ejemplo, y en la que también se da un aumento considerable de la probabilidad de tener enfermedades físicas y mentales debido a procesos biológicos irreversibles –pero retardables– que se producen por el paso del tiempo. Sin embargo, vejez no es equivalente a enfermedad. Se puede tener una *vejez normal* o tal vez *exitosa* con un buen funcionamiento físico, psicológico y social; pero también se puede llegar a tener una vejez *patológica*, con enfermedades[238].

Pero, antes de pasar a examinar diversos aspectos de la calidad de vida de los adultos mayores, revisemos cómo se ha desarrollado el proceso demográfico de envejecimiento de la población chilena, en donde se entiende como envejecimiento el aumento de personas mayores respecto del total.

El envejecimiento de la población en nuestro país se produce como resultado del descenso de las tasas de fecundidad a partir de la década de 1960 junto a la disminución de la mortalidad que se inició alrededor de 1920, que ya hemos visto. Estos dos procesos en conjunto se tradujeron en que las personas que nacieron a partir de la década de 1920 tuvieron una vida mucho más prolongada, a la vez que cada vez tuvieran menos niños, produciendo esto la menor proporción de jóvenes por adulto mayor que vemos hoy en Chile[239]. Entonces, la población joven va disminuyendo en porcentaje respecto a la población total y la población en edad avanzada va aumentado, tendencia que en las próximas décadas se espera que se mantenga e incluso acelere, provocando que la población de personas mayores supere el 20% de la población en 2025[240]. Según datos del INE que se muestran en el Gráfico 39, desde inicios del siglo XX hasta la década de 1960 existía entre 15 y 20 adultos mayores por cada cien menores de 15 años de edad, momento en el que la relación empezó a aumentar vertiginosamente hasta llegar a 81 adultos mayores por cada cien menores de 15 años en el año 2017[241]. En otras palabras, entre el Centenario y el Bicentenario de Chile el índice de adultos mayores aumentó un 350%, y el grueso del incremento del índice ocurrió en las últimas cinco décadas, cuando creció de 19,4 a 80.9.

Otro índice que nos ayuda a ver las implicancias del envejecimiento es el Índice de Dependencia Demográfica (IDD)[242], el cual mostramos en el Gráfico 40. Según los censos de la población, entre el año 1907 y 1970 el IDD de Chile variaba entre 80 y 90 personas potencialmente inactivas por cada cien activas[243], siendo los inactivos en su mayoría jóvenes –los hijos de los activos. Entre aquel entonces y el Censo de 2002 este indicador cayó a 60, y entre los años 2010 y 2012 llegó a su menor nivel, debido a la alta fecundidad y baja mortalidad que hubo durante la segunda fase de la Transición Demográfica. Este descenso tuvo un efecto positivo transitorio, ya que implicó que cada vez la población activa tenía que ir sosteniendo a una carga inactiva menor. A este periodo en que la población potencialmente activa es mayor que los dependientes se le llama "Bono demográfico". Hoy en día, el IDD está volviendo a aumentar, y ese "bono" se está terminando debido a la carga económica progresivamente mayor que implica el creciente número de personas mayores[244]. La generación de oportunidades laborales para los adultos mayores que quieran seguir trabajando será clave en las próximas décadas.

GRÁFICO 39. Índice de adultos mayores (IAM) por sexo en Chile (1895-2017)

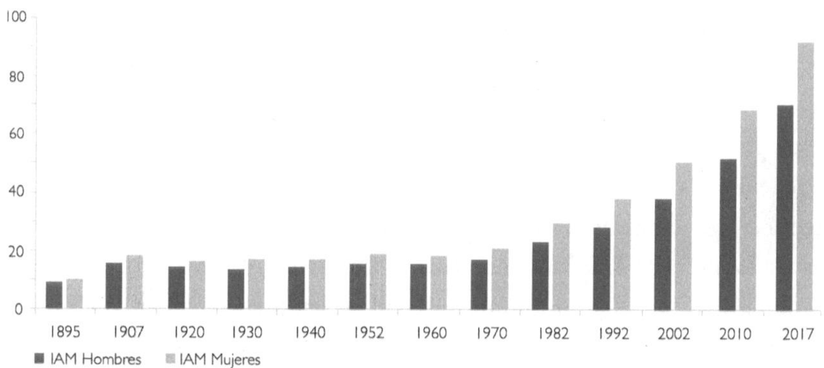

Fuentes: Calculado a partir de los censos 1895-2017, excepto para 2010, cuyo indicador fue obtenido de INE, *País y regiones total: actualización población 2002-2012 y proyecciones 2013-2020*. IAM: corresponde al número de personas de 60 años o más por cada cien menores de 15 años.

GRÁFICO 40. Índice de dependencia demográfica en Chile (1907-2020)

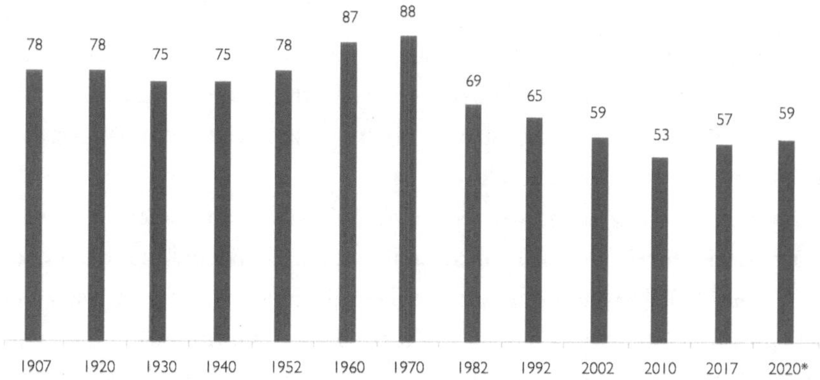

* Estimado

Fuente: INE, Estadísticas vitales 1907-2002. INE, *País y regiones total: actualización población 2002-2012 y proyecciones 2013-2020*, para el año 2010 y proyecciones para el año 2020. Censo 2017 para el año 2017.

TENDENCIA 19: De pirámide queda poco
Evolución de la pirámide poblacional

Habiendo observado a través de este capítulo la evolución de la fecundidad y mortalidad, la reducción de la mortalidad infantil y el envejecimiento demográfico, queda claro que la estructura de la población varió bastante durante el transcurso del siglo XX.

De todas las características de la población, hay dos que sobresalen por sus implicancias demográficas, económicas y sociales: la edad y el sexo. El gráfico más representativo para analizar la composición y los cambios de la población es la "pirámide poblacional", ya que en una sola imagen nos muestra la historia y lo que se puede esperar para el futuro del país en lo que respecta a su composición. En el Gráfico 41 se encuentran las pirámides poblacionales para 1907, 1960 y 2017. Como se puede apreciar en dichas figuras, el Chile de hoy en día es muy diferente al Chile de principios y mediados del siglo XX. Nuestros compatriotas que vivieron a principios del siglo pasado nacieron y crecieron en una sociedad caracterizada por una base extendida de población joven, y con cohortes que incluían cada vez menos personas. A este tipo de pirámide se le llama "progresiva" y es característica de los países menos desarrollados, debido a las altas tasas de mortalidad y a una natalidad alta y no controlada.

La evolución de la estructura de la población queda patente al observar la pirámide poblacional de 2017, donde Chile se encuentra en una etapa de envejecimiento avanzada, que se refleja mediante una pirámide "estancada o estable". En esta pirámide, propia de los países en desarrollo, los distintos grupos de edad se encuentran más equilibrados. Sin embargo, en base a las proyecciones poblacionales, sabemos que hoy en día ya nos encontramos transitando hacia una pirámide "regresiva", en la que los adultos mayores representarán cada vez una proporción más importante de la población.

La pirámide poblacional nos permite también dejar más patente un aspecto importante del envejecimiento poblacional: este empieza debido a la disminución de la fecundidad. Podríamos pensar que el envejecimiento se produce solamente por la disminución de la tasa de mortalidad, pero esta última se redujo en gran parte por la caída de la mortalidad infantil, lo cual aumentaría la base de la pirámide poblacional en vez de disminuirla. Lo que realmente adelgazó la base respecto al resto de la pirámide fue la progresiva reducción de la cantidad de hijos por mujer que se ha dado en Chile desde la década de 1960 en adelante[245].

GRÁFICO 41. Pirámide poblacional de Chile en 1907, 1960 y 2017

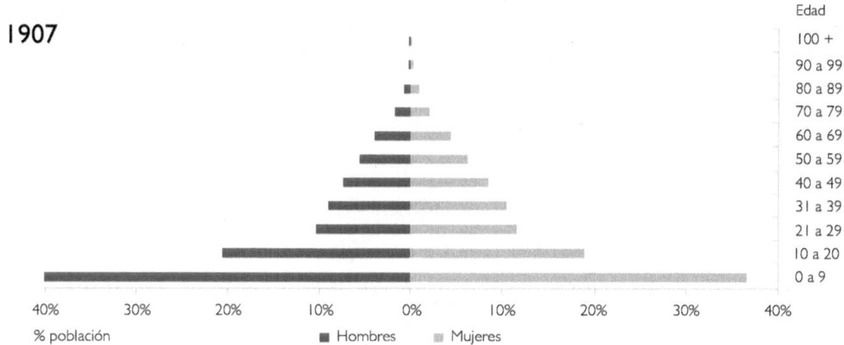

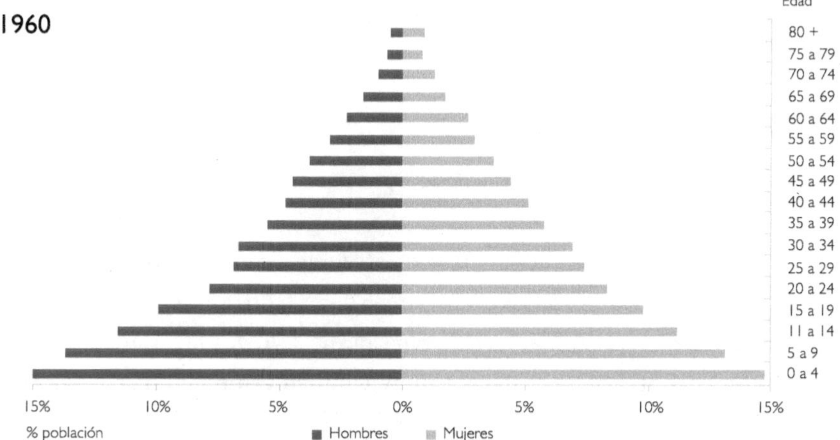

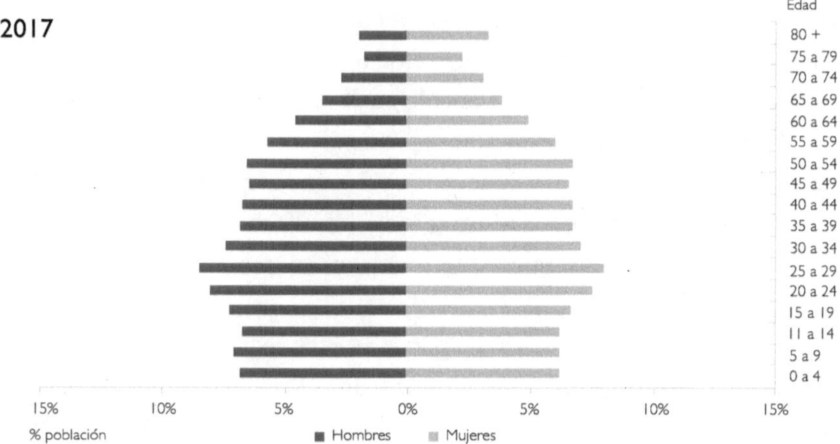

Fuente: Censos de 1907, 1960 y 2017.

Hay otros dos puntos importantes sobre la vejez que podemos notar en la pirámide más reciente. Primero, que se está produciendo un "envejecimiento del envejecimiento", es decir, el aumento de personas de mayor edad (75 años o más) entre las personas mayores, especialmente entre las mujeres. Esto es importante porque las personas de más de 75 años requieren más atención, especialmente médica, que las personas entre 60 y 74 años, e incluso muchas veces deben ser cuidadas por otros adultos mayores más jóvenes. En el año 2000 la razón de personas de 75 años y más respecto de las de 60 a 74 años era de 35,2, pero se estima que esta razón seguirá creciendo rápidamente y en 2050 será de 66,1[246]. El segundo punto es que hay muchas más mujeres mayores que hombres mayores, ya que el índice de feminidad entre las personas mayores es cercano a 130, por lo que muchas mujeres mayores viven sin pareja.

TENDENCIA 20: Viviendo el doble
Aumento de la esperanza de vida

Haber logrado que cada vez un mayor porcentaje de los nacidos en Chile llegue a la vejez es un logro importante y vale la pena detenernos a entender cómo ha sido esta evolución, pues el cambio ha sido tan significativo que hoy podemos afirmar que los compatriotas que nacen este año vivirán en promedio más del doble de lo que vivieron aquellos que nacieron para el centenario.

El término que usaremos para entender está evolución es la "esperanza de vida al nacer", cálculo que expresa el número medio de años que se espera que pueda vivir un recién nacido si se mantuvieran en el futuro las condiciones de mortalidad del año en que nació. Si bien este cálculo entrega solo un número, este refleja las probabilidades de muerte de los niños y sus madres, de muertes por delincuencia, guerras y desastres naturales y de aquellos que logran llegar a la vejez. En palabras de Hans Rosling y coautores: "Mostrar todos los sufrimientos y causas de muerte en un solo número es casi imposible, pero el cálculo de la esperanza de vida se acerca mucho"[247].

Un chileno que nace hoy en día puede esperar vivir en promedio alrededor de 79 años; sin embargo, a principios del siglo XX solo un 10% de las personas alcanzaban a cumplir los 70 años. Para un joven de hoy, tener sus cuatro abuelos vivos puede no ser novedad, pero en aquel entonces era algo poco frecuente. La esperanza de vida en 1910 era de 31 años, mientras que en 1940 los recién nacidos podían esperar llegar a los 42 años, menos de los que hoy espera un recién nacido en Lesoto, el país con menor esperanza de vida del mundo. Es difícil para alguien situado en el Chile de hoy imaginarse cómo son las condiciones de higiene y salubridad de un país con una esperanza de vida como la que existía en 1940 o para el Centenario, pero pensemos en lo distinta que sería nuestra visión de la vida si supiéramos que solo un 26% de los que nacen en Chile llega a cumplir 40 años, como ocurría en 1910.

Desde la década del 1940 el incremento de este indicador ha sido considerable. A mediados del siglo pasado, la esperanza de vida era de 54 años. En 1990 un recién nacido en Chile esperaba vivir en promedio 73 años –similar a un recién nacido en Bolivia hoy–, y en 2010 la esperanza era de 79 años en promedio (76 un niño y 82 una niña). En el Gráfico 42 se aprecia esta tendencia ascendente a través de los años, donde la esperanza de vida aumentó 2,5 veces en 106 años, y la mayor ganancia absoluta de años de vida se produjo entre 1940 y 1990.

GRÁFICO 42. Esperanza de Vida al nacer en Chile y países comparables (1910-2016)

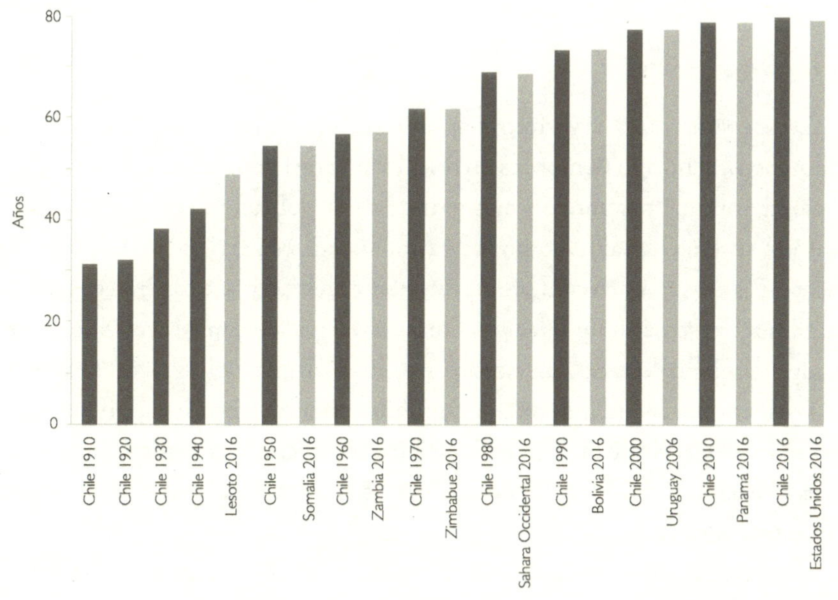

También se ha estimado la esperanza de vida a los 60 años, es decir, cuánto tiempo más –en promedio– se espera que una persona viva tras cumplir los 60 años en las mismas condiciones de ese año. Dicho indicador está más ligado al avance médico y la calidad de vida de las personas mayores que la esperanza de vida al nacer. En el caso de Chile, una persona mayor de 60 años en 1950 vivía en promedio 15,8 años más, mientras que en 1980 le restaban en promedio 18,7 años de vida. El año 2010 una mujer de 60 años podía esperar vivir 25 años más, mientras que un hombre, 21 años más; lo que significaba que la esperanza de vida para estos compatriotas ya mayores había ascendido hasta los 23 años en promedio[248].

TENDENCIA 21: En busca de la buena vejez
Cambios en la calidad de vida del adulto mayor

"Cada sociedad ofrece o restringe las oportunidades de sus miembros para tener una buena calidad de su vida en el sentido de: satisfacer sus necesidades, actualizar sus potencialidades, y vivir una vida plena".

–Pedro Marín, médico geriatra[249]

Las personas cada vez viven más, lo cual representa una oportunidad para todos, pero, al mismo tiempo, es un desafío[250]. Es así porque cada año los adultos mayores son una proporción más grande de la población chilena, por lo cual tanto el sistema de salud como los gastos sociales, la vivienda o el transporte, entre otros aspectos, se verán progresivamente afectados y se tendrán que adaptar a una nueva estructura poblacional más "envejecida". Esta vez revisaremos una tendencia que ha estado con nosotros todo el último siglo gracias al aumento de la esperanza de vida, pero a la que solo recientemente se ha puesto mayor atención, como consecuencia de la profundización de las tendencias revisadas en esta sección. Estamos hablando del reto de ofrecer una mejor calidad de vida a nuestros adultos mayores.

Ante este nuevo desafío, lo que se busca hoy en día es alcanzar el paradigma de envejecimiento "exitoso", conocido como Envejecimiento Activo. En este se considera que el adulto mayor no debe ser visto *per se* como una persona que necesite un cuidado constante o que se encuentra enferma, y se entiende que como sociedad se debe fomentar su desarrollo y aprovechar el potencial que aún posee. Es decir, se conceptualiza a la persona mayor como un ser autónomo que quiere ser útil y puede entregar un importante valor a su familia y a la sociedad, más que concebirlo como un objeto de atención o una carga. Para lograr esta finalidad se incentiva a la promoción de políticas económicas, de salud –física y psicológicas– y participación social para las personas mayores[251]; considerando que se puede ser activo de diversas maneras (participando en organizaciones, trabajando, emprendiendo, enseñando, en la familia, etc.).

En Chile la discusión sobre el envejecimiento poblacional comenzó a tomar relevancia en la agenda pública en la década de 1990, cuando se empezaron a realizar lineamientos en políticas públicas sobre personas mayores en los Gobiernos de Patricio Aylwin y Eduardo Frei debido al rápido envejecimiento que presentaba la población chilena. La concreción de este nuevo foco de parte del aparato estatal llegaría en el año 2002 con la creación del Servicio Nacional del Adulto Mayor (SENAMA), el cual se encargaría según la Ley N°19.828 de las "políticas destinadas a lograr la integración familiar y social efectiva del adulto mayor y la solución de los problemas que lo afectan", de manera que "se mantengan activos en beneficio propio y de la comunidad"; es decir, se focalizaría en fomentar el Envejecimiento Activo.

Sin embargo, en esta época de la vida, el ser humano es más vulnerable por diversas razones por las que les resulta complejo satisfacer sus propias necesidades y vivir con mayor bienestar. De esta manera, hay que considerar varios elementos que afectan el objetivo de alcanzar un envejecimiento activo. Aquí revisaremos muy brevemente tres temas relevantes al respecto: la salud; el trabajo y los ingresos; y la estructura de la vivienda y el hogar. Los avances en estos ámbitos estarán entre los principales desafíos de Chile para un envejecimiento exitoso en el futuro.

Salud

El cambio en el perfil de enfermedades provocada por la transición epidemiológica y el envejecimiento en Chile trae consecuencias profundas para el sistema de salud del país. Por ejemplo, debido a que muchos de los pacientes tienen dificultades de movilidad dada su edad –especialmente, desde los 75 años en adelante–, les cuesta más trasladarse hacia una consulta médica o una farmacia. Y, más aún, la disminución de las capacidades físicas y mentales de algunas personas mayores implica muchas veces un cuidado de la familia a largo plazo, además de tratamientos extensos y costosos, generando también una mayor dificultad para la persona mayor y sus cuidadores de incluirse en la vida social. Consecuentemente, uno de los objetivos en salud sería retrasar las pérdidas normales de capacidades al avanzar la edad y limitar estas situaciones de dependencia.

El aumento de las enfermedades crónicas y degenerativas debido al envejecimiento implica enfocarse aún más en la salud preventiva para lograr una detección precoz y realizar tratamientos oportunos, ya que el costo de lidiar con este tipo de enfermedades es muy alto para quien la sufre y su familia, tanto en términos monetarios como en la calidad de vida. A la vez, el esfuerzo por atacar eficazmente dichas afecciones es importante en la medida en que la salud es parte vital de un envejecimiento activo y sin ella es difícilmente posible alcanzarlo. Además, hay que considerar que las enfermedades crónicas provocan otros padecimientos, como, por ejemplo, la hipertensión, que está ligada a infartos, y la diabetes, que provoca problemas a la vista. A medida que el país envejezca –se espera que para el 2050 más del 30% de la población tenga más de 60 años–, estas enfermedades serán más prevalentes en la población chilena[252] y mayor será el costo para el sector público de lograr una buena calidad de atención para todos. Especialmente, si se considera que en torno a un 90% de las personas mayores se encuentran inscritas en FONASA, una proporción más alta que en el resto de la población.

Por tanto, no prevenir ni tratar a tiempo las enfermedades podría causar problemas no solo a las personas mayores, que se verán forzadas a dejar muchas de sus actividades productivas –o que les otorguen bienestar–, sino que también a su familia –obligando, por ejemplo, a un pariente a dejar o postergar su trabajo o sus estudios para cuidar a un anciano. Entonces, tal como señala la OMS, la autovalencia de los adultos mayores sería también un imperativo económico, ya que minimiza los costos de clos sistemas de salud y maximiza la contribución de estos en su familia. Por tanto, en una sociedad que envejece, la adaptación a una nueva estructura demográfica envejecida no solo mejora el bienestar individual de las personas mayores, sino que de toda la sociedad[253].

Trabajo

Durante la segunda mitad del siglo XX la participación en el mercado laboral de los mayores de 60 años o tercera edad disminuyó desde alrededor de 30% en las décadas de 1960 y 1970 a cifras en torno a un 20%, para volver a subir a 32% en el Censo de 2017 (Gráfico 43). Pero, si consideramos también a las personas –casi todas mujeres– que se clasificaban a sí mismas como dedicadas a los quehaceres del hogar, en total las personas que se declararon como trabajadores en el Censo cayeron desde 76% a 49% entre 1960 y 2017. Este cambio se produjo principalmente porque, en los últimos censos, entre 40% y 48% de las personas se declararon como retirados, siendo que en 1960 solo 18% de los mayores de edad lo estaba[254]. Esta reducción de aquellos que se declararon como trabajadores a cambio de un aumento de los retirados se puede deber a que cada vez menos ancianos están obligados a seguir trabajando por razones económicas, a la vez que culturalmente y legalmente se ha dado un cambio donde ya no se da por hecho que hay que seguir trabajando hasta que la salud lo permita, sino que tras tantos años de trabajo algunos pueden darse un descanso al llegar a una edad avanzada.

GRÁFICO 43. Situación laboral de la tercera edad en Chile (1960-2017)

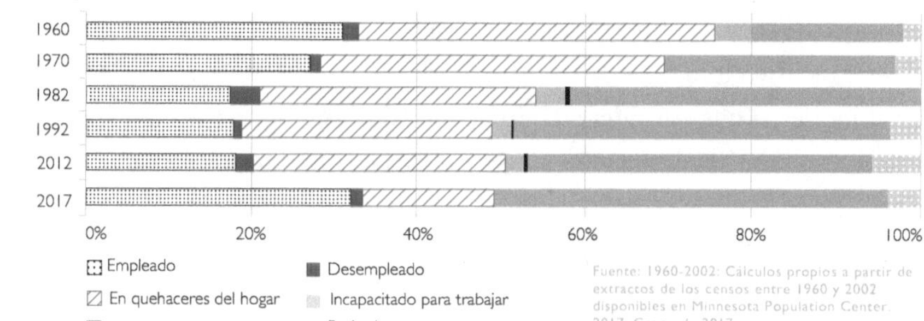

Fuente: 1960-2002: Cálculos propios a partir de extractos de los censos entre 1960 y 2002 disponibles en Minnesota Population Center. 2017: Censo de 2017.

Nota: Se considera a toda la población de más de 60 años de edad.

Si analizamos la situación laboral por sexo, se mantiene una diferencia entre hombres y mujeres en cuanto a tasa de participación de los mayores de edad, tal como ocurre en edades más tempranas. Si realizamos una comparación considerando solamente a personas entre 65 y 69 años de edad[255], observamos que los hombres mayores económicamente activos han disminuido desde 64% en 1960 a 53% en 2017, mientras que las mujeres mayores aumentaron sustancialmente su participación desde 9,5% a 37% en el mismo tiempo, debido al aumento general de la participación laboral femenina en Chile en este periodo. Es decir, la participación laboral de las mujeres mayores ha aumentado, pero sigue siendo menor que la de los hombres mayores.

Cada vez los adultos mayores viven más, tienen mejor salud y quieren mantenerse activos de diferentes maneras. A la vez, muchos todavía se ven en la necesidad de complementar el monto de su jubilación con ingresos laborales. Según la Encuesta Nacional de Calidad de Vida en la Vejez de 2016, 66% de las personas mayores de Chile que habían realizado trabajo remunerado –en el mes anterior a la encuesta– trabajaba por necesidades económicas[256]. Pero también es cierto que a un 79% le gustaba *mucho* su trabajo –y a un 15% *más o menos*. Además, a un 69% le gustaría mantener su trabajo aun cuando no tuviera la necesidad económica, así como también un 65% dijo que esperaba trabajar hasta que su salud se lo permitiera. De esto se desprende que muchos adultos mayores se mantienen trabajando porque necesitan complementar pensiones bajas, pero que también muchos quieren mantenerse activos en el mercado laboral, ya sea porque les ofrece autonomía, seguridad, o porque su trabajo es parte de su identidad[257]. Se puede concluir, por tanto, que el trabajo es una parte central tanto del bienestar económico de la persona mayor como del envejecimiento activo. Por ambas razones, sería positivo fomentar las oportunidades de empleo y tener una legislación laboral moderna que considere su situación, además de proveer capacitación de ser necesario para ayudarles a mantener un envejecimiento activo.

Vivienda y hogar

Más adelante en el texto revisaremos más profundamente los cambios en las viviendas en Chile, por lo que aquí solo veremos unas pocas cifras sobre la evolución de los hogares y viviendas en que residen las personas mayores.

En Chile la cantidad de hogares en que viven personas mayores de 60 años se ha mantenido cercana al 25%-30% durante las últimas décadas, creciendo lentamente en torno a 0,5%-1% por década. Si en el año 1970 había 27,4% de hogares con adultos mayores, para el 2002 esta cifra era 29%. Mientras que hoy en día, con el rápido crecimiento de la población mayor, en cerca de cuatro de cada diez hogares viviría por lo menos una persona mayor según la Encuesta CASEN 2015[258]. También, en una gran proporción de estos hogares una persona mayor es el jefe de hogar o la pareja de esta, situación que ha ido aumentando constantemente en el tiempo: en 1960 el 63,4% de los adultos mayores era el jefe de hogar del lugar donde vivía o era su pareja, mientras que en el 2002 este era el caso para un 80,8% de las personas mayores. Como veremos más adelante, esto es el resultado del incremento en la posibilidad de tener y mantener un hogar propio.

Una pregunta natural que se desprende de estos datos es si es que hay cada vez más personas mayores que vivan solas. Y efectivamente es así: la cantidad de hogares conformadas solamente por adultos mayores más que se duplicó entre los censos de 1970 y 2002, subiendo desde un 4% a un 8,5%. Mientras que los casos de adultos mayores viviendo con sus hijos, es decir, siendo el hijo el jefe de hogar, ha disminuido en un 47% al caer desde 13,9% en 1970 a 7,8% en el 2017, como se señala en el Gráfico 44.

GRÁFICO 44. Posición en el hogar del adulto mayor en Chile (1960-2017)

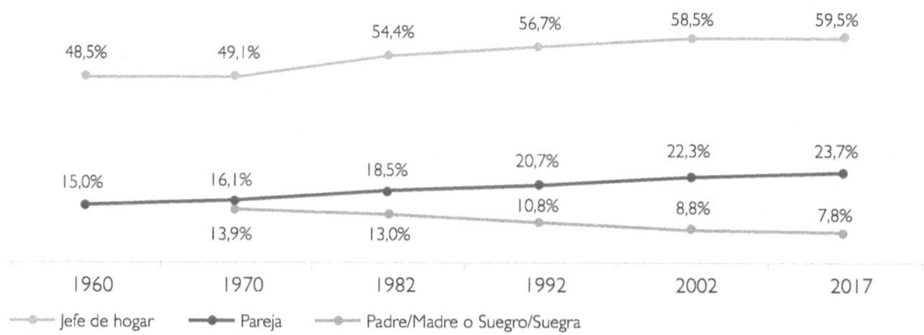

Hoy, según la Encuesta Nacional de Calidad de Vida en la Vejez de 2016, un 15% de los adultos mayores vive solo, representando un punto porcentual más que en el año 2007. Del 85% que vive con otras personas, el 65% vive con su pareja, un 60% con algún hijo o hija, y el 38% con algún nieto. De las personas que dicen que no viven con sus hijos, un 46% los ve todos los días o varias veces a la semana[259]. En la misma encuesta se pregunta si los adultos mayores creen que tendrían ayuda en diversas situaciones: un 84% cree que tiene alguien con quien contar "en las buenas y en las malas", un 79% a alguien que le ayude en tareas domésticas, un 77% a alguien que le ayude si está en cama, y un 80% a alguien con quien pasar un buen rato. Estas cifras se han mantenido constantes en los últimos diez años[260].

Respecto a la posesión de vivienda, la proporción de adultos mayores jefes de hogar que son dueños de su vivienda ha llegado a ser bastante alta en estas primeras décadas del siglo XXI. En el Gráfico 45 podemos notar cómo a través de los años la cantidad de jefes de hogar que son dueños de su vivienda, según el Censo, ha aumentado desde 56% a 86%. Estas cifras son más altas que para cualquier otro quintil de edad entre 30 y 59 años en Chile, por lo que la posesión de la vivienda en Chile aumenta con la edad y ha aumentado con el paso de los años.

GRÁFICO 45. Adultos mayores jefes de hogar dueños de su vivienda en Chile (1960-2002)

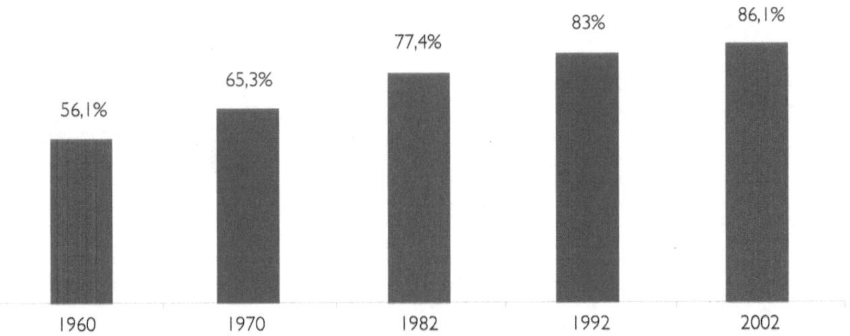

Fuente: Cálculos propios a partir de extractos de los censos de 1960 a 2002 disponibles en Minnesota Population Center (IPUMS).

También, que una vivienda sea de calidad es importante para la salud y el bienestar de las personas mayores. Para los años recientes, poseemos la Encuesta CASEN del 2015 que presenta un índice de calidad global de vivienda que considera características mínimas –tipo de piso, paredes y techo, y disponibilidad de agua y servicios higiénicos– para que una vivienda sea considerada de calidad "aceptable". Considerando este índice, un 85% de las personas mayores de 60 años vive en viviendas aceptables, mientras que un 14,3% en viviendas recuperables y un 0,7% en viviendas irrecuperables. En lo que respecta a residir en entornos favorables, que tengan servicios básicos cerca, un 68% de los hogares con adultos mayores de Chile tenía a menos de 2,5 km (unas veinte cuadras) una farmacia, un 84% un centro de salud, un 86% una plaza o parque y 91% un supermercado o feria a la misma distancia, mientras que un 95% tenía a menos de 1 km un servicio de transporte público. Sin embargo, el acceso a servicios en las cercanías del hogar para los adultos mayores que viven en zonas rurales es considerablemente menor; por ejemplo, solo un 6% tiene una farmacia cerca y un 40% un centro de salud en su proximidad.

El aumento de este segmento etario en Chile está creando nuevos desafíos para el Estado y las familias. Vivir más años es solo una parte básica de la mejora en el bienestar, ya que la mejora en la calidad de la vida de los adultos mayores se construye sobre estos años de vejez mediante una vida activa que permita una vida saludable en lo físico y en lo emocional, el apoyo familiar, la mantención y generación de nuevos lazos personales, y las buenas condiciones materiales en lo que respecta a la vivienda y el entorno.

CAPÍTULO CINCO

BIENESTAR MATERIAL Y CALIDAD DE VIDA DE LOS HOGARES

Tal vez no hay cosas más tangibles en el cambio de la calidad de vida en Chile en el siglo XX que los cambios en el bienestar material de nuestra vida cotidiana resultantes de las mejoras tecnológicas, el crecimiento económico y la expansión de los servicios públicos durante este periodo. Por esto mismo, la última sección de este libro la dedicamos a aspectos tan corrientes como los electrodomésticos, el alcantarillado, las carreteras o los teléfonos, por nombrar algunos de los temas que veremos, y que por su carácter de cotidianos son muchas veces pasados por alto.

Cada uno de estos "aspectos corrientes" repercutió de manera importante en la vida diaria de sucesivas generaciones de chilenos, moldeando, por ejemplo, sus posibilidades de conectividad física y comunicacional, o las comodidades y servicios básicos presentes en sus viviendas y barrios ¿Qué preferirían: ser una persona de clase media de nuestra época o alguien de clase alta de 1910? Los cambios en la vida cotidiana han sido tan considerables que la respuesta no es fácil. A través del capítulo reflexionaremos sobre esta pregunta, analizaremos las mejoras en bienestar, pero también veremos los problemas que persisten y las nuevas necesidades que han surgido.

Empezamos la sección con una revisión de los cambios de la vivienda en lo que respecta a sus instalaciones básicas, el material del que están hechas y la modernización a través de los nuevos electrodomésticos y equipamientos del hogar.

Luego, seguimos con más aparatos tecnológicos en una sección dedicada a los avances en la telecomunicación, centrándonos en la conectividad. Eso sí, no solo nos hemos acercado los chilenos a través de la comunicación instantánea de los nuevos aparatos tecnológicos, sino que también ha sido importante el avance en conectividad física del país dentro de los últimos ciento cincuenta años. Por eso, la siguiente subsección se centra tanto en los avances en el transporte interurbano como en el urbano, que nos han permitido movilizarnos más rápido a lo largo del territorio. Por último, para terminar esta parte del libro, hemos querido revisar los cambios en un ámbito más personal de la vida: las posibilidades para la higiene de las personas.

TENDENCIA 22: Cómo se transformaron nuestros hogares
Vivienda, instalaciones básicas y bienes durables

En esta sección queremos describir los cambios en la vivienda y las mejoras materiales que han tenido los hogares de Chile durante el último siglo. Es cierto que la diversidad en la calidad de vivienda en un país es alta; sin embargo, durante el periodo que estamos estudiando se desarrollaron tendencias que abarcaron a la mayoría de los hogares del país. Nos referimos a los cambios en las instalaciones básicas, la estructura material y el equipamiento interior de los hogares. Esos son, precisamente, los tres temas que veremos a continuación.

Instalaciones básicas: alcantarillado, agua potable y electricidad

Las instalaciones de una vivienda son los sistemas que recogen energía o fluidos –por ejemplo, electricidad, gas o agua– desde una red pública y lo distribuyen a una residencia. Dos características que se desprenden de tal definición, el provenir de una red pública y el tener un sistema de recepción en la vivienda, implican que para la expansión de estas instalaciones a través de un país se requiere de una gran inversión tanto del Gobierno o alguna empresa privada, como de los mismos hogares. Por tanto, el acceso a estos sistemas se encuentra relacionado con la riqueza de las familias, la gestión gubernamental y el crecimiento económico del país.

Con el pasar de las décadas, algunas de estas instalaciones, que a inicios del siglo XX solo una minoría urbana tenía, se empezaron a considerar básicas para la población. Nos referimos al alcantarillado y a los sistemas de agua potable y electricidad. La importancia de estos avances se debe a que las primeras dos se encuentran estrechamente ligadas con la higiene y la salud de las personas, mientras que la última está relacionada con las nuevas tecnologías del hogar que se desarrollaron especialmente durante el siglo XX. Por lo tanto, estas instalaciones estarían estrechamente relacionadas con el concepto de bienestar material y físico de las personas.

Para sintetizar a grandes rasgos este cambio en las instalaciones de las viviendas en el país, mostramos a continuación en el Gráfico 46 una medida de "Acceso a instalaciones básicas" en Chile entre 1960 y 2002. En esta medición contamos la proporción de hogares del país que poseen –a la vez– las tres instalaciones que hemos considerado como mínimas: electricidad, agua potable y alcantarillado o pozo séptico.

GRÁFICO 46. Proporción de hogares con acceso a instalaciones básicas
(Electricidad, alcantarillado y agua potable)

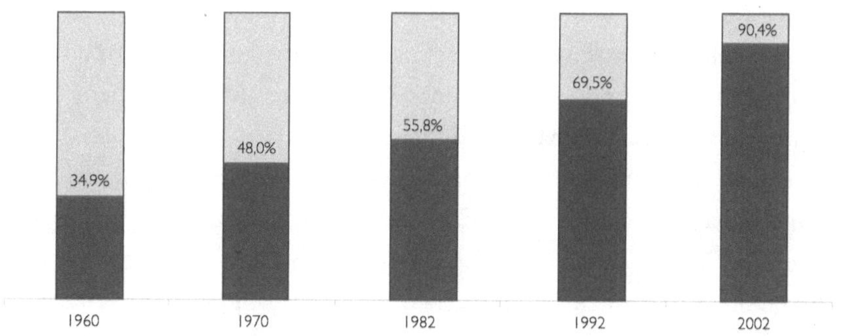

Fuente: Creación propia a partir de una muestra censal de IPUMS.

Como se ve en el gráfico, hace un poco más de cincuenta años –en 1960– únicamente un tercio de los hogares tenía acceso a todas estas facilidades que hoy consideramos como indispensables. Este porcentaje es bajo, principalmente debido al poco acceso a alcantarillado fuera de las grandes ciudades, donde menos del 10% tenía acceso a este. Durante las tres décadas siguientes el acceso aumentó a paso constante, pero es recién desde la década de 1990 que aumenta considerablemente el porcentaje de hogares con dichas instalaciones. Lo anterior fue una consecuencia de la expansión del agua potable y el aumento de facilidades sanitarias en pueblos pequeños y áreas rurales durante los años de privatización de la provisión de estos servicios.

Para comprender mejor este cambio de las viviendas de los chilenos durante el último siglo, revisemos brevemente cada una de estas instalaciones básicas.

Alcantarillado y agua potable

Antes de la construcción del alcantarillado, en las ciudades chilenas solo se tenían métodos poco higiénicos para hacerse cargo de los residuos fisiológicos humanos: se podía lanzar los desechos a las acequias que pasaban por delante de las casas llevando aguas servidas; otra opción era acumular los residuos en barriles y dejarlos afuera de la casa para que fueran recogidos al igual que la basura hoy en día; o también se podían enterrar o quemar. Claramente, este manejo de los desechos provocaba una gran cantidad de enfermedades y malos olores en las ciudades.

En Santiago, en 1905, tras varios proyectos e intentos, se inició la construcción de una red de alcantarillado para hacer frente a los problemas higiénicos causados por estos desechos humanos y las aguas servidas. Las obras fueron finalizadas por la empresa francesa a cargo del proyecto para el Centenario de la República, fecha para la cual también otras –pocas– ciudades del país tenían redes higiénicas, como Iquique, Viña del Mar, Valparaíso y Concepción[261].

El mal estado sanitario de las poblaciones del país también provenía del limitado acceso al agua potable. Es más, a inicios del siglo XX incluso en aquellos lugares en que sí había agua potable, esta no era tan potable en realidad, ya que –según los habitantes de Santiago– se podía encontrar hasta sanguijuelas en ella. Al poco tiempo se solucionaron estos inconvenientes; sin embargo, la escasez y el reducido acceso al agua potable seguían siendo un problema[262]. Al igual que en el caso del alcantarillado, solo una parte de las ciudades –el centro, principalmente– tenía acceso al agua potable en las viviendas, dejando al resto de la población en condiciones higiénicas lamentables.

Las problemáticas higiénicas y de salubridad en la ciudad eran consecuencia, entre otros factores, de la carencia de instalaciones de alcantarillado, agua potable y aguas servidas, la cual provocaba una gran cantidad de enfermedades infecciosas y gastrointestinales, como la tuberculosis, el tifus, la fiebre tifoidea, el sarampión, la viruela, brotes de la peste bubónica y el cólera. Además, tal carencia de instalaciones llevaba también a un empeoramiento del cuidado de los enfermos en general. Muchas de estas enfermedades se mantuvieron en el país hasta finales del siglo XX, cuando recién se empezó a aplicar tratamiento a las aguas servidas.

En lo que respecta a la institucionalidad, entre 1931 y la década de 1980 el sector sanitario fue construido, regulado y administrado por el Estado. En 1931 se inició la institucionalidad chilena en este ámbito con la creación de la Dirección General de Agua Potable y Alcantarillado del Ministerio de Interior, la cual regulaba la explotación técnica y comercial de ambos sistemas. De este modo, se puede ver que en esos años no se encontraban separadas las funciones fiscalizadora y productora de la industria, ya que ambas las realizaba el Estado. Posteriormente, en 1953 la Dirección General fue unida al Departamento de Hidráulica de la Dirección General de Obras Públicas, en lo que se conocería como la Dirección de Obras Sanitarias. Esta nueva Dirección tenía como funciones el estudio, construcción, administración y mejoramiento de las obras de agua potable, alcantarillado y desagüe. Sin embargo, compartía responsabilidades con varias instituciones dispersas en otros ministerios y municipalidades, lo cual creó problemas de coordinación en la administración.

Como podemos ver en los Gráficos 47 y 48, donde comparamos el acceso a facilidades sanitarias y a agua potable con respecto a otros países, la disponibilidad de tales facilidades alcanzó en 1970 a la mitad de la población chilena, similar a la situación de Bolivia en 2015. En ese mismo año, un 80% de la población de Chile tenía acceso a agua potable, pero con la clara distinción de que en las áreas rurales solo un 36% de los hogares gozaba de dicho servicio –sin embargo, diez años antes cubría un 11% de esta área. En el área urbana en cambio, se avanzó desde 77% en 1960 a 94% en 1970. Por lo tanto, existía una buena cobertura a nivel urbano, pero muy deficiente a nivel rural.

En 1977, durante la dictadura militar, la institucionalidad volvió a cambiar, pero esta vez enfatizando la modernización y la competencia dentro la industria. En ese año se creó el Servicio Nacional de Obras Sanitarias (SENDOS), una institución de ingeniería sanitaria única para todo el país y que estaba a cargo de los sistemas de alcantarillado y agua potable. El fin de este organismo era acabar con la falta de coordinación entre las instituciones públicas antes nombradas y la dispersión de recursos humanos y monetarios. SENDOS fue creada como una institución autónoma del Estado y con patrimonio separado del fisco, por lo que tenía que autofinanciarse y racionalizar sus operaciones. Sin embargo, persistió el hecho de que la misma entidad proveía el servicio y, a la vez, fiscalizaba la actividad. Este marco funcionó hasta el año 1989, cuando se dictó la Ley General de Servicios Sanitarios y otras leyes sobre tarificación, subsidios cruzados[263], creación de empresas regionales y fiscalización. Fue en estos años que SENDOS pasó a ser una sociedad anónima, separando la producción de la institucionalidad reguladora. Luego, tras la vuelta a la democracia, el sistema instalado a finales de los ochenta se mantuvo e incluso se profundizó con el paso de la década. Desde 1995 se inició una fase de privatización con el objetivo de aumentar la inversión en el sector e implementar el tratamiento de aguas servidas, llevando a que en el año 2005 alrededor del 95% de los usuarios fueran servidos por empresas privadas[264].

GRÁFICO 47. Acceso a facilidades sanitarias: comparación con otros países (2015)
(% de la población)

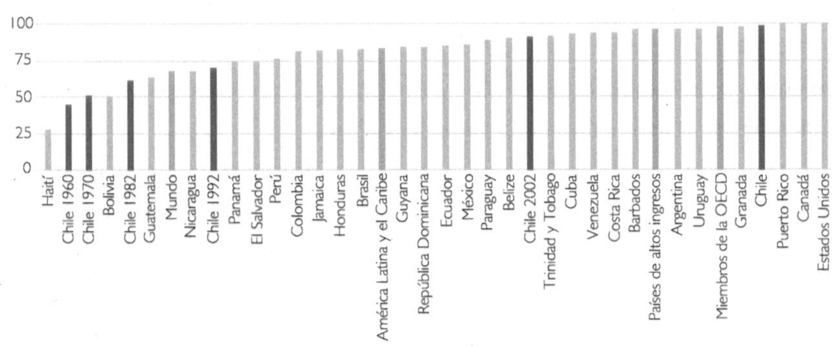

Fuente: Datos de 2015 de World Bank; datos históricos de Chile de IPUMS.

GRÁFICO 48. Acceso a agua potable: comparación con otros países (2010)
(% de la población).

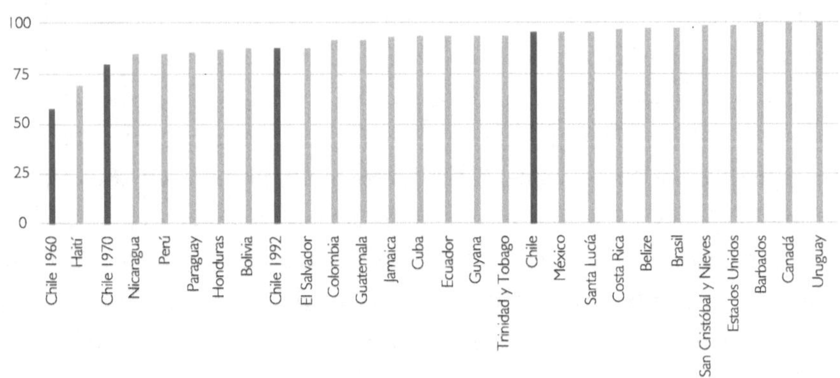

Fuente: Chile 1960, Chile 1970 y Chile 1992 de IPUMS; datos de 2010 de World Bank.

En las décadas de 1980 y 1990 la cobertura de agua potable se expandió notablemente hacia el área rural, alcanzando al 79% de la población rural de Chile, según el Censo del 2002. En el Gráfico 48 podemos observar que, gracias a este importante avance, en el año 2010 Chile alcanzó una cobertura nacional de 96% en esta área. A su vez, el acceso a las facilidades sanitarias aumentó desde 70% en 1992 –similar a la actual Nicaragua o al promedio mundial de 2015–, a una cobertura prácticamente total, superior al 99%, y mayor a aquella observada en promedio en los países miembros de la OECD.

Electricidad

La electricidad llegó a Chile a fines del siglo XIX, pero antes de expandirse por los hogares de los chilenos, esta encendió sus primeras luces en los lugares públicos de Santiago. Fue en 1883, cuatro años después de la invención de la ampolleta, cuando los primeros faroles alumbraron la Plaza de Armas de Santiago y, más tarde, el pasaje comercial Matte –a pasos de la misma plaza–. También durante estos mismos años, algunos particulares acaudalados lograron alumbrar sus hogares. Sin embargo, en ninguno de los casos el suministro era constante, ya que no había centrales generadoras de energía en el país. Recién en 1900 la británica Chilean Electric Tramway and Light Co. construyó una planta térmica de energía y empezó a iluminar eléctricamente las calles de Santiago y a darle energía al tranvía capitalino. Cinco años después, la misma empresa colocó una planta térmica en Valparaíso para los mismos fines, y en 1908 y 1909 entraron en servicio las plantas hidroeléctricas más antiguas de Chile: El Sauce –en Valparaíso– y, después, La Florida –en Santiago–. Poco después, junto a estos avances, se inició paulatinamente el alumbrado eléctrico residencial y el consumo industrial de electricidad.

En 1921 se creó Chilectra (la Compañía Chilena de Electricidad), conformada por la fusión de las antiguas Chilean Electric Tramway and Light Co. y la Compañía Nacional de Fuerza Eléctrica. Esta terminó de construir la hidroeléctrica de Los Maitenes, la cual empezó a funcionar en 1923, y la de Queltehues en 1928, y además construyó y extendió líneas de transmisión eléctrica en el centro del país. Junto a estas grandes empresas, fueron varios los –pequeños– empresarios pioneros que llevaron la electricidad a lo largo del territorio nacional con centrales térmicas, turbinas o con motores a carbón, petróleo, leña o gas, para abastecer ciudades y pueblos de menor población. De este modo, la electricidad se expandió por los hogares del país, aunque no sin percances: las centrales y líneas tuvieron varios problemas de mantención, hubo algunos incendios en los primeros tiempos y los cortes de luz fueron recurrentes, incluso hasta pasada la mitad de siglo XX, debido a la poca capacidad de generación y el racionamiento de la energía.

Por otra parte, la rápida expansión de la electricidad en los años veinte impulsó al Estado a iniciar la regulación de la generación y el suministro de energía en 1925 mediante el DL 252, y en 1931 a dictar la Ley General de Servicios Eléctricos. Lamentablemente, en los años treinta el desarrollo eléctrico se estancó, junto con la economía del país. Para intentar solucionar los problemas de escasez, el Gobierno, a través de la CORFO, desarrolló un plan de electrificación del país y creó en 1944 la empresa Nacional de Electricidad (Endesa). Esta última lideró la construcción de centrales hidroeléctricas y termoeléctricas hasta 1973, en una ampliación del sistema llevada a cabo en conjunto con el sector privado –pero con cada vez mayor participación estatal–, que permitió que para 1970 un 74,4% de los hogares chilenos tuviera acceso a la electricidad. Luego, durante la década de 1980, y siguiendo la liberación económica de la época, el sistema se privatizaría, creciendo considerablemente tanto el alcance como la producción de electricidad.

Podemos observar este crecimiento del alcance y consumo de electricidad en Chile en los siguientes dos gráficos. En el primero, el Gráfico 49, comparamos el crecimiento del acceso de los hogares chilenos a la electricidad con el de otros países, grupos o regiones del mundo en el año 2012. Como ya mencionamos, en 1970 el acceso a la electricidad en Chile era de un 74,4%, esto es, un poco mayor a los niveles que actualmente muestran naciones africanas como Laos y Guinea Ecuatorial, o un poco menos que lo que se da hoy en Nicaragua y Guatemala, en Centroamérica, actualmente con índices de desarrollo humano medios–bajos y altos niveles de pobreza. Doce años después, en 1982, Chile ya se equiparaba al actual promedio mundial de acceso a la electricidad equivalente a un 84,5%. En 1992, nueve de cada diez hogares en Chile tenía electricidad, al igual que Bolivia veinte años después. Y hoy en día prácticamente todos los hogares del país tienen electricidad, al igual que los países miembros de la OECD o la Unión Europea.

Por su parte, en el Gráfico 50 se puede observar el consumo de energía eléctrica por persona en Chile entre 1926 y 2012. En base a los cálculos de la CORFO, entre 1926 y 1940 la generación de electricidad aumentó desde 52 kwh a 128 kwh por persona. Luego, hasta 1970 –donde faltan algunos datos en el gráfico– el consumo se sextuplica para llegar a 776 kwh per cápita. Pero el mayor crecimiento se observa desde la década de 1980 en adelante, alcanzando casi los 4.000 kwh por persona, lo cual demuestra el aumento en la capacidad de generación de energía en las últimas décadas en el país y de consumo de los chilenos, no solo en luz, sino que también en la incorporación de electrodomésticos y aparatos tecnológicos que facilitan las labores en los hogares.

GRÁFICO 49. Acceso a electricidad: comparación con otros países (2012)
(% de la población)

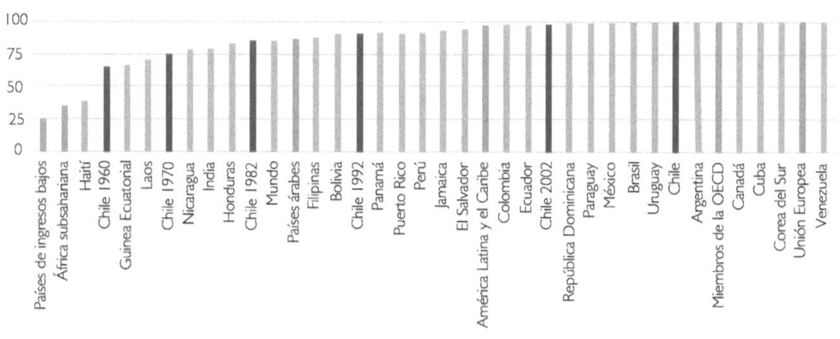

GRÁFICO 50. Consumo de energía eléctrica en Chile (1926-2014)
(KWh per cápita)

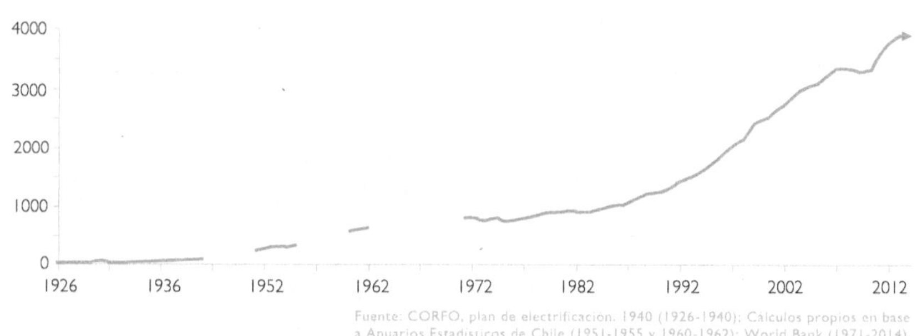

Viviendas: materiales y estructuras

Según el historiador Armando de Ramón, en 1890 la vivienda de Santiago era de adobe colonial y teja, tanto para la clase alta como para la baja, aunque a veces esta estructura se disimulaba bajo capas de yeso para aparentar ante los demás un mejor material. Por su parte, las habitaciones eran de tabique de madera y ado-billo. Las casas de la clase baja –los conventillos, cuartos redondos o rancheríos, por ejemplo– se mantuvieron así durante muchos años, pero las viviendas de la clase media y alta comenzaron a construirse con materiales más sólidos durante las primeras décadas del siglo XX[265]. En otras ciudades grandes la situación era similar, pero en las más pequeñas había pocas construcciones de albañilería y la mayoría de las casas mantuvieron el adobe y los tabiques de madera durante parte importante del siglo XX[266].

A partir de las décadas de 1920 a 1940 llegó a Chile la construcción y arqui-tectura racionalista y de estilo moderno de influencia norteamericana. Este nuevo estilo de construcción introdujo las habitaciones del baño y la cocina adentro de la vivienda –en especial, de la clase media y alta–, además de incorporar las tendencias de tecnificación e higienización de la vida del hogar, para lo cual la introducción de las instalaciones básicas de la vivienda ya vistas serían claves[267]. Desde estas décadas se inicia un proceso en que las viviendas se empiezan a parecer más y más a las que conocemos hoy en día; con una cocina con electrodomésti-cos y muebles "blancos" estandarizados, y con habitaciones de baño al interior de la construcción con alcantarillado, inodoro y servicio de baño. Más tarde, en las décadas de 1950 y 1960 se introdujeron los electrodomésticos a los hogares chilenos, aunque hubo que esperar hasta el último cuarto de ese siglo para ver su real masificación en la población chilena.

En 1960, según una muestra del censo de ese año, un 26% de la población de Chile vivía en casas con pisos de tierra[268]. Además, solo el 52% de las viviendas permanentes del país tenían un estado de conservación bueno de sus muros, lo que no quiere decir que fueran muros sólidos (ladrillo, concreto o piedra, por ejemplo)[269]. Muchas de las viviendas en este año tampoco tenían acceso a una instalación para bañarse en sus hogares, ya que solo el 33,7% de la población contaba con acceso privado a servicios de baño y un 8,7% tenía acceso a servicios comunes. Los inodoros tampoco se encontraban en la mayoría de las casas, sino solo en un 44,9% de ellas –con la consideración que en el área rural solo el 8,7% de la población tenía inodoro– y no sería hasta el siglo XXI en que más de la mitad de la población rural contaría con ellos.

Durante la segunda mitad del siglo XX todas estas características de la vivienda mejoraron continuamente. De acuerdo al Censo de 1982, el porcentaje de vivien-das permanentes con muros en buen estado ascendió a un 85%. También en ese año menos del 10% de las casas tenían piso de tierra y en 2002 ya eran menos del 0,5%. En el caso de las viviendas rurales, el gran salto en la calidad de las casas se produjo desde la década de 1990 en adelante, al igual que en el caso del acceso a las instalaciones básicas. Por ejemplo, entre los censos de 1992 y 2002 la población rural que vivía en viviendas con inodoros aumentó de 12% a 53%, y las que tenían servicios de baño de 19% a 51%.

Electrodomésticos y modernización de los espacios del hogar

A principios del siglo XX los electrodomésticos no se encontraban presentes en los hogares chilenos. Es más, como vimos, en la gran mayoría de las casas no había siquiera electricidad. Una de las implicancias más relevantes del aumento del acceso y la generación de esta fue precisamente la posibilidad de ocupar las nuevas tecnologías del hogar como refrigeradores, lavadoras, cocinas eléctricas, enceradoras, radios, televisores, computadores, celulares y muchos otros aparatos pequeños que facilitan nuestra vida cotidiana. La inclusión de gran parte de la población en el consumo de bienes durables –usualmente, de alto valor relativo a sus sueldos– a lo largo del siglo XX fue una manera de aumentar la calidad de vida de esta. Por ejemplo, cuando las personas no tenían refrigeradores era obligatorio ir continuamente, incluso a diario, a comprar alimentos, especialmente las carnes y los lácteos. Mientras, sin lavadoras automáticas las mujeres debían dejar al menos un día entero a la semana –todas las semanas sin falta– para lavar y estrujar todo a mano.

La nueva cultura del consumo y las nuevas tecnologías del hogar dieron la posibilidad de acceder a estos nuevos productos del siglo XX en Chile. Este proceso se enmarcó en un contexto más amplio de modernización e industrialización de la vida, lo cual se produjo inicialmente de manera lenta y con base privada, para más tarde ser impulsada por el Estado moderno –por la "ingeniería" del Gobierno– desde 1924 y con más fuerza desde la década de 1930 en adelante. En estos años el Estado se transformó en el impulsor de una "nación productiva, progresiva e industrial"[270] que se esperaba pudiera llevar al país al nivel de vida de los países del norte. Fue dentro de este ambiente donde se promovió el modelo de una familia que integrara las nuevas tecnologías a su hogar y así aumentara el consumo en el país y fomentara la producción, la industria y la modernización.

La vivienda moderna, con su progresiva mecanización, tuvo como principales enclaves al baño y la cocina. Esto no es de extrañar, ya que los comportamientos modernos estaban ligados a la higiene –relacionada con el baño, principalmente– y a la productividad doméstica –relacionada con la cocina, esencialmente. La rápida urbanización del siglo XX había provocado un aumento de los problemas de salud relacionados con la higiene, y los medios para combatir tales problemas se relacionaron con el entorno en que vivía la gente, y, por tanto, con la mejora de las condiciones de los hogares; ejemplos de esto son la introducción del baño en la vivienda, el alcantarillado, el agua potable y la eliminación del piso de tierra. Junto a esta modernización de corte higienista, la modernización productiva del hogar provino de la mecanización de la cocina, la cual traía aparejada la estandarización e integración de los electrodomésticos, así como también la administración eficiente de los espacios del hogar y los tiempos de la dueña de casa como resultado de la manifestación de un sistema industrial a nivel del hogar[271], lo cual servía para asegurar la productividad y salud de la familia promovida desde el Estado. Todo esto abrió el espacio para la incorporación de muebles normalizados, variados utensilios de cocina, y, eventualmente, de electrodomésticos a partir de la segunda mitad del siglo XX.

Los electrodomésticos son, a nivel mundial, una creación del siglo XX. A principios de ese siglo se inició un mayor desarrollo de aparatos eléctricos para el hogar: durante los primeros quince años se inventaron el tostador eléctrico, la estufa eléctrica, la lavadora eléctrica, el lavavajillas eléctrico y un refrigerador eléctrico. Pero a Chile los electrodomésticos llegaron un poco después. En la década de 1930 se inició la comercialización de las primeras cocinas eléctricas, lavadoras eléctricas y refrigeradores, mientras que en la década de 1940 se popularizaron aparatos de menor tamaño, como la enceradora, la juguera y otros electrodomésticos más accesibles[272]. Sin embargo, no sería hasta las décadas de 1950 y 1960 que se expandirían considerablemente los electrodomésticos de mayor tamaño –refrigeradores, lavadoras, cocinas eléctricas y a gas– debido a la disminución de los costos de su producción; la aparición de modelos más baratos y la caída de precios de estos bienes en general; el aumento del acceso a la electricidad y a cañerías de agua dentro de la vivienda; la mayor urbanización; el aumento de la clase media, entre otros factores.

Aviso en la plazuela del funicular, Cerro San Cristóbal (1925).

Estos bienes eran vistos durante aquellos años como símbolos de participación en el progreso y el aumento de bienestar que vivía el país; eran elementos palpables y notorios de la modernización en el mismísimo hogar. Los electrodomésticos significaban para las personas "un gran ahorro en tiempo, trabajo y dinero... y que también le asegura[ba]n una verdadera comodidad"[273], ya que, por ejemplo, se podía tener sin esfuerzo "ropa lavada, sin que sus manos la toquen"[274] y se podían independizar las labores domésticas de las fuerzas de la naturaleza: las secadoras desligaban el proceso de los caprichos del cielo[275], las cocinas a gas o eléctricas se desligaban del fuego que se tenía que controlar para que no quemara la casa, o el refrigerador permitía tener los alimentos fríos en días calurosos.

Las décadas de 1950 y 1960 fueron los años de la fase introductoria de los electrodomésticos en Chile. No eran aún tecnologías masivas y la mayoría de la gente que adquiría uno estaba equipando por primera vez sus hogares con un electrodoméstico. En 1952 se realizó el primer Censo de Vivienda en Chile y uno de sus objetivos era tener estadísticas para evaluar las condiciones de vida de la población, para lo cual se formuló una serie de preguntas sobre la posesión de ciertas estructuras y objetos. Solo se preguntó por dos objetos en ese censo: uno de ellos era la cocina y de qué tipo era, y el otro fue el sanitario. Dos objetos que simbolizaban la modernización de la vivienda chilena: productividad e higiene.

En 1970 se realizó por tercera vez un Censo de Vivienda en Chile. Esa vez se incluyeron otros cuatro objetos: el refrigerador, la máquina de coser, el vehículo y el televisor; estos últimos dos son más analizados en la historiografía y los revisaremos en detalle más adelante. En este censo las estadísticas señalaron que solo 5,6% de los hogares poseía al menos un refrigerador, lo cual en cifras absolutas correspondía a 96.111 refrigeradores. En ese año había muchos más hogares con máquinas de coser (484.777) que refrigeradores. En realidad, realizando las comparaciones parecen pocos refrigeradores, pero, como dijimos, era recién el inicio del proceso de introducción de este objeto al hábitat doméstico. En 1982, 49,13% de los hogares chilenos ya poseía un refrigerador, es decir, 1.201.934 familias tenían uno. Mientras que "solo" 1.139.202 hogares poseían una máquina de coser, es decir, 67.732 hogares menos que en el caso de los refrigeradores. Esto manifiesta el avance de la capacidad adquisitiva de la población para adquirir ropa y no tener que hacérsela uno mismo o repararla, así como la mayor oferta de ropa importada que ha hecho disminuir los precios y decaer el oficio de costurera y modista al que se dedicaba la mayoría de las mujeres a inicios del siglo XX, como vimos más arriba.

Hoy en día ya ni siquiera se pregunta por la máquina de coser, pero sí se pregunta por varios electrodomésticos, entre ellos, la lavadora, que en 1982 había ingresado a 854.488 hogares –34,92% del total–; mucho más que el doble de todas las lavadoras vendidas hasta 1965. Con el tiempo estos artefactos eléctricos han llegado a casi todas las viviendas del país y se han convertido en máquinas prácticamente necesarias e irremplazables en nuestras vidas: en el Censo de 2002 se registró que el 82% de los hogares tenía un refrigerador, mientras que 78% una lavadora y ya ni siquiera se preguntó si el hogar tenía una cocina –cosa que se daba por hecho–, sino que si se tenía horno microondas.

Para el Censo de 2012 ya no se preguntó por los electrodomésticos, sino que las preocupaciones sobre la "modernización" del hogar provenían ahora respecto al uso de la energía, el reciclaje y la conectividad. Se preguntó por la energía utilizada en la cocina, la calefacción y el agua caliente, si el hogar reciclaba, y por la posesión de tres bienes: el auto, el teléfono e Internet. El Censo reflejó que el impacto de nuestro alto consumo de energía, la gran cantidad de residuos producidos y el impacto que estos tienen en el planeta es un tema cada vez más preocupante, tanto para las familias como para el Estado. En parte, las redes de información nos han permitido comunicarnos y tener una visión de mayor amplitud espacial. Y, al parecer, cada vez más nos ubicamos y nos planteamos nuestros nuevos problemas y necesidades desde una perspectiva global. Los medios de comunicación y la conectividad se han vuelto progresivamente más importantes en nuestra vida, y por esto a continuación le dedicamos una sección.

TENDENCIA 23: Desde la espera paciente hasta la tiranía del "aquí y ahora"
Medios de comunicación y telecomunicaciones

En el siglo XIX la comunicación de larga distancia se realizaba principalmente a través del correo. Pero su traslado era lento y difícil, ya que, por ejemplo, a mediados de ese siglo el recorrido en carruaje del correo entre Santiago y San Fernando duraba al menos 22 horas, y con mucho esfuerzo[276]. Sin embargo, durante el transcurso de ese siglo la rapidez con que se transportaba el correo hacia su destino aumentó considerablemente, ya que la Ordenanza de Correos emitida en 1858 obligó a los ferrocarriles a trasladar gratuitamente en sus vagones las cartas y encomiendas a través de Chile. Más tarde también, pero ya en el siglo XX, los aviones trasladaron correo casi desde sus inicios en la década de 1910. Incluso las primeras líneas de aviación comercial chilena fueron precisamente aeropostales, como la Línea Aeropostal Santiago-Arica y la línea a Puerto Montt. Estos desarrollos muestran que sin duda el país demandaba sistemas de comunicación que unieran al territorio nacional y permitieran un contacto más expedito tanto para la administración del Gobierno como para el contacto familiar y comercial.

Pero a pesar del continuo avance del correo, la verdadera revolución comunicacional de los siglos XIX y XX no fue esa, sino la que se produjo en el proceso paralelo de desarrollo de la "comunicación instantánea". En ese momento la comunicación se separó del trote del caballo, y de la velocidad de los medios de transporte en general, para avanzar a través del espacio a la velocidad "instantánea" de la electricidad. Sin embargo, el cambio no fue inmediato, sino que requirió muchos errores y aciertos de emprendedores, la construcción de extensas redes a lo largo de Chile, la formulación de nuevas leyes e instituciones, y el aumento de la capacidad adquisitiva de los chilenos durante décadas para que los aparatos de "telecomunicación" se masificaran a lo largo del país.

Telégrafo y telefonía

Los primeros pasos de este nuevo tipo de comunicación en Chile se dieron a mediados del siglo XIX, cuando William Wheelwright, un ingeniero norteamericano, tendió la primera línea de telégrafo de América Latina en Chile en 1851 e inició el servicio interurbano de telégrafos entre Valparaíso y Santiago al año siguiente. En lo que respecta a la comunicación internacional, ya una década después, en 1864, empresas extranjeras comenzaron a extender cables submarinos a las costas chilenas, uniendo el país a Estados Unidos, y desde allí al resto del planeta. Esto permitió, por ejemplo, que en esa misma década los precios del trigo –un producto clave para el Chile de esos años– se establecieran según el mercado de Londres, es decir, según el precio mundial. Más tarde, en 1872, se instaló el Telégrafo Trasandino con Argentina, mientras que en 1874 este sistema se conectó con Río de Janeiro y con eso la comunicación directa con Europa[277]. Chile se estaba incorporando cada vez más al proceso de globalización del comercio mundial y las comunicaciones internacionales desarrollado hasta la Primera Guerra Mundial.

En 1901, durante el cambio de siglo, el físico chileno Luis Zegers introdujo en el país el telégrafo sin hilos –el radiotelégrafo–, que se expandió rápidamente, habiendo colocado ya en 1913 estaciones de telegrafía inalámbrica en Arica, Antofagasta, Coquimbo, Talcahuano, Punta Arenas y Llanquihue. Precisamente fueron los primeros cincuenta años del siglo XX los años de gloria de la telegrafía, cuando el servicio ya se había extendido por el territorio chileno y la cantidad de telegramas llegó a superar muchos años la cifra de un telegrama por habitante del país, como se ve en el Gráfico 51 de telegramas por cada mil habitantes.

A pesar de que el sistema se extendió ampliamente, no era fácil ni barato implementarlo en todo Chile con la tecnología, los recursos y la poca densidad poblacional existente en esa época en un país tan extenso como el nuestro –un problema que tendrán todas las tecnologías que veremos más adelante. Debido a esto, el correo siguió siendo ampliamente utilizado, e incluso se emplearon otros métodos, como a inicios del siglo XX, cuando se llegó a ocupar 280 palomas mensajeras –por lo bajo– repartidas en Estaciones de Palomas a lo largo de todo país[278]. Un año antes del Centenario de Chile, Correos movilizó 21.442.097 cartas ordinarias y cartas-tarjeta, mientras que en 1900 había movilizado "solo" 13.033.608. Asimismo, también durante el año 1909 se enviaron 2.493.000 telegramas con un promedio de 18 palabras por telegrama[279].

GRÁFICO 51. Telegramas por cada mil habitantes (1890-1993)

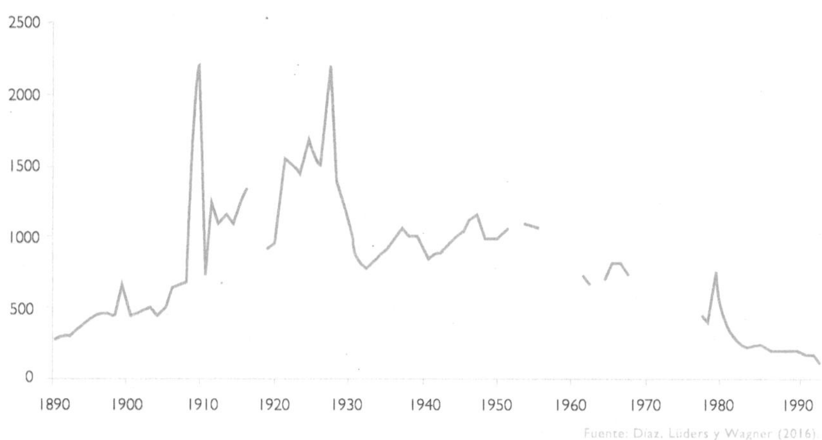

Con el tiempo el telégrafo fue superado por el teléfono, comenzando así una reducción sustancial de su uso desde mediados del siglo XX, al mismo tiempo que el segundo se expandía a miles de hogares chilenos. Por su parte, el correo no murió a causa de la comunicación instantánea; de hecho, lo seguimos utilizando en el siglo XXI. Sin embargo, en los últimos años la masificación del *e-mail* como forma alternativa al intercambio postal está llevando a estas últimas a un estado de progresiva obsolescencia.

Hablando de teléfonos, en 1880 arribó a Chile este aparato, que permitió desarrollar el primer servicio que posibilitaba escuchar la voz humana de manera directa y transmitir un mensaje a pesar de estar a kilómetros de distancia –a diferencia del telégrafo, donde primero se necesita decodificar el texto enviado para entenderlo. Pero solo fueron unos pocos privilegiados los que tuvieron acceso al teléfono durante sus primeros años de existencia, ya que la primera compañía de telefonía en el país, la Compañía Chilena de Teléfonos de Edison, inició sus servicios en Valparaíso –la capital comercial y financiera de Chile en la época– con solo treinta suscriptores. Ya en el mismo año se hicieron llamadas entre Valparaíso y Santiago –aunque la conexión permanente entre esas dos ciudades se logró siete años después–, y a finales de la misma década ya había 2.188 teléfonos en el país, de los cuales 1.084 estaban en Santiago, 466 en Valparaíso y el resto en localidades vecinas a estas ciudades[280]. La mayoría de estos suscriptores eran comerciantes y empresas que aprovecharon el nuevo aparato para realizar transacciones a mayor velocidad y con más información. Luego, este se expandió a lugares de esparcimiento como clubes o cafés, a oficinas públicas y, en menor medida, a casas particulares de la clase alta[281].

Si bien al inicio el teléfono cumplió una función práctica y comercial similar a la del telégrafo –ya que se decía que los teléfonos no eran para conversaciones sociales superficiales–, con el correr del siglo XX y la introducción del aparato a cada vez más hogares –aún de la clases más acomodadas, ya que para el Chile de 1911 había 1 teléfono por cada 251 personas en el país–, este se convirtió en "un pequeño instrumento que cambió la vida de millones de hombres y de mujeres que encontraron una nueva forma de hacer negocios, una nueva forma de administrar el Estado, una nueva forma de cortejar, de callejear, de mantener la tribu, de habitar el territorio, de vivir en sociedad, de pertenecer al mundo"[282]. Pero, a pesar de que los teléfonos se expandieron a diferentes ciudades y lugares rurales de la mano de varias compañías, estas no estaban interconectadas, por lo que uno no podía llamar a cualquier lugar del país (que tuviera teléfono).

En 1930, el mismo año en que la International Telephone and Telegraph CO (ITT) dio forma a la Compañía de Teléfonos de Chile (CTC), había 43.734 aparatos telefónicos en el país (uno cada cien chilenos), y en 1936 se instalaron por primera vez los teléfonos públicos con ficha, extendiendo el servicio hacia un mayor espectro de la población. Pero fue recién en la década de 1960 en que se inició una fuerte expansión de los teléfonos, que los llevó para la década de 1990 a la mayoría de los hogares nacionales, con un aumento de más de 2.000.000 de teléfonos durante esos diez años, como se puede apreciar en el Gráfico 52. Fue entonces que los teléfonos se acercaron a un "techo natural" en su expansión al ya haber conectado la mayoría de los hogares y oficinas del país al sistema telefónico; sin embargo, simultáneamente durante esa década disminuyó el precio de los teléfonos móviles, iniciando estos últimos una expansión que hizo menos necesarios a los teléfonos fijos.

Entonces, si ya en el siglo XIX se inventaron los primeros aparatos de "comunicación simultánea" de larga distancia, ¿qué sucedió en los siglos XX y XXI? ¿Cuál es su relevancia en las comunicaciones? Si bien podemos decir que en el siglo XIX se dieron los primeros avances de los medios de comunicación contemporáneos en el mundo, aún no nos ubicamos en la "Era de las comunicaciones", ya que no había ocurrido para ese entonces la masificación de este tipo de aparatos, ni tampoco su cotidianización. Eso ocurrió recién durante el siglo siguiente. Por eso, el siglo

XX "de las comunicaciones" se podría entender: en lo geográfico, como la época de expansión de la comunicación simultánea y la comunicación de masas a nivel nacional; en el ámbito de lo social con su masificación a los diferentes estratos sociales –y densificación en todos–; y, en general, con una profundización de su inserción en la vida cotidiana, tanto en un nivel material como a un nivel identitario individual y social. Por su parte, el siglo XXI –que inicia durante la década de 1990 en Chile en lo que respecta al área comunicacional–, vendría a ser una continuación de este proceso, pero que evolucionó a una mayor velocidad, llevando la interconectividad al extremo, como se ve reflejado en la presencia continua y extendida de Internet y los *smartphones* en nuestras vidas.

GRÁFICO 52. Teléfonos en Chile (1911-2015)

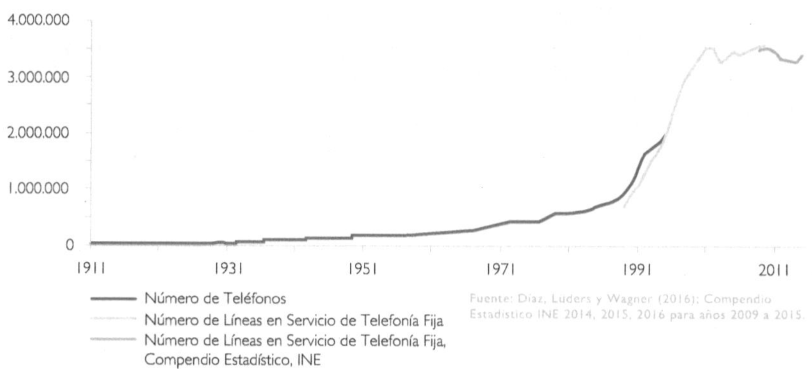

Sin embargo, el siglo XX también es el de la "Era de las comunicaciones" porque llegaron a nuestras vidas los medios de comunicación de masas "simultáneos". Estos permitieron la comunicación *con* y *entre* muchos receptores simultáneos, es decir, una experiencia colectiva de la telecomunicación. Esta es una parte de la historia necesaria de reconstruir, ya que solo a través de ella se puede entender correctamente el impacto de los hechos en la población, las sensaciones y las vivencias en la cotidianidad de lo que ocurre "afuera". Es el ingreso de lo público al hogar, mediado por la televisión y la radio, y ya no solo a través de la lectura del periódico –una actividad más individual y que requiere saber leer. Más tarde, a finales del mismo siglo, también arribaría Internet, permitiendo una comunicación masiva –muchas veces en tiempo real– que intensificó esta experiencia, ya que en la red cada persona puede llegar a ser tanto emisor como receptor de mensajes "masivos".

Trabajadoras telefonistas en Punta Arenas (1962).

Radio y televisión

Durante una noche de agosto del año 1922 se realizó la primera transmisión radial en Chile. La novedad impulsada por unos académicos universitarios alcanzó cien km a la redonda desde la Casa Central de la Universidad de Chile, e inició con la popular marcha militar de los aliados que trataba sobre la añoranza del hogar "It's a long way to Tipperary", la cual fue reproducida en una victrola. Tras la música –y discursos políticos– vinieron las noticias: *Don Enrique Mac Iver, continúa grave, después del derrame cerebral sufrido. Se mantiene la crisis ministerial, coletazo del Protocolo de Tacna y Arica recién firmado en Washington. El temblor cortó las comunicaciones en el sur; en Valparaíso causó graves daños.*

Estos fueron los modestos inicios de una nueva era de las comunicaciones en Chile, pero ya revelaba la radio algunas de sus posibilidades como medio de comunicación: la entretención, la cultura, y –tal vez aún más importante– el acceso al conocimiento de los hechos ocurridos en Chile y el mundo. La radio abrió la posibilidad de entregar información de lo que ocurría "en el momento" directamente en el hogar y, a la vez, de manera masiva, fomentando así la compresión del espacio, la difusión de información y el debate.

Pronto aparecieron las primeras radioemisoras del país: la primera fue la Radio Chilena –originalmente *Chile Radio Company*– el mismo año 1922, mientras que en Valparaíso surgieron las radios *El Mercurio* y *Cerro Alegre* en 1924. Pero se calcula que hacia 1923 el precio de un receptor fluctuaba entre 200 y 350 pesos, que es en torno a la mitad de un fundo de doscientas cuadras cuadradas (unas 315 hectáreas) que se ofrecía durante el mismo año a 639 pesos[283]. Así, no es de extrañar que en sus primeros años (1923-1925) solo hubiera entre 200 y 250 receptores de radio en el país[284]. A pesar de los pocos receptores, ya en 1925 el Gobierno inició la actividad legislativa relacionada con la radio con el "Reglamento de Estaciones de Radiocomunicaciones". Esta legislación inició la tendencia del Estado a preferir la creación de marcos de acción en la emisión, por ejemplo, el control de la entrada al medio, vigilancia del contenido y requisitos mínimos de programación y espacios para artistas chilenos; en vez de actuar directamente con radioemisoras estatales.

De esta manera, la radiodifusión chilena avanzó de la mano del sector privado y con propósitos más comerciales que culturales. A finales de la década de 1920 la radio inició una expansión más acelerada y llegó a haber alrededor de 15 mil receptores en el país. Luego, a mediados de la siguiente década, se fundaron las primeras empresas propiamente de radiodifusión, como la *Radio Cooperativa Vitalicia* –hoy simplemente *Cooperativa*–, la *Radio Agricultura* y la *Radio Hucke*[285]. En 1945 llegó a Chile el sistema de avisajes de la agencia publicitaria McCann–Erickson[286], lo cual les permitió a las radioemisoras aumentar su capacidad de financiamiento. Así, a inicios de la década de 1950 la radio ya se había expandido a lo largo de Chile con cadenas radiales y radioemisoras locales que satisfacían las necesidades de pueblos y ciudades; contaba con una amplia audiencia que escuchaba en alrededor de un millón de aparatos; tenía formas de financiamiento para sustentarse; y la competencia por los recursos provenientes de la publicidad había acelerado la profesionalización y aumentado la calidad del medio de comunicación[287].

Hasta la llegada y masificación de la televisión, la radio y al cine fueron el entretenimiento colectivo de gran parte de Chile. Pero, a diferencia de la ida semanal al cine, el país consumía y vivía radio –como tal vez lo hace hoy con la televisión–, ya que afectaba los gustos y costumbres, mantenía informada a la gente a lo largo del día, y se la podía tener prendida para que hiciera compañía en las actividades diarias –todo esto aún lo hace, junto a la televisión. Era el entretenimiento de multitudes, con programas que iban desde los radioteatros y la música interpretada –en su mayoría– en directo por cantantes nacionales y extranjeros, hasta programas de humor y noticiarios. Si bien, junto con los periódicos, fue un medio clave de información para la población, lo que predominaba innegablemente era su función de entretención: hacia 1960 el 67% de la programación era de entretención, mientras que un 14% de información y solo un 13% cultural[288]. Esta realidad radial era más que nada urbana, ya que la presencia de la radio en los hogares rurales alcanzó recién a finales de la década de 1960 a la mitad de la población (Gráfico 53), mientras que por los mismos años más de tres cuartos de los hogares urbanos poseía al menos uno de estos aparatos.

GRÁFICO 53. Proporción de personas con radio en el hogar en Chile (1960-1992)

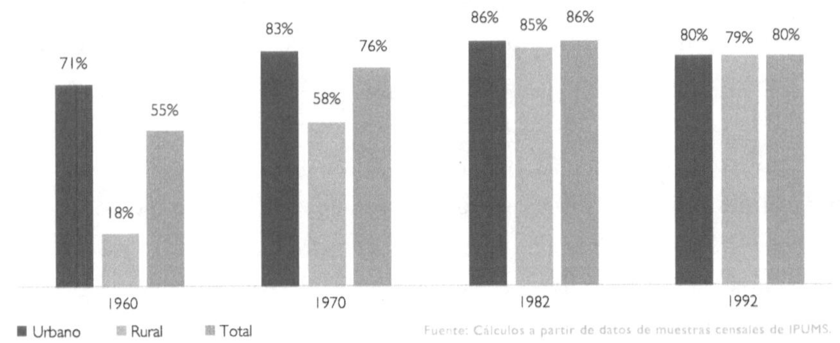

El imaginario nacional ha establecido al Mundial de Fútbol de 1962 como el hito de la masificación de la televisión en Chile. Se transmitieron los partidos en directo y muchos chilenos los pudieron ver en la casa de familiares o amigos, restaurantes o en televisores instalados en las calles con tal motivo, por lo que este evento fue una experiencia colectiva de "iniciación"[289] en que muchos por primera vez vieron televisión. Sin embargo, a nivel cuantitativo la expansión tardó unos años en llegar a los hogares. Es cierto que en 1962 los televisores en blanco y negro en Chile se cuadriplicaron debido al Mundial, pero solamente para llegar a ser alrededor de 20.000; es decir, una de cada 400 personas, aproximadamente, contaba con uno de ellos. Por otro lado, el Mundial también creó las condiciones para que los canales dieran un gran salto en calidad tecnológica y profesional, ya que fue un desafío mayor para una industria aún en pañales. Pero la televisión continuó sin ser una tecnología masiva. Esto explica que la radio haya seguido siendo el principal medio de masas en Chile en la década de 1960, especialmente luego de que en esos mismos años se empezaran a vender las radios a transistor, que eran más pequeñas y baratas. De este modo, los receptores se podían utilizar en los autos y en diferentes lugares del hogar, y así escuchar música y noticias en cualquier parte, sin tener que estar a la espera inmóvil del programa o canción favorita. Esto, sin duda, convirtió a la radio en el medio de masas por excelencia de aquella época. Por su parte, la introducción y masificación de la televisión en los hogares chilenos tardó más tiempo en afianzarse.

Chile estuvo atrasado en lo que respecta a la televisión. Mientras sus transmisiones fueron realizadas por primera vez en el mundo en la década de 1930, en Chile recién se lograron las primeras emisiones experimentales en 1952 y fue el penúltimo país de América Latina en contar con ella. Esto se explica por diversas razones[290]. Primero, durante las décadas de 1940 y 1950 Chile mantenía una política proteccionista y de sustitución de importaciones, por lo que, por un lado, la televisión debía mostrarle al Gobierno que era un proyecto que estimularía la industria nacional y que era una opción en la cual valía la pena invertir el dinero de los chilenos; y, por otro lado, implicaba gastar divisas (moneda extranjera) en la importación de muchos equipos foráneos para instalar estaciones emisoras, en años en que las divisas escaseaban. Luego, en 1958, el presidente Jorge Alessandri lo consideró un gasto innecesario; un entretenimiento de países ricos, que solo implicaba costos y pérdidas de divisas para el país y el Estado. Tampoco ayudó que parte de la élite política considerara que la televisión empobrecería la cultura chilena. En pocas palabras, el Gobierno consideró que era un gasto injustificado y no apoyó su desarrollo.

Entonces, ¿quiénes desarrollaron la televisión en Chile? Al igual que en el caso de la radio, las primeras transmisiones chilenas las realizaron las universidades, en su faceta de centros de investigación y experimentación al servicio del bien público. Las primeras emisiones experimentales las hizo la Pontificia Universidad Católica de Chile en 1952 y, más tarde, la Universidad Católica de Valparaíso y la Universidad de Chile en 1956. En el mismo orden, estas casas de estudio empezaron las transmisiones oficiales periódicas en 1959, las dos primeras, y en 1960 la última. Sin embargo, los canales universitarios solo transmitían en Valparaíso y en Santiago, ya que el decreto N°7.039 de 1958 que reglamentaba su funcionamiento –promulgado bajo el Gobierno de Carlos Ibáñez del Campo– permitía a las universidades emitir únicamente en sus ciudades sede. La ley también aceptaba que privados establecieran canales comerciales a nivel nacional, pero con una "pequeña" condición: tenían que ser aprobados por el Presidente de la República; y, como vimos, Jorge Alessandri nunca estuvo muy motivado por la idea; mientras, durante el Gobierno de Eduardo Frei Montalva (1964-1970) tampoco se emitieron concesiones a privados, ya que se proyectaba construir una red nacional estatal. En consecuencia, el resto del país tuvo que esperar hasta la creación de la Red Nacional de Gobierno en 1969 para tener televisión en su hogar[291].

Según el decreto de 1958, los canales universitarios debían, supuestamente, emitir programación educativa y cultural, y tenían prohibido realizar publicidad comercial, entre otras cosas, so pena de que les caducaran la concesión. Pero pronto eludieron ambas condiciones. Por ejemplo, la UC solía colocar charlas con académicos y noticias, aunque también películas o "monos animados", improvisando día a día la programación[292]. En el caso de la publicidad, la Universidad de Chile se encontró con problemas financieros antes de terminar su primer año de transmisiones y colocó publicidad "encubierta" para obtener recursos. Pronto los demás canales siguieron su ejemplo, mostrando la marca de los productos ocupados en clases de cocina o brindando con Martini frente a las cámaras[293]. En verdad, no era tan encubierto, pero a pesar de que las autoridades se percataron rápidamente de la situación, no sancionaron a las universidades e implícitamente permitieron la televisión comercial. Otra forma de evitar la "quiebra" fue comprando programas envasados al extranjero –más barato que producir programación propia–, como series norteamericanas o teleseries latinoamericanas, que era lo que la gente quería ver[294]. Cuánto de educativo y cuánto de entretención había en *Sábados Gigantes* o en la teleserie *Simplemente María* queda a criterio del lector.

A mediados de la década del sesenta la cantidad de televisores alcanzaba la cifra de solo 50.000 unidades, muchas de las cuales eran de "producción" nacional. Pero a finales de dicho periodo, la TV ya se había masificado en el país: en 1969 se creó la Televisión Nacional de Chile (TVN) con la intención de cubrir todo el territorio nacional, y en 1970 la cantidad de televisores en Chile alcanzó los 500.000 aparatos, o sea, había uno por cada 19 personas aproximadamente. Con este éxito, la televisión se llevó parte del público y de los avisadores publicitarios que en ese entonces financiaban a la radio, viéndose esta última obligada a disminuir sus gastos mediante el término de los *shows* de música en vivo, el radioteatro y departamentos de prensa, y centrándose más en la música grabada, la información y la conversación[295].

TVN fue creado en 1969 de manera "semiclandestina" por la Democracia Cristiana, sin aprobación de algún organismo competente o discusión pública, con el fin de ser un canal de mayor calidad y educativo para todo el país y también como una herramienta política de comunicación en lo que esperaban fueran varios periodos de Gobierno[296]. Sin embargo, ese partido perdió las elecciones presidenciales al año siguiente contra la Unidad Popular y, ante la posibilidad de que la izquierda aprovechara TVN como instrumento propagandístico, la DC gestionó rápidamente una nueva normativa de televisión bajo la Ley N°17.377 de 1970, la cual se mantendría vigente hasta 1990. Dicha legislación permitió la publicidad en la transmisión y aportes estatales para financiar los canales, y también fundó el Consejo Nacional de Televisión, dedicado a la orientación, promoción, supervigilancia y fiscalización de la televisión chilena. Mas ningún cambio evitó la utilización política del canal por el Gobierno de la Unidad Popular y –aún menos– durante la dictadura militar. La DC había fundado un poderoso medio de comunicación con alcance nacional para las autoridades gubernamentales de turno y dentro de un sistema televisivo muy concentrado, y que más tarde llegaría a que, con la intervención de las universidades durante la dictadura, el Estado controlara –parcialmente– lo que se emitía en todos los canales de televisión[297].

Durante los años setenta –al igual que en la mayoría de los países latinoamericanos– llegó a Chile la televisión en colores, la cual ya existía en Estados Unidos desde la década de 1950 y se había expandido a varias naciones europeas y asiáticas en la década siguiente. La primera transmisión oficial en color en nuestro país fue en el Festival de Viña del Mar de 1978, pero el hito determinante de su expansión fue el Mundial de Fútbol de Argentina de ese mismo año. Tiempo antes del Mundial –y preparándose para el mismo– el Gobierno autorizó la transmisión en color, y los canales se vieron obligados a importar el equipo necesario para transmitir el evento deportivo en ese formato y no quedarse atrás respecto de la competencia. Este tipo de transmisión aumentó los costos de los canales en un 40%, pero también favoreció el interés por la publicidad por parte las empresas y la compra de televisores por parte de las personas, a pesar de que el arancel de importación alcanzaba el 83%[298].

También durante los años setenta hubo un avance de la televisión chilena hacia el "modelo comercial" norteamericano. En 1975 se eliminó el aporte estatal a los canales y desde 1977 se permitió realizar publicidad en medio de programas. La necesidad de autofinanciarse llevó a las estaciones a centrarse en el entretenimiento (concursos, teleseries, películas) que demandaba la audiencia por sobre la información y la educación, que eran los objetivos originales de la televisión chilena. Sin embargo, durante estos años no se liberó la entrada a canales privados, para mantener el control estatal sobre ella.

Los setenta fueron la década en que la televisión se convirtió en el principal medio de comunicación del país. Entre 1975 y 1985, apoyado en el crecimiento económico ocurrido hasta 1982 y la compra a crédito, la cantidad de televisores en el país más que se duplicó desde 700 mil unidades a 1 millón 750 mil. Dicho aumento se refleja en el censo de 1982, donde más de tres cuartos de la población señalaba tener al menos un televisor en su hogar (Gráfico 54).

GRÁFICO 54. Proporción de personas con televisor en el hogar en Chile (1970-2002)

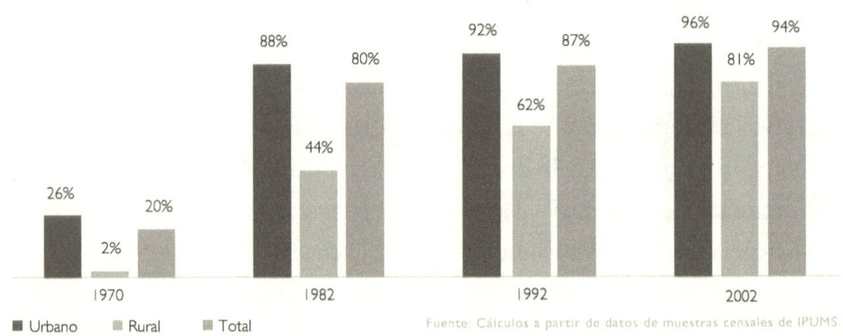

Sin embargo, el canal estatal estaba en dificultades, ya que desde 1982 comenzó a generar pérdidas económicas. Pero fue en el último año del Gobierno de Augusto Pinochet su administración se trastornó completamente. Ya perdido el plebiscito, y tras haber ganado Patricio Aylwin la Presidencia, el director ejecutivo sabía que lo despedirían, por lo que "tiró la casa por la ventana", pese a que el canal ya estaba sobre endeudado (y de no haber sido estatal, hubiese quebrado). Por otro lado, este efecto también se combinó con la utilización política de TVN, ya que se quería entregar el canal en las peores condiciones posibles al siguiente Gobierno[299]. Al llegar Aylwin a La Moneda, decidió que TVN se convertiría en una institución pública autónoma y autofinanciada para evitar que esta situación volviera a ocurrir. De esta manera, el canal no dependería del Gobierno de turno, característica que en parte se ha mantenido hasta hoy.

En las últimas décadas la televisión expandió su contenido ampliamente al introducirse la emisión por cable y, después vía satelital, lo que permitió la penetración de los canales extranjeros en los televisores chilenos, siendo muchos de ellos canales de "nicho": es decir, de temas específicos como historia o naturaleza, por ejemplo, a diferencia de los canales de televisión abierta del país que estaban más bien centrados en el entretenimiento. En 1987 la compañía Intercom del grupo *El Mercurio* empezó a ofrecer suscripciones a TV cable en el sector oriente de Santiago, y a inicios de la década siguiente comenzó a expandirse con mayor fuerza, alcanzando 800.000 suscriptores a finales del milenio. Diez años después de la televisión por cable, se introdujo en Chile la televisión satelital con las transmisiones de VTR y Direct TV, lo cual permitió la llegada de la televisión pagada a lugares geográficos de difícil acceso para el sistema por cable. Entre 2005 y 2008, el TV cable llegaba a alrededor del 34% de los hogares chilenos, porcentaje que continuó aumentando, alimentado especialmente por la penetración a los sectores socioeconómicos medios y medios bajos, hasta alcanzar al 76% de los hogares en 2016.

En el último tiempo se han desarrollado nuevas tecnologías que han revolucionado la manera en que nos comunicamos y relacionamos, al generar un mayor "contacto", casi permanente, con las personas que no están físicamente a nuestro alrededor. Nos referimos, primero, a Internet y a sus servicios de correo electrónico y de la World Wide Web (www) –el sistema a través del cual actualmente ingresamos a Internet–, que se comenzaron a desarrollar en las décadas de 1960 y 1990, respectivamente. Internet ha permitido una transmisión, disposición y descentralización de la información con una cantidad y velocidad nunca antes vistas en la historia, modificando los patrones de interacción humana, los trabajos, la educación, el ocio, la política y los tiempos de la vida cotidiana. En segundo lugar, también nos referimos a los *smartphones* y sus aplicaciones de redes sociales y mensajería instantánea que vinieron a combinar la telefonía portátil con Internet, siendo posible llevar así a todas partes diferentes métodos de comunicación a larga distancia con un solo aparato y a un bajo costo relativo.

Al igual que las tecnologías vistas anteriormente, estas han tenido una alta penetración en la población, aunque a una velocidad mucho mayor. Para el año 2000 en el país existían 585.000 conexiones a red fija –3,78 por cada cien habitantes–, cifra que ha aumentado constantemente en los últimos diecisiete años para alcanzar las tres millones de conexiones en mayo de 2017 –equivalente a 16,4 por cada cien habitantes. Las conexiones móviles –2G, 3G y 4G– han aumentado desde una penetración de 21,7 por cada cien habitantes en el 2009 a 83,7 por cada cien habitantes –más de 15 millones de conexiones– en el 2017. Los abonados a telefonía móvil se han mantenido entre 23 y 24 millones en los últimos cinco años (2012-2017), es decir, 127 abonados por cada cien habitantes del país[300].

En comparación a los otros países latinoamericanos, Chile es el cuarto país con mayor proporción de usuarios de Internet en 2016, con un 66%, junto a Costa Rica y Uruguay con el mismo porcentaje, y bajo Argentina con un 70%[301]. Es el sexto en abonados a telefonía móvil tras Panamá, Costa Rica, Argentina, Uruguay y El Salvador[302]. Por otro lado, Chile fue el primer país en el mundo en aprobar una ley referente a la neutralidad en la red en el año 2010, que establece la prohibición de bloquear, interferir, discriminar, entorpecer o restringir arbitrariamente el derecho de cualquier usuario de Internet para utilizar, enviar, recibir u ofrecer cualquier contenido o realizar cualquier actividad legal (Ley N°20.453).

Pero no todo ha sido comunicación a larga distancia. También en los últimos ciento cincuenta años se ha desarrollado en el país el transporte, para no solo reducir el tiempo que nos toma comunicarnos entre nosotros, sino que también para reducir el espacio físico que existe entre los chilenos dentro de su extenso territorio. Este es, por tanto, el tema de nuestra siguiente sección.

TENDENCIA 24: Acercando a los chilenos
Transporte Interurbano y Urbano

Chile posee gran diversidad topográfica, es extenso longitudinalmente y posee discontinuidades geográficas en largos segmentos de todo su territorio, por lo que recorrerlo por tierra –y mar– desde la zona norte hasta la zona austral implica, en general, un viaje prolongado y agotador. Es claro que a través de los años los medios para viajar por el territorio nacional, ya sea desde una región a otra o solamente dentro de una misma ciudad, han progresado continuamente y cada vez más rápido. Por tanto, más que revisar el progreso tecnológico en los medios de transporte que ha tenido Chile –y el resto del mundo–, en esta sección nos queremos enfocar en los cambios históricos en la conectividad geográfica y el bienestar que implica poder estar más cerca y comunicados espacialmente en un territorio en el que no podemos evitar los largos caminos que nos ha determinado la naturaleza. Para esto, revisaremos en un primer momento diversos desarrollos del transporte interurbano que han permitido la conectividad a lo largo del país, para enseguida enfocarnos en el transporte urbano y las mejoras en bienestar asociados a la llegada de nuevos medios de movilización dentro de la ciudad.

Ferrocarril

Entre los medios de transporte, el ferrocarril fue el primero en cumplir una labor fundamental en conectar el territorio chileno. Desde mediados del siglo XIX, unió parte importante del país a través del transporte a larga distancia de pasajeros, productos y correo. En otras palabras, este medio de transporte amplió la movilidad de factores, insumos, bienes e información dentro de Chile; además, se constituyó como fuente de mayor productividad, mecanización de la producción y elaboración de conocimiento al atraer y fomentar la ingeniería en nuestro país[303], como sucedió también en otras partes de Latinoamérica.

La expansión de las líneas férreas a lo largo del territorio chileno fue desarrollada tanto por empresarios privados –chilenos y extranjeros–, como por el Estado. La importante proporción de estas líneas privadas, especialmente en el norte de Chile, evidencian la relación inicial que tuvo el ferrocarril con la economía y la industria primaria[304]. En este sentido, su expansión siguió a la producción minera y agrícola, y a la vez colaboró en su profundización al conectar los lugares de extracción con los mercados locales y los puertos. El caso emblemático de este emprendimiento privado fue el salitre en el norte de Chile, donde la proporción de líneas con este tipo de financiamiento era mucho mayor que en el resto del territorio nacional.

Sin embargo, a pesar de que el primer impulso fue privado, pronto el Estado se sumó al transporte ferroviario como aval financiero, accionista mayoritario, regulador y propietario. Desde la década de 1880 en adelante comenzó a construir líneas férreas e intentó conectar entre sí las ya existentes. Por tanto, con la inclusión del Estado en la administración del ferrocarril, este último fue perdiendo su carácter de empresa para ser utilizado, con el pasar de los años, con fines de política socioeconómica; es decir, fue pensado para proveer transporte con la intención de integrar a las provincias y apoyar la producción del país[305]. Incluso, en estos años el Estado también tenía una política de construcción de ferrocarriles en terrenos poco poblados para darles vida e incorporarlos a la economía nacional, pese a que esos proyectos tenían una baja –o negativa– rentabilidad[306].

Es por esta razón que, hasta principios de la década de 1920, como se muestra en el Gráfico 55, la expansión de las líneas privadas fue a la par de las líneas estatales, para luego disminuir en el proceso de estatización del ferrocarril chileno. Este aumento de las líneas férreas estatales no significó un aumento de las líneas ferroviarias totales, que se mantuvieron en torno a 8.000 y 9.000 kilómetros, sino que implicó el reemplazo de las privadas. Por supuesto, se destruyeron líneas en algunas zonas y se construyeron en otras, siguiendo las dinámicas de la economía y la población.

GRÁFICO 55. Líneas férreas en Chile (1876-2010)
(Kilómetros)

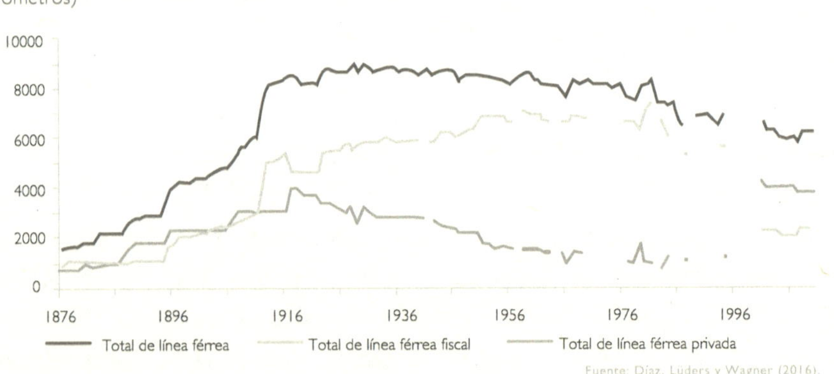

Si bien el Estado poseía líneas de ferrocarril a lo largo del país para transporte de pasajeros y mercancías, fue en el centro y sur del territorio nacional donde se concentró su red, la cual hacia 1913 unía el país desde Arica hasta Puerto Montt. Este desplazamiento del desarrollo hacia el sur del país se advierte en el hecho que en el año 1900 las vías estatales eran de 1.485 km en la zona centro sur, mientras que solo de 285 km en el norte[307]. Asimismo, el crecimiento del tren estatal y su nuevo objetivo social se puede desprender de la cifra de pasajeros transportados por el Estado, que aumentó desde 7.364.588 personas en 1901 a 15.324.787 personas en 1929.

Entre las décadas de 1930 y 1940 las líneas férreas del país alcanzaron su máxima extensión, esto es, entre 8.500 y 9.000 kilómetros. Eran los últimos decenios de un siglo en que el ferrocarril había sido el principal medio de transporte capaz de conectar el país, pero sus limitaciones por su obligada intermitencia debido a la geografía chilena, así como su falta de rentabilidad, provocaron su estancamiento. Durante esos años los pasajeros que transportaron los ferrocarriles del Estado aumentaron hasta 32 millones en 1955 –fue durante la década de 1950 cuando alcanzó su "apogeo" en este tipo de traslados– para después estancarse en torno a 21 y 27 millones de pasajeros anuales hasta la década de 1970, y finalmente caer a cifras de 10 millones de pasajeros, o menos, desde 1980 en adelante. Por su parte, las líneas privadas decayeron de manera progresiva a partir de la década de 1920 debido principalmente a la disminución de la actividad minera, que llevó a la quiebra a muchas empresas, y por la adquisición de líneas por parte del Estado. Por ambas razones, para 1970 subsistió solamente el internacional de Antofagasta a Bolivia como ferrocarril privado[308].

El ferrocarril no podía conectar todo el país por su obligada intermitencia, por su escasez de equipo para atender toda la demanda y por el alto costo que su funcionamiento implicaba. Esto lo obligaba, por ejemplo, a dejar a pueblos pequeños fuera de la economía nacional y a cortar el servicio durante el invierno en zonas del sur del país, impidiendo así que los productos agrícolas y ganaderos llegaran a las ciudades. En otras palabras, el tren no había podido resolver el problema de la conectividad –ni para el transporte de pasajeros ni para el transporte de mercancías– a lo largo de un extenso país, especialmente para las zonas menos pobladas.

Ya para la década de 1970 el ferrocarril estaba quebrado y sobrevivía a base de altos subsidios entregados por el Estado, el cual además tuvo en esos años que cerrar o vender varias líneas como el ferrocarril del norte (1975) o el ferrocarril trasandino (1984), vías que, hoy están en su mayoría abandonadas. Finalmente, en la década de 1990 menos del 1% del tráfico total de pasajeros interurbano se realizaba a través de este medio de transporte, y una de las razones de esta caída fue la extensión del transporte carretero en Chile, el cual ha desplazado casi completamente a los trenes durante las últimas siete décadas.

Transporte por carretera

Antes de la expansión del parque automotriz en Chile, la carretera era considerada como una vía secundaria o complementaria al ferrocarril. Las inversiones en caminos se realizaban, por tanto, a partir de las estaciones de tren o adonde este no era capaz de llegar. Sin embargo, ya desde la incorporación del automóvil a la vida cotidiana en las décadas de 1920 y 1930, esas rutas estuvieron llamadas a cumplir la función principal de transporte interurbano de personas y de productos hacia los mercados. Su flexibilidad en el trazado con respecto a la del tren, así como la posibilidad de ramificar su red, les permitió llegar a pueblos pequeños a un menor costo, especialmente desde la incorporación de los camiones de alto tonelaje que recorrían largas distancias transportando cargas pesadas.

En un principio el automóvil fue utilizado como transporte intraurbano, pero en 1935 el Ministerio de Fomento inició un plan para incorporar nuevas zonas de producción a través del mejoramiento de 29.000 km de la red de caminos –equivalente a 70% de las rutas del país de ese año–[309], lo cual permitía un tránsito más seguro a través del país. A su vez, la inversión en las carreteras en esos tiempos se destinaba principalmente a su conservación y no a su expansión o mejoramiento, mas la aparición y propagación del transporte motorizado incentivó el desarrollo de la carretera chilena.

Pero hay que ser claros: en las primeras décadas del siglo XX Chile era un país desconectado en lo que respecta a transporte, por lo que se hacía imposible trasladarse en poco tiempo a lugares alejados en su zona sur y, aún menos, a la parte austral (Patagonia, sur del seno de Reloncaví). Esto perjudicaba la conectividad interna y las posibilidades de desarrollo conjunto de las diferentes regiones, de manera que la construcción vial en los siglos XX y XXI –por ejemplo, la de la Carretera Austral, que se inició en 1976 y aún sigue en construcción en algunos tramos– fue un logro tangible para terminar con el aislamiento en la vida de muchos chilenos.

Por supuesto, las rutas interurbanas del siglo XIX eran de tierra, ya que no se utilizaban para el tránsito automovilístico; sin embargo, en la década de 1920 se comenzó a ejecutar una gran cantidad de obras de pavimentación. El primer camino asfaltado fue el de Valparaíso a Viña del Mar en 1921, que se realizó mediante concesión a la empresa constructora, a quien se le permitió cobrar peaje por su uso[310]. Este caso era solo el inicio de un largo y lento proceso: al finalizar esa década, recién un 0,5% de los caminos del país estaban pavimentados. Como refiere Sergio

Villalobos, las prioridades de estas carreteras eran el acceso a centros de consumo y la salida de productos de exportación, por un lado, y el acceso al ferrocarril, por otro. En pocas palabras, como era un medio de transporte complementario, solo los caminos más importantes y rentables se pavimentaban.

Ya en la década de 1930 existía una competencia entre el transporte ferroviario y el carretero. Los datos dicen que en 1938 había aproximadamente 43.800 vehículos, de los cuales 30.700 eran automóviles, 1.600 autobuses y 11.600 camiones de diversos tamaños, que recorrían 42.000 kilómetros de caminos y carreteras. Sin embargo, solo 458 de esos kilómetros eran de asfalto u hormigón, y se concentraban en la zona central del país. Como se muestra en el Gráfico 56, los caminos de hormigón o asfalto aumentaron lentamente y recién en la década de 1960 se inició una más rápida construcción: durante ella aumentaron desde 3.158 a 7.411 kilómetros, es decir, un 10,5% de los caminos totales. El hito carretero de esta época fue la construcción de la Carretera Panamericana o Ruta 5. Se empezó a cimentar en 1947 –y se terminó su primer tramo, entre La Serena y Santiago, en 1952– dentro del plan estadounidense de unir todas las capitales americanas con el objetivo de "reforzar los vínculos sociales, culturales y económicos de América Latina", convirtiéndose así en la vía troncal del país. El resto de la carretera longitudinal chilena seguía siendo de ripio, pero desde este "hito" se inicia una construcción más sistemática de esa ruta. El objetivo de conectividad buscado en Chile mediante la construcción de una carretera longitudinal se logró a lo largo de las décadas siguientes. La Imagen 12 refleja este avance en conectividad interurbana y el desarrollo urbano a través de las luces que se pueden ver durante la noche. Como se puede notar, las zonas de mayor densidad de luces se concentran en torno a una línea que las une. Esta línea sería la carretera longitudinal.

También, durante estos años, entre 1940 y 1960 el tipo de vehículo que más aumentó su presencia fueron los camiones, llegando incluso a superar a los automóviles: en el año 1960 eran 63.238 los camiones que recorrían los caminos del país mientras que los autos llegaban solamente a 57.578[311]. Estas cifras manifiestan el aprovechamiento de las nuevas carreteras pavimentadas y el progresivo reemplazo del ferrocarril como medio de carga preferido. Sin embargo, a diferencia de los camiones, que tenían poca regulación, el transporte carretero interurbano de personas estuvo fuertemente normado hasta mediados de 1970. El Estado controlaba el acceso a la actividad carretera con la restricción de importación de buses y controlaba los precios de los pasajes[312], por lo que la cantidad de buses aumentó

GRÁFICO 56. Caminos en Chile según tipo de material (1927-2015)
(Miles de kilómetros)

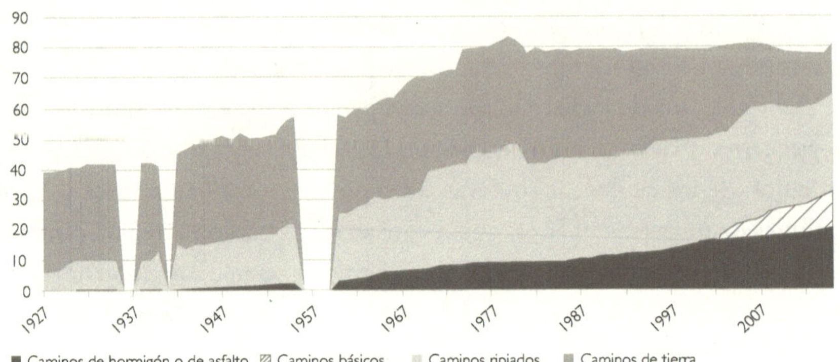

Fuentes: Años 1927 a 2000 en Díaz, Lüders y Wagner (2010); años 2001 a 2015 en Dirección de Vialidad, "Valor del patrimonio vial de la Red vial nacional" (años 2001, 2003, 2005 y 2007), "Programa Caminos Básicos 5000. 2004-2006" (año 2002), "Red Vial Nacional. Dimensionamiento y características" (años 2004, 2006 y 2008), "Patrimonio vial" (años 2009 y 2013) y "Red Vial Nacional" (años 2010-2012, 2014 y 2015)".

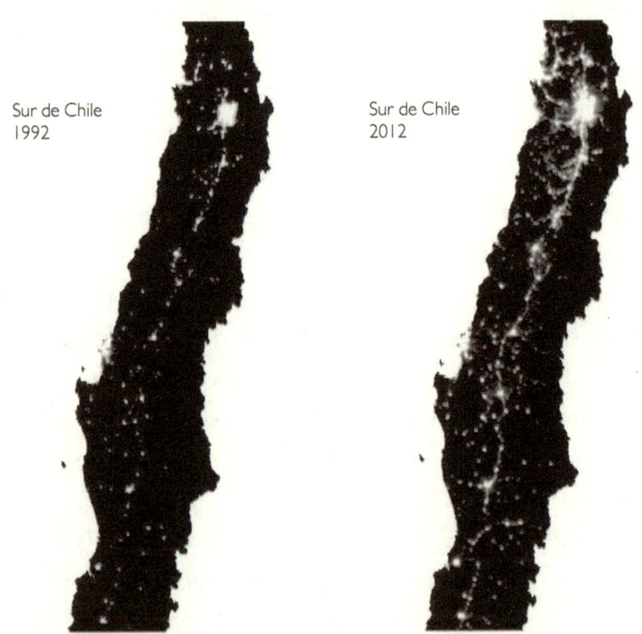

Mapa del sur de Chile: "luces en la noche".

entre 1945 y 1960 solo de 2.500 a 5.515 vehículos. Desde la segunda parte de la década de 1970 en adelante, iniciándose dentro del contexto de la política económica neoliberal de la dictadura militar, se liberalizó este tipo de transporte y se comenzó a emplear el sistema de libre mercado para regular las tarifas y la entrada de empresas en la industria. De todas maneras, la seguridad quedó regularizada por el Estado, a través de distintas iniciativas, como la política de seguridad vial implementada durante el Gobierno de Aylwin (1990-1994)[313]. Para el año 1999 y dentro de este sistema, la cantidad de buses creció a 35.947, mientras que sus pasajeros aumentaron a alrededor de 50 millones anuales para el mismo año.

Durante las últimas dos décadas del siglo XX Chile vivió un alto crecimiento económico, debido a lo cual el mejoramiento de la red carretera se volvió clave para no hacer de esta un cuello de botella para la producción interna y las exportaciones[314]. Sin embargo, el Estado no tenía la capacidad necesaria para seguir el paso al crecimiento en lo que respecta a infraestructura, por lo que para mejorarla –y así dirigir el gasto público hacia necesidades de mayor urgencia social– se promulgó la Ley N°19.252 de 1993 sobre concesiones, la cual permitió la privatización de la construcción de infraestructura del país. Debido a esto, en la década de 1990 hubo nuevamente un alto desarrollo de la calidad de las vías: los caminos de hormigón o asfaltados pasaron de 10.944 a 15.508 kilómetros en solo una década, llegando a representar un 19,5% de los casi 80.000 kilómetros de caminos en Chile en el año 2000. Una de las particularidades de estos años es que, si bien aumentaron las rutas de hormigón o asfalto, disminuyeron las de tierra desde aproximadamente 36.000 km a 29.000 km, a diferencia de los periodos anteriores, en que este tipo de camino aumentó lentamente o se mantuvo entre los 30.000 km y 37.000 km. Es decir, en este periodo "se dejó" de construir vías de tierra en el país y se comenzó a hacerlo con mejores materiales[315].

Aviación comercial

La conquista de los aires se inició en Chile en 1910 con el primer vuelo de un aeroplano en Valparaíso para "honrar la patria" durante las celebraciones de su primer centenario. Y si bien fue en 1910 el primer vuelo, la aviación comercial emprendió sus primeros servicios de pasajeros, carga y correo bastante más tarde, recién a finales de la década de 1920. En un comienzo los tramos eran dirigidos por empresas extranjeras, para luego, en 1929 –por esfuerzos de Arturo Merino Benítez–, crearse la Línea Aeropostal Santiago-Arica y la línea aeropostal a Puerto Montt. En 1930 se implementaron servicios experimentales a Aysén, llevando los servicios aéreos a la zona austral del país y permitiendo así una comunicación más expedita con ambas zonas extremas del territorio nacional. El conjunto de estos servicios aeropostales pasó a conformar la llamada Línea Aérea Nacional (LAN), empresa fiscal que partió en 1929 y que en dicho año transportó 360 pasajeros por miles de kilómetros[316].

Si bien el transporte aéreo de Chile se comenzó a desarrollar en la década de 1920, su despegue comercial fue años después, en la década de 1950. En 1953 se suprimió el monopolio de LAN a través del DFL N°343, lo que permitió el ingreso de otros operadores al negocio. Como se ve en el Gráfico 57, precisamente durante la segunda mitad de la década de 1950 los viajes en avión aumentaron considerablemente: si en 1950 los pasajeros por miles de kilómetros fueron 55.103, en 1956 ya eran 282.970 y en 1957 fueron 380.452. El movimiento nacional de personas por los aires ha mostrado una tendencia creciente desde entonces, a pesar de que existen ciclos marcados en esta serie de datos –los cuales siguen de cerca al ciclo económico, como se puede notar claramente en las crisis de 1973, 1982 y 1998–, y que muestran un crecimiento particularmente intensificado desde el año 2004.

GRÁFICO 57. Movimiento nacional en aeropuertos de Chile (1929-2015)
(Pasajeros por miles de Kms.)

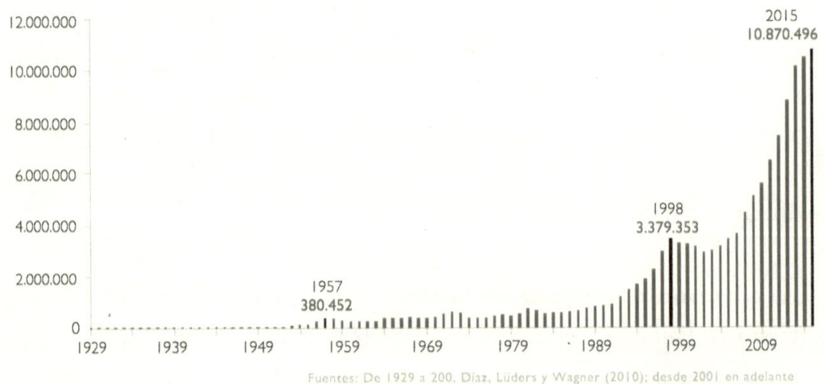

Fuentes: De 1929 a 200, Díaz, Lüders y Wagner (2010); desde 2001 en adelante Junta Aeronáutica Civil (JAC).

Nota: El gráfico se interpreta de la siguiente manera: en un año determinado se transportó el equivalente a X personas en avión viajando 1.000 km cada una de estas.

Volviendo a la década de 1950, durante el Gobierno de Carlos Ibáñez del Campo (1952-1958) se realizó una fuerte expansión de rutas y modernización de la flota de LAN, aerolínea que logró abrir sus primeras rutas internacionales a Lima y a Estados Unidos. En estos años también aparecieron nuevas compañías aéreas, las que por lo general no duraron mucho. De esta manera, proliferaron algunas que subsistían en promedio dos años –con contadas excepciones, como LADECO, ALA y CINTA– en un ambiente de poca regulación, confusión en materia de aeródromos y ausencia de un proyecto integral de desarrollo aeronáutico. En resumen, la red aérea del país era muy precaria, a pesar del avance en tecnología de la aviación y de la mayor oferta de vuelos.

Mujeres caminando hacia un avión LAN en el Aeropuerto de Chacalluta, Arica (1959).

Sin embargo, esta situación dio un vuelco radical con el terremoto de Valdivia de 1960, que dejó aislada gran parte del sur de Chile. Debido a la destrucción, la única forma de acceder y llevar ayuda a las zonas afectadas –y con parte importante de su infraestructura de transportes devastada– era a través del aire, con aviones que transportaran a las autoridades y acarrearan suministros a la población. En consecuencia, se dispusieron treinta aviones de la Fuerza Aérea, de compañías particulares y de clubes privados, y más de ciento veinte aviones extranjeros para entregar la asistencia necesaria. Sin embargo, tal cantidad de naves provocó que el espacio aéreo chileno y los aeródromos colapsaran por el aumento de tráfico, generando problemas con el socorro que se buscaba brindar y evidenciando a la vez el retraso infraestructural del país. Un ejemplo de estas carencias se refleja en el hecho de que todos los aeródromos del país, a excepción de Cerrillos, carecían de luces de pista en 1960, por lo que los vuelos solamente se podían hacer de día.

Fue entonces cuando el Gobierno de Jorge Alessandri (1958-1964) decidió realizar un Plan Nacional de Aeropuertos para dar un fuerte impulso a los proyectos de terminales aéreos y a la aviación[317]. A la vez, se desarrolló el Plan del Pequeño Aeródromo, que tenía el objetivo de solucionar el aislamiento de diversas localidades, especialmente en el sur de Chile y, así, contribuir a unificar e integrar a todo el territorio nacional. Para fines de la década de 1960 se había logrado terminar todas las obras del Plan Nacional de Aeropuertos, creándose una red nacional de infraestructura aeroportuaria que se mantuvo sin mayores cambios hasta la década de 1980[318].

Durante las décadas de 1970 y 1980 podemos ver tres ciclos en el movimiento nacional de pasajeros, asociados íntimamente a las crisis económicas del país. Al inicio del Gobierno de la Unidad Popular, el alto crecimiento económico inicial junto a los subsidios que entregó el Estado al transporte aéreo hizo aumentar rápidamente los pasajeros por miles de kilómetros transportados en un 30% en 1971 y 10% en 1972. Sin embargo, esta alza duró poco. La crisis económica y política del país ocurrida en 1973, el alza del precio internacional del petróleo –y de los precios de los viajes–, y el término de los subsidios fiscales entregados provocaron una caída brusca tanto de la demanda como de la oferta de transporte aéreo. Este no volvería a alcanzar las mismas cifras de 1972 hasta diez años después, en 1981, justo un año antes de la devastadora crisis financiera.

Una de las medidas para incentivar el transporte aéreo llevadas a cabo en esta época fue la desregulación de la industria en 1979, mediante el DFL N°2.564 o Ley sobre Aviación Comercial. Esta abrió la industria con el objetivo de mejorar las condiciones de competencia del sector; competencia que llevaría a mejorar la calidad y disponibilidad de servicios y a la disminución de las tarifas aéreas. Para cumplir esto, la legislación dictaba que los servicios de transporte aéreo podrían realizarse tanto por empresas chilenas como extranjeras mientras cumplieran, entre otras condiciones, con los requisitos técnicos y de seguridad necesarios, así como también existieran condiciones similares en los otros países para las empresas chilenas en la misma ruta. A la vez, este decreto estableció la desregulación tarifaria de los pasajes, la cual provocó una disminución de los precios y un consiguiente aumento de la demanda, y permitió a las aerolíneas desarrollar políticas de precios que aumentasen su rentabilidad.

Por último, bajo la política de privatización de las empresas estatales del Gobierno militar, LAN Chile fue privatizada en 1989. Así, durante los años de la dictadura, el Estado disminuyó su presencia en el sector aéreo, limitándose a regular los aspectos técnicos y de seguridad, a desarrollar la infraestructura aeroportuaria y a entregar los permisos aéreos y negociar las rutas aéreas internacionales[319]. Bajo este marco de competencia y con el mayor crecimiento de la economía chilena, la cantidad de rutas, la tecnología, la calidad de servicio y el movimiento nacional en aeropuertos aumentó exponencialmente, fenómeno que se observa hasta el día de hoy. De tal modo, este último indicador alcanzó la cifra de 10.870.496 pasajeros por miles de kilómetros transportados en 2015, veintitrés veces más que en 1979, y pareciera que dicho crecimiento no se detendrá pronto[320]. Esta alta cantidad ya ha provocado que la infraestructura del país quede corta para la alta demanda de viajes en avión, pudiéndose convertir en un cuello de botella para la comunicación espacial de Chile.

Otra forma de apreciar este mismo aumento es contrastando la situación de Chile con otros países de Sudamérica. Para esto podemos comparar la cantidad de pasajeros que tomaron vuelos nacionales o internacionales en cada país. En el caso de Chile el tráfico de pasajeros en 2015 fue de 18.153.541 personas, lo cual equivale a que se realizaron 1,01 viajes per cápita en el país durante ese año, ya que la población estimada de Chile era de 18.006.407[321]. Esta cifra es la mayor en Sudamérica, superando por mucho a países como Argentina (0,5), Brasil (0,56) o Colombia (0,71). Este resultado era algo difícil de imaginar a principios del siglo XXI, cuando en Chile solamente se realizaban 0,41 viajes per cápita. Sin embargo, al compararnos con los países desarrollados seguimos estando por debajo de ellos; por ejemplo, en Estados Unidos se viaja 2,68 veces per cápita, mientras que en Reino Unido 3,73 veces.

Sin duda quedan muchos desafíos en el área de transporte interurbano, pero cada vez es un mayor porcentaje de chilenos el que se puede beneficiar con un rápido traslado a los distintos puntos del país, algo que era muy poco frecuente en el Chile de nuestros abuelos. Hoy no es extraño que alguien conozca distintas partes de Chile. De la misma forma, cada vez son más los chilenos que han experimentado el viaje en avión y esperamos que esto siga aumentando con los años.

Transporte urbano

Pareciera que los habitantes de las grandes ciudades del país nunca han estado satisfechos con su sistema de transporte público. Este suele parecer sobrepasado por el tamaño de la ciudad y la cantidad de gente que demanda viajes en él. Históricamente, las subidas del pasaje del transporte público han sido fuente de frecuentes marchas, paros y revueltas; incluso fueron objeto de las primeras manifestaciones sociales "espontáneas", junto a las protestas por el alza de precios de alimentos. Este es, por ejemplo, el caso de la Huelga de la "chaucha" en Santiago en 1949 –bajo el Gobierno de Gabriel González Videla–, en donde un aumento del precio del pasaje de la locomoción colectiva en una "chaucha" (20 centavos) en un momento económico sensible terminó con los estudiantes protestando en las calles, a los que pronto se les sumaron los empleados y obreros. La revuelta terminó con las masas descontentas volcando buses y destruyendo mobiliario público, y con el Gobierno respondiendo a través de la fuerza de carabineros. El saldo final fue de varios heridos y muertos, pero también la revocación del alza y un pasaje de menor costo para los estudiantes. Los cambios en el transporte urbano parecieran a veces tener efectos pequeños, pero dado que nos movilizamos de manera cotidiana, terminan afectando nuestra calidad de vida tan ampliamente que agitan las emociones de las personas en un instante.

A pesar del usual descontento de los chilenos, a lo largo del siglo XX el transporte urbano ha mejorado, sin lugar a dudas. Si lo analizamos bajo una visión de largo plazo, las innovaciones tecnológicas y las posibilidades que brinda actualmente tanto el transporte público como privado son notablemente mayores que las existentes a principios o a mediados del siglo XX. La pregunta entonces es cómo una sucesión de medios de transporte, públicos o privados, que han recorrido las ciudades chilenas no han podido satisfacer las necesidades de sus habitantes. La respuesta pareciera ir en dirección a que el transporte ha ido evolucionando como reacción a los problemas del momento más que gracias a una planificación urbana sistemática. Poco tiempo después de una innovación tecnológica en transportes, la calidad y tamaño del sistema no logra estar a la par de las crecientes necesidades de movilización de la población y vuelven a generarse problemas en un ciclo que parece no acabar. ¿Podremos, entonces, ser optimistas al respecto?

Muchos años han pasado desde que se integraron los vehículos a motor a la ciudad, y mucho nos hemos distanciado del miedo que algunos le tenían a la fuerza misteriosa que impulsaba a los tranvías[322], o a la asociación con el diablo del fuerte sonido del motor del primer automóvil –o "coche sin caballos"– en Chile en 1902. El transporte motorizado fue el símbolo de las aspiraciones de modernización urbana de la época, materializadas en primera instancia con los tranvías eléctricos que llegaron a las ciudades un poco antes del Centenario del país. Luego fueron los vehículos motorizados los que irrumpieron cada vez con mayor fuerza en las ciudades chilenas durante las primeras tres décadas del siglo XX, para masificarse después desde la década de 1930 –añadiéndose a los medios de transporte interurbano que ya hemos revisado.

Carros de sangre

Pero antes de los motores, estuvieron los caballos. Desde 1858 en Santiago, 1861 en Valparaíso y 1886 en Concepción, empezaron a transitar por las calles de las ciudades chilenas los llamados "carros de sangre" o "ferrocarriles urbanos". Estos "ferrocarriles" consistían en un coche de uno o dos pisos que se deslizaba sobre los rieles al ser tirado por dos caballos. Eran sistemas de transporte acotados, ya que transitaban solo por las calles principales del centro urbano de estas ciudades. En Santiago en 1893 había alrededor de 265 de estos carros y mil caballos que recorrían la ciudad, congestionando el centro con coches sobrepoblados de pasajeros y toneladas de excremento diario[323]. A fines del siglo XIX, la baja capacidad y velocidad de la fuerza animal fueron superadas por el motor eléctrico, a la vez que el crecimiento urbano exigía servicios más rápidos, extensos e higiénicos. Apareció entonces el tranvía eléctrico como una buena opción de reemplazo, ya que tenía capacidad para trasladar a más personas con menos carros y eliminaba a su vez la necesidad de caballos.

Carro de sangre, Valparaíso (1900).

Tranvía eléctrico

Los tranvías eléctricos recorrieron por primera vez las ciudades de Santiago en 1900, Valparaíso en 1904 y Concepción en 1908. Este nuevo tipo de ferrocarril urbano remplazaba, de manera directa, a los caballos por un carro que incluía un motor eléctrico que no delataba fuerza visible alguna para moverlo. Esta capacidad le permitió al tranvía añadir un carro acoplado para así trasladar entre 28 y 40 pasajeros por piso y, aun con ese aumento de carga, andar al doble de velocidad que los carros de sangre: 20 km/h. Este medio de transporte, a diferencia del resto de las modernizaciones urbanas de la época –como el alcantarillado o el alumbrado público, cuyas ampliaciones dependían de las decisiones del parlamento– se extendió a través de la ciudad siguiendo la oferta de capitales privados y la demanda por el servicio, por lo que no quedó confinada al casco histórico y llegó tanto a los barrios de la élite como a los de los más pobres. En 1915 en Santiago había 550 tranvías eléctricos, y en 1920 el tranvía ya transportaba a 155 millones de pasajeros anuales a través de toda la ciudad. Tales cifras representan, evidentemente, un gran salto respecto a la situación de fines del siglo XIX, cuando se transportaban en torno a 35 millones de pasajeros con los carros de sangre en esa ciudad[324].

Según el urbanista Óscar Figueroa, podemos interpretar la historia del transporte urbano santiaguino –aunque podríamos extender el marco a otras ciudades– en base a ciclos en donde se confrontan dos requerimientos de los usuarios del transporte público: tener un buen servicio (veloz, con alta capacidad de pasajeros y extenso en el territorio) a la vez que pasajes baratos. Pero un mejoramiento de servicio implica mayores costos y, por tanto, requiere cobrar mayores tarifas a los pasajeros o aumentar el gasto público. Entonces, si se realiza un control de los precios de los pasajes, que en términos reales caerían por la inflación, se afectaría con el tiempo la calidad del servicio de forma negativa. Siguiendo dicha lógica, el manejo de estas dos variables, calidad y precio, provoca un ciclo de crisis y recuperación de la calidad del sistema de transporte urbano. Solo un aumento de la tarifa o el gasto público que permita mejorar el servicio puede reiniciar un ciclo en decadencia[325].

Tranvías en Calle Catedral, Santiago (julio de 1927).

Siguiendo la idea de Figueroa, hacia la década de 1920 pareciera que el sistema de tranvías eléctricos terminó su auge y comenzó su ciclo de crisis. En Valparaíso y Santiago los problemas se acumularon hasta llegar a una crisis del sistema: las presiones por parte de las empresas para que se realizaran alzas en los pasajes –por ejemplo, reduciendo los carros o suprimiendo recorridos–; los carros que envejecían y no se renovaban, provocando más accidentes; además de las huelgas de los trabajadores que exigían mejores salarios; fueron factores que empeoraron el servicio de este transporte notablemente, causando incluso disturbios en la población que exigía un mejor servicio y que no subiera el precio del pasaje. Esta situación ofreció la oportunidad para que los vehículos motorizados se convirtieran en una opción real como transporte público. Y, así, la limitación espacial del servicio de tranvías eléctricos –y los que quedaban a caballo–[326] dio paso a los autobuses, que tenían mayor flexibilidad para adaptarse a la demanda del momento[327].

Automóviles, autobuses, trolebuses y micros

Al incorporarse el vehículo con motor a gasolina al panorama urbano, la ciudad se reconfiguró, ya que su introducción fue tan disruptiva que modificó incluso la concepción misma de lo que era una calle. Esta se caracteriza porque, a la vez, divide y conecta los espacios de la urbe, estructurando nuestras ciudades, el espacio de las construcciones y el movimiento urbano. Cuando había solamente carros a caballo que avanzaban lentamente por la ciudad y tranvías que se limitaban a deslizarse por rieles fijos, las calles todavía eran un lugar en que las personas podían andar sin muchos problemas. Pero al ingresar el vehículo a motor, estos delimitaron el entramado de la ciudad a través de las calles y la dividieron físicamente, ya que al haber automóviles que transitaban a altas velocidades, esta se volvió peligrosa y dejó de ser un espacio de sociabilidad y se convirtió en un espacio de tránsito vehicular solamente. Hoy en día este proceso de expulsión del transeúnte de la calle sigue sucediendo, pero en las primeras décadas fue una situación inaudita por la repentina incorporación de un medio de transporte tan poco predecible. Además, los vehículos reconfiguraron la vida cotidiana mediante cambios en el tiempo de movilización y en las distancias que era posible recorrer a lo largo de la ciudad, permitiendo que esta se expandiera, uniendo más hogares, negocios e industrias.

El primer automóvil en Chile circuló en 1902. Usualmente se dice que fue traído desde Europa por Carlos Puelma Besa en mayo de ese año y que en 1903 recorrió el trayecto Santiago a Valparaíso en diez horas. Aunque otros también dicen que Gilberto Hodgkinson y Rafael Ovalle Correa construyeron en Graneros uno que andaba a 10 km/h y se le adelantaron por un mes a Puelma[328]. Pero, a pesar de que ya en 1902 los primeros automóviles recorrían el país, la importación de autos no se desarrolló de manera comercial debido a los altos derechos de internación, ya que desde 1897 los coches –donde se clasificaron los automóviles– se consideraron artículos de lujo y se gravaron en un 60% de su valor. Fue recién cuando se disminuyó este arancel a 15% en 1912 que los automóviles importados a Chile aumentaron considerablemente, desde 75 en 1911 a 273 en 1912, y a 896 en 1913. Y tras la Primera Guerra Mundial, con el aumento de la producción norteamericana y la disminución de precios de los automóviles, estos desplazaron a los coches a tracción animal en Santiago, convirtiéndose en el principal vehículo de transporte privado[329].

Una góndola en panne en Alameda con Bandera, Santiago (marzo de 1927).

Respecto de estos momentos iniciales del automóvil, hay algunos datos interesantes. En 1918, por ejemplo, uno de cada tres vehículos motorizados en Santiago era de alquiler. Antiguos cocheros reemplazaron sus coches a tracción animal para adoptar algo así como un taxi actual. A su vez, la velocidad máxima establecida en 1917 era de 15 km/h (en 1908 se había establecido en 14 km/h, similar al trote de un caballo), a pesar de que los vehículos ya podían andar por sobre 60 km/h. Los autos tampoco podían entrar a las avenidas centrales de la Alameda de las Delicias en Santiago, según lo estipulado por el primer reglamento que menciona a los automóviles en 1908, ya que era para el tránsito peatonal.

Si bien en estos años aparece el automóvil como opción de transporte, para 1915 solo había unos 1.300 automóviles en Chile. Pero en 1920 ya se podían observar más de 8.000 vehículos motorizados en el país, número que en 1927 ascendió a más de 19.000[330]. A pesar del despegue de este medio de transporte –luego de la Primera Guerra Mundial–, en términos per capita el número de autos en Chile era mínimo. Incluso treinta años después, en 1960, había solo dos autos cada cien habitantes (Gráfico 58). En ese entonces, el auto no era un producto caro aunque asequible, sino más bien era un lujo sobre el que la gran mayoría no podía ni pensar en aspirar. En el Chile de nuestros abuelos, salvo contadas excepciones, la gente no tenía auto.

GRÁFICO 58. Vehículos en Chile por cada mil habitantes (1960-2010)

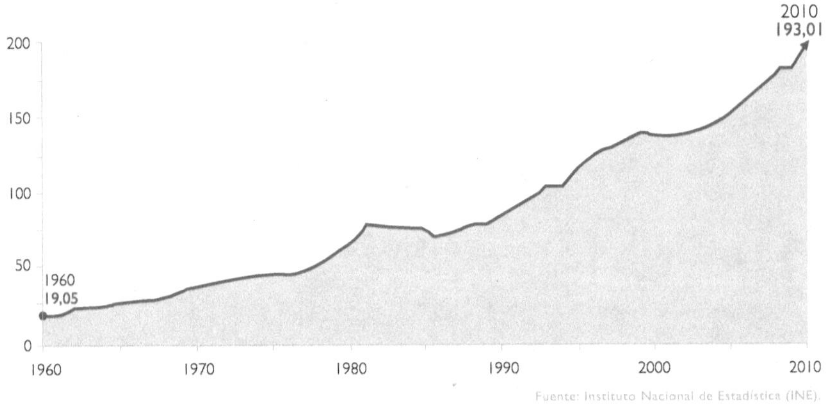

En estos momentos en que la cantidad de autos en Chile empezaba a despegar, los tranvías eléctricos de Santiago y Valparaíso comenzaban a presentar problemas y fallas en su funcionamiento. Fue entonces cuando los autobuses aprovecharon el momento para entrar a la escena urbana. Un poco antes de 1920 habían aparecido los primeros ejemplares de estos buses a motor, pero solamente como complemento a los tranvías. Sin embargo, al poco tiempo, se instalaron como la competencia directa de estos últimos.

En un inicio en Santiago no se hizo nada para reglamentar a los autobuses, ya que resultaban ser una solución a las limitaciones de los tranvías. Debido a esto, dichos transportes se multiplicaron sin orden en las calles de la capital, alcanzando los bordes de la ciudad en todas direcciones[331]. En Valparaíso los autobuses brindaban una gran ventaja con respecto a otros medios de movilización, ya que podían subir los cerros, a diferencia de los tranvías, realizando así un incipiente servicio de transporte público hacia diversos sectores, como el Cerro Alegre en 1928 o a Cerro Placeres en 1931[332]. De este modo, la aparición de los autobuses benefició sobre todo a las poblaciones de menores recursos que vivían más apartadas del centro de las ciudades. Pero si bien por un lado esos nuevos vehículos trajeron beneficios, también plantearon nuevos desafíos, debido a que el repentino aumento de ellos conllevó una congestión considerable en el centro de las ciudades.

Con el pasar de los años los tranvías terminaron por quedar obsoletos. Estos ya no eran competitivos contra los automóviles y buses, y ya que no tenían una vía exclusiva, más molestaban causando congestión de lo que aportaban con su limitado movimiento. En septiembre de 1945 el Estado nacionalizó los tranvías de Valparaíso y Santiago mediante la Empresa Nacional de Transportes Colectivos (ENT, y desde 1953 ETCE), mientras que en Concepción la compañía de tranvías cerró repentinamente en 1941 por graves problemas financieros tras una huelga de sus trabajadores. La ENT comenzó un largo proceso de eliminación de los tranvías en Santiago y Valparaíso[333] al decidir privilegiar, como sistemas de transporte público, los autobuses administrados por privados y un nuevo sistema que reemplazaba directamente los tranvías: los trolebuses.

En 1947 se inició el sistema de trolebuses en Santiago con una línea entre calle Mac Iver y el sector de El Golf. Estos eran similares a los tranvías al alimentarse de una fuente eléctrica través de un tendido de cables, pero tenían más maniobrabilidad al ocupar neumáticos en vez de transitar sobre rieles. En 1958, un año antes de que el último tranvía de Santiago recorriera la ciudad, la capital tenía una flota de doscientos trolebuses que realizaban ocho rutas por el centro, y hacia el oriente y el poniente. Mientras que en 1966 este sistema alcanzó su máxima extensión con diez rutas en forma de ocho que recorrían 200 km de red, pasando todas por Plaza Italia y abarcando la red desde Las Rejas hasta Escuela Militar y desde Einstein hasta Plaza Zañartu[334].

Durante la década siguiente, junto a la llegada de la Junta Militar, la ETCE vio su presupuesto progresivamente reducido y con esto la flota del sistema de trolebuses de la capital comenzó a desaparecer a partir de 1974. Después volvieron a instalarse rutas en 1977-1978 y en 1991-1994, pero su uso fue momentáneo, siendo rápidamente eliminadas. Mayor suerte corrió el sistema de trolebuses de

Valparaíso, que hasta el día de hoy sigue funcionando (incluso con una máquina de 1948, las más antigua del mundo en funcionamiento). Los primeros trolebuses de esa ciudad recorrieron la ruta entre la Plaza Victoria y Barón en 1952, y aunque también tuvo que cesar sus operaciones en noviembre de 1981 cuando se disolvió la ETCE, un grupo de privados adquirió los activos de la compañía estatal y empezó a operar nuevamente los trolebuses unos meses después, en 1982.

Trolebus de 1952 y Arco Británico en la Av. Brasil, Valparaíso (1979).

En Santiago, a diferencia de Valparaíso, los trolebuses nunca volvieron a ser una opción real de transporte público. En la década de 1970 estos empezaron a quedar obsoletos con la construcción del Metro, el nuevo sistema de transporte público de la ciudad. Entonces el transporte colectivo de la capital se empezó a configurar a partir de este, que recorrería la ciudad por debajo de sus arterias principales, y de las micros, que abarcaban toda la superficie del espacio urbano. Pero, al igual que en Concepción y Valparaíso, el sistema de transportes público simplemente no daba abasto, ya que la demanda superaba con creces la oferta de locomoción y la gente iba prácticamente colgada de los autobuses porque no había espacio dentro de estos. Las máquinas andaban tan repletas que incluso, como las puertas podían ir abiertas, no era extraño ver a cinco o seis personas colgadas de sus manillas.

La burocracia de la administración estatal de la ETCE, que fijaba rutas, tarifas y cuotas de importación de buses, era parte importante del problema. Por esto, en 1979 el Gobierno disolvió la ETCE y prefirió funcionar en el otro extremo, realizado una progresiva liberalización del sistema de locomoción de Santiago que duró una década y que en 1988 llegaría a ser prácticamente total. En 1983 se liberaron las tarifas –aunque nunca se dio una verdadera competencia en precios– y en 1988 se hizo lo mismo con los recorridos. Si antes existía un déficit de buses, a finales de la década se observaba un superávit de oferta de transporte en las principales ciudades del país, fenómeno que además venía acompañado de congestión, contaminación y una fiera competencia entre los conductores por obtener pasajeros.

Si en Santiago había 5.092 autobuses y taxibuses en 1978, antes del inicio de la liberalización, en 1989 eran 10.542, lo cual permitió una mejora del servicio al aumentar las líneas en operación desde 79 en 1980 a 108 en 1990. Además, esto derivó en una ampliación de la cobertura espacial del sistema al alargar los recorridos, así como una disminución del tiempo de espera y una menor cantidad de pasajeros por micro –en 1977 un autobús transportaba 214.186 pasajeros anuales, pero en 1988 solo 94.456[335]. Sin embargo, como ya se dijo, no todo fue bueno. Siguiendo nuevamente a Óscar Figueroa, si bien el nuevo ciclo inició con un cambio institucional que solucionó los problemas inmediatos, el aumento de la "calidad" en cobertura, frecuencia y menor ocupación por micro provocó congestión y un alza de los costos de operación y de los pasajes: entre 1978 y 1988 el precio de estos aumentó un 147% real, provocando que aumentase su proporción en el gasto de las familias desde un 9,2% a un 21,3% en ese periodo. También la antigüedad de las maquinas aumentó considerablemente porque no se renovaban y la competencia entre conductores se volvió cada vez más intensa, haciendo que los viajes fueran más peligrosos.

Las "micros amarillas" de Santiago

En la década de 1990, con el retorno a la democracia, el Gobierno volvió a regular el sistema de transporte. La herramienta que eligió para esto fueron las concesiones de recorridos a través de licitaciones públicas. En la primera licitación de 1991 se retiraron 2.600 micros antiguas con el propósito de descongestionar la ciudad, se renovó el parque microbusero, y en octubre de 1992 empezaron a aparecer las micros pintadas amarillas con techo blanco. Se licitaron públicamente recorridos en 1992, 1994 y 1998 –con requerimientos de frecuencia mínima, cantidad mínima y máxima de micros, y capacidad mínima de las micros– para que los operadores compitieran "por el mercado" en vez de competir "en el mercado (la calle)". Como resultado de las licitaciones, el precio real del pasaje cayó entre 1990 y 1997, y la cantidad de micros bajó aún más: en total la cantidad de estas recorriendo la ciudad bajó desde 13.353 en 1991 a 8.179 en 2001. Sin embargo, la cantidad de micros siguió siendo excesiva y los choferes siguieron corriendo a máxima velocidad para obtener más pasajeros y aumentar así sus sueldos, que dependían de la cantidad de pasajeros que llevaban. Por lo tanto, los problemas solamente se aminoraron, pero no se eliminaron. En muchos aspectos el cambio fue solo una capa de pintura superficial y las bases del sistema de transportes se mantuvieron inalteradas hasta la llegada del sistema Transantiago en 2007.

En los años de las micros amarillas se mantuvo la congestión y los largos tiempos de viaje; la contaminación causada por las micros que se operaban por la máxima cantidad de años que resistieran; la baja calidad de infraestructura, la inseguridad y la administración informal; además de la atomización de la administración en miles de pequeños empresarios que dificultaba la coordinación del sistema de transporte a nivel de ciudad y que significaba tener menor acceso a tecnologías más modernas de operación y administración[336]. Estos son los problemas que se han intentado solucionar durante los últimos años en Santiago y en otras ciudades donde se replican estas dificultades, como veremos más adelante.

El metropolitano y los últimos desarrollos en transporte urbano

Una de las razones por la que los trolebuses nunca volvieron a ser una opción real para Santiago fue por la apertura de un sistema de tren urbano subterráneo: el Metro –de metropolitano–. Este es uno de los proyectos de inversión más ambiciosos de la historia del país y empezó a construirse en 1969 para realizar su primer viaje en septiembre de 1975. En ese año se inauguró la primera parte de la Línea 1, un tramo de 8,2 km entre las estaciones San Pablo y La Moneda.

En aquella época el pasaje del Metro costaba tres veces más que el de micro, por lo que para la mayoría de los santiaguinos no era una opción para los viajes del día a día. Pero al estar separado del resto de los sistemas de transporte, permitió unir locaciones distantes en menor tiempo, ya que no tenía obstáculos intermedios ni sufría de problemas de congestión. Además, era –y es– menos contaminante, más seguro y más regular que los autobuses; a la vez que más rápido y con mayor capacidad que los tranvías y trolebuses. En sus primeros años fue símbolo de la modernidad y el futuro con su tecnología, diseño y limpieza. El año 1977 el Metro se extendió hasta El Salvador y en 1978 se inauguró la primera parte de la Línea 2: Los Héroes-Franklin, que pronto se extendió hasta Lo Ovalle. En 1980 la Línea 1 se amplió hasta Escuela Militar –en vez de hacia Vitacura, como se pensó originalmente–, su máxima longitud por 35 años. Se tuvo que esperar hasta 1987 para que la Línea 2 se extendiera hacia el norte de la ciudad con la construcción hasta la estación Puente Cal y Canto. Y recién diez años después, en 1997, se abrió la primera estación de la Línea 5, mientras que en 2005 se inauguraron los primeros tramos de la Línea 4 entre las estaciones Tobalaba y Grecia, y entre Vicente Valdés y Plaza de Puente Alto, llevando el Metro hacia el suroriente de la ciudad. Hoy, tras más de cuarenta años de historia del Metro de Santiago, con sus seis líneas, 108 estaciones, una extensión de 118 kilómetros y alrededor de 650 millones de viajes anuales, se ha convertido en el eje central del sistema de transporte de la capital chilena.

Hacia principios del nuevo milenio, tanto Santiago como Concepción y Valparaíso habían desarrollado sistemas de transporte que estaban saturados de vehículos, con autobuses antiguos, contaminantes y poco seguros que competían entre sí. Entonces tomó fuerza la idea de desarrollar –y concretar– los siempre pedidos proyectos de "sistemas integrados de transporte público" para estas zonas metropolitanas. Este tipo de sistemas se basan en la coordinación entre los diversos medios de transporte de pasajeros que recorren la ciudad –autobuses intra e interurbanos, trenes urbanos e interurbanos, tranvías, trolebuses, funiculares, junto también a ciclovías y el acercamiento de automóviles a las estaciones– en vez de la superposición entre estos –como ocurrió por años entre las micros y el Metro en Santiago–, contando con transbordos cercanos y de corto tiempo de espera entre ellos; además de la integración de los sistemas de pago, administración, información y regulación del sistema. De este modo, la planificación integral y de largo plazo, la regulación en conjunto y la coordinación del sistema, permitirían una menor competencia en las calles y una planificación conjunta de la inversión en tecnología menos contaminante y en infraestructura a nivel ciudad, por lo cual el sistema de transporte público sería en teoría más eficiente socialmente.

Pero ciertamente del *dicho al hecho hay mucho trecho*, y las diferencias entre el papel y el funcionamiento de tales medidas pueden ser notorias, especialmente durante toda la duración del proceso de implementación.

En las tres grandes zonas metropolitanas del país se han iniciado procesos de integración de los sistemas de transporte público durante los últimos años, con éxito variable en sus diferentes características. En febrero de 2007 se implementó completamente Transantiago, el cual modificó los recorridos de los buses de tal manera que integró la operación física y las tarifas con el Metro. Este sistema añadió nuevas tecnologías, como el pago con tarjeta inteligente de prepago, una flota de buses menos contaminantes –incluso algunos autobuses híbridos–, y sistemas de geolocalización; además de eliminar la atomización y empezar una formalización de la administración, invertir en vías exclusivas para autobuses, entre otros. Sin embargo, hay que reconocer también los graves problemas en las operaciones del Transantiago que han llevado a mantener el sistema con altos subsidios estatales y a los autobuses y Metro colapsados de pasajeros por años. A esto se le suma el descontento por parte de la población, que se ha visto reflejado en la alta evasión en el pago de los pasajes, que termina perjudicando a la misma locomoción.

En 2005, en tanto, se iniciaron las operaciones del Metro Valparaíso, que hoy hace su recorrido entre la costa del puerto hasta Limache, donde se integra en una estación intermodal con un sistema de buses que llega hasta Olmué (sistema bus+metro). También tiene una tarjeta inteligente (Tarjeta Metroval), que además se puede utilizar desde 2015 en los viajes en trolebuses y en algunos de los ascensores de Valparaíso en un sistema integrado de tarifas que permite mayor conectividad en la ciudad. Por otro lado, el sistema de autobuses del Gran Valparaíso reordenó en 2005 la frecuencia, las tarifas y la administración de estos en nueve unidades de negocio más una de trolebuses, pero no está integrado tarifariamente ni operacionalmente al resto de los sistemas de transporte.

En el Gran Concepción, en 2005, se inició la implementación del sistema Biovías, que con el tiempo ha integrado el tren urbano Biotren, construido en 1999 y extendido con una *línea 2* en el año 2000; unas líneas de autobuses (biobuses); bicicletas (biobici) –con estacionamiento de bicicletas en las estaciones de tren– y taxis (biotaxi) que parten desde las estaciones del biotrén. Sin embargo, solo abarca unos pocos recorridos principales de la ciudad.

Además de la integración de los medios de transporte recién vista, en los últimos años los desafíos en el transporte urbano también han sido, por un lado, la búsqueda de una opción menos contaminante, y, por otro, la incorporación de las tecnologías de la información y aplicaciones móviles (Apps) para interactuar y dar información al usuario.

Se ha intentado disminuir el impacto del transporte en el medioambiente a través del uso de vehículos más "verdes"; por ejemplo, en el sistema Transantiago se exige cada vez buses con mejores estándares en emisión de contaminantes, o con la extensión y construcción de medios menos contaminantes, como el Metro o el tranvía. Pero tal vez los proyectos que han tenido más impacto en la mentalidad y hábitos de los chilenos en este aspecto han sido la expansión de las ciclovías junto a nuevos servicios de bicicletas públicas (o compartidas). Este servicio, que llegó por primera vez a Chile en 2008, permite que los usuarios inscritos en el servicio puedan utilizar bicicletas temporalmente, dejándola al final de su uso en una estación –por ejemplo, *biobici* en Concepción– o en cualquier lugar público –por ejemplo, *Mobike* en el sector oriente de Santiago. Las posibilidades para utilizar una bicicleta para recorrer una ciudad en Chile se han expandido notablemente en los últimos años gracias a que los kilómetros de ciclovías han aumentado. Por ejemplo, en Santiago pasaron de 20 km en el año 2003 a 297 km en el 2016; a 54 km en el 2017 en Rancagua, o a 12 km en el 2018 en Antofagasta.

El transporte urbano también se ha renovado en los últimos años con la incorporación de Apps, ya que permiten el acceso a servicios e información a la vez que se mantiene la movilidad. Un ejemplo de esto es *Uber*, un servicio de transporte privado basado en una App que conecta pasajeros potenciales con conductores potenciales que llegó a competir con los taxis gracias a tener mejores tarifas, dar un servicio de mejor calidad, y tener más información sobre los conductores. También se han generado Apps que dan información actualizada, como, por ejemplo, los minutos que faltan para la llegada del siguiente bus, o Apps como *Waze,* que tienen un GPS con información del tránsito constantemente actualizada por los propios usuarios. Incluso los mismos servicios de bicicletas compartidas, como *Mobike,* ocupan una App que señala dónde está la bicicleta del servicio más cercana y permite desbloquearla con un código QR. De este modo, la transición a una ciudad con nuevas formas de moverse por ella, que sean más ecológicas, eficientes en tiempo y racionales en el espacio, y que incorporen las nuevas tecnologías de la información e informática, ha sido una de las tendencias más importantes en los medios de transporte urbanos en los primeros años del siglo XXI.

TENDENCIA 25: Ducha, jabón y nuevos WC
Cambios en la Higiene

Situémonos en el Chile del Centenario. Imagínense a su abuelo o al padre de este levantándose de la cama y mirando por la ventana de su vivienda. Es una madrugada de invierno y el día amaneció nublado. ¿Cuál habrá sido el ritual de estos parientes antes de salir de su casa para comenzar su día laboral? ¿Se duchaba? ¿Se lavaba los dientes? ¿Se vestía con ropa limpia? ¿Tenía un WC en el cual sentarse? El historiador Cristián Gazmuri en su libro Historia de Chile 1891-1994 nos ayuda a imaginar la situación. Para empezar, la costumbre del baño diario era casi inexistente en el primer cuarto del siglo XX, incluso la del baño semanal era poco extendida.

–Entonces, ¿mi abuelo no se bañaba todos los días?

–Es lo más probable, ya que incluso en los estratos altos era una costumbre infrecuente. Recordemos que no había duchas, por lo general, ni había agua corriente; el agua que había era helada y el frío de invierno no perdona.

Supongamos que nuestro pariente fuera directo al desayuno y se tomara un mate con un pan, ¿se lavaba los dientes, luego? En los sectores acomodados recién a finales de 1800 y principios de 1900 se empezaron a usar los primeros antepasados de lo que hoy llamamos "pasta de dientes". En ese entonces, sin embargo, esta consistía en piedra pómez molida mezclada con jabón y, aunque suene terrible, recordemos que esta era solo para aquellos afortunados, que eran pocos. En los sectores más desposeídos, la higiene dental era inexistente, por lo que muchos comenzaban a perder dientes incluso desde la juventud, lo que conllevaba fuertes dolores.

–¿Y si le daban ganas de ir al baño?

–Si su abuelo vivía en el Palacio Cousiño tenía un WC, pero para la gran mayoría el baño quedaba lejos. En las casas se encontraba al final de los sitios y en los conventillos se ubicaba en el patio común. Aunque se lo podrán imaginar, vale la pena aclararlo: en ese entonces todavía no existía el papel higiénico como el que se usa hoy, por lo que sus antepasados no pudieron haberlo ocupado. En el campo era frecuente usar la acequia para hacer las "necesidades", misma acequia que se usaba después para sacar agua para otros usos, y que probablemente ya había sido "usada" aguas arriba por otro vecino. Como los lugares para orinar y defecar estaban lejos, las "pelelas" eran de uso común. Estas eran recipientes que permitían "depositar" la orina (y quizás una que otra cosa más) en caso de que no se quisiera ir al baño, que quedaba lejos. Especialmente si se trataba de una noche de invierno. Este artefacto ya se utilizaba en la época colonial y su uso común permaneció hasta la década de 1950 (aunque muchos, especialmente ancianos, siguieron ocupándola incluso hasta hoy).

El último paso necesario para ir a trabajar es la vestimenta. En la clase alta se usaba ropa limpia, en la clase media esto era menos frecuente, y en la clase baja casi no se aseaba la ropa. Las dificultades eran mayores en ese entonces. Como vimos antes, tener agua corriente no era obvio y todavía no se inventaban las máquinas lavadoras con la que muchos chilenos asean hoy sus prendas.

Para lavar la ropa a principio de siglo se usaban barras de jabón de lejía; algunas incluso eran preparadas por las mismas mujeres en las casas. Años después se introdujo el jabón en polvo y finalmente, a principios de la década de 1950, llegaron los detergentes modernos utilizados en las máquinas lavadoras[337]. En esta década, sin embargo, estos aparatos no eran para todos, algo que se refleja en las pocas unidades vendidas por año en el territorio nacional durante aquella época (Tabla 8) y también en el hecho de que tres décadas después solo un 35% de los hogares reportaba en el Censo tener dentro de sus posesiones una lavadora (en el Censo de 2002 este número fue de 79%). Lavar la ropa sin una máquina automática era –y sigue siendo– una actividad muy cansadora y poco atractiva. La mujer –siempre era una mujer en Chile– arrodillada frente a la batea, fregando durante horas con las manos dañadas, una vez a la semana y durante todas las semanas del año... y, enseguida, había que estrujar todo. Aún hasta el último cuarto del siglo XX, esta era una imagen común en la vida cotidiana de la mujer chilena.

TABLA 8. Venta de lavadoras

Año	Producción nacional	Importaciones
1950	–	960
1951	–	3.878
1952	33	5.177
1953	–	2.185
1954	–	1.523
1955	8.566	10.362
1956	12.378	13.753
1957	13.331	15.065
1958	12.938	15.572
1959	13.358	15.391
1960	12.257	14.113

Fuente: CESEC. Estudio de mercado y la industria de los bienes de consumo durable. Volumen III: "Lavadoras". Santiago de Chile, CESEC, 1966.

En el Chile del Centenario no solo era más costoso lavar la ropa, sino que también lo era comprarla, por lo que comúnmente las prendas se utilizaban por más tiempo y se heredaban de padre a hijo y entre los mismos hermanos. En el Gráfico 31 del capítulo 3, vemos cómo el avance de las tecnologías, las nuevas telas y la apertura comercial han permitido que disminuya el precio de las prendas de vestir, lo que ha ayudado a que los chilenos puedan comprar más ropa y que aun así el gasto familiar en vestuario disminuya en importancia relativa respecto de su presupuesto total.

Con el transcurso de las décadas la higiene fue mejorando en el país y nuestros parientes pudieron, entre otros beneficios, seguir una rutina un poco más "cómoda" antes de ir a trabajar. Algunos de los lujos que eran exclusivos de la clase alta de principios de siglo XX se fueron expandiendo al resto de la población y fue así como a mitad de siglo ya no eran solo unos pocos, sino que alrededor de un 25% de la población la que contaba con una habitación donde hacer sus necesidades biológicas y lavarse el cuerpo. Y para esta consolidación del cuarto de baño, como lo conocemos hoy, fueron fundamentales dos avances: la masificación del agua corriente y el gas de cañería, como ya vimos más arriba.

Esta expansión del cuarto de baño la podemos ver en los Gráficos 59 y 60. El primero nos muestra la expansión de uno de los elementos centrales del cuarto de baño de hoy en día: la tina o ducha. Como se puede apreciar, en la década del sesenta un porcentaje significativo ya poseía ducha (personal o compartida), aunque este porcentaje todavía no alcanzaba el 50% de los hogares. Recién en la década del ochenta más de la mitad de los chilenos empezó a disfrutar de esta comodidad, porcentaje que ha seguido aumentando considerablemente. En todo caso, no hay que imaginarse que todas estas eran duchas calientes. La penetración del agua caliente fue un poco más tardía. En 1960 un 15% de la población tenía acceso a agua caliente y en 1970 llegaba a 23%. Estos porcentajes ascienden al 57% en 2002, aunque con serias diferencias entre la población urbana y rural.

Respecto del inodoro hay dos temas que abordar: (1) el aparato sobre el cual sentarse y (2) el adminículo con el cual limpiarse. Como se describió más arriba, en el Chile del Centenario hacer las "necesidades" no era lo que se podría llamar "placentero". Por fortuna, esta realidad fue cambiando y más hogares dispusieron de inodoros dentro de los cuartos de baño. Según datos censales chilenos en IPUMS (Gráfico 61), en 1960 un 45% de los chilenos tenía inodoro en el hogar, número que fue creciendo con los años y que permitió que en 2002 el 91% de los hogares ya contara con este aparato. Pero tener un inodoro sobre el cual sentarse resuelve

GRÁFICO 59. Proporción de personas con ducha o tina en su hogar en Chile (1960-2002)

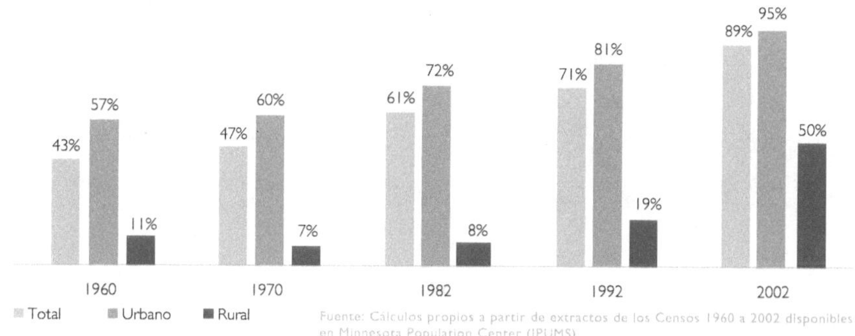

Fuente: Cálculos propios a partir de extractos de los Censos 1960 a 2002 disponibles en Minnesota Population Center (IPUMS).

Nota: Se considera que se tiene acceso a tina o ducha sea esta de uso privado o compartido, ya que no se hace la diferencia en los censos de 1992 y 2002. En los anteriores censos el tipo "compartido" no supera el 9%.

GRÁFICO 60. Proporción de personas con agua caliente en su hogar en Chile (1960-2002)

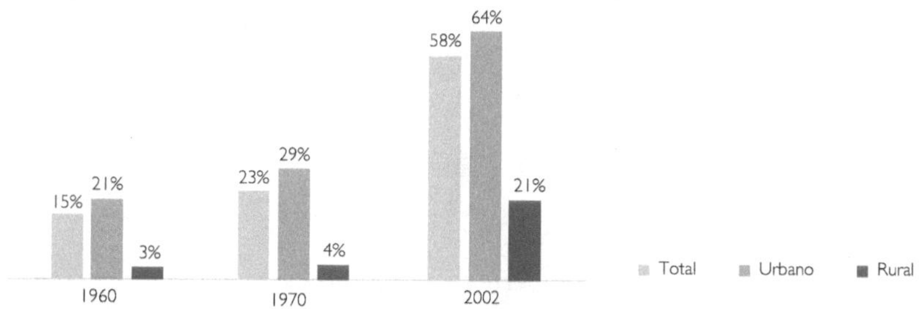

Fuente: Cálculos propios a partir de extractos de los censos de 1960 a 2002 disponibles en Minnesota Population Center (IPUMS).

Nota: No se pregunta por agua caliente en los censos de 1982 y 1992.

solo una parte del tema, la otra es tener algo con lo que limpiarse. A inicios del siglo XX la clase alta utilizaba una esponja con una cubeta de agua (la que no se cambiaba en cada uso), mientras que el resto ocupaba hojas de planta, paja, diario o simplemente con agua y mano, experiencias que no deben haber sido muy agradables. Luego, en los años treinta se comenzaron a utilizar las primeras versiones del papel higiénico, pero este seguía siendo tieso y duro. Recién alrededor de 1955 este se empezó a hacer más suave y a brindar una experiencia similar a la que conocemos hoy en día[338]. Tito Matamala, en su libro *Chile retrete*, comenta lo siguiente sobre la evolución del papel higiénico:

"En Chile hemos experimentado numerosos cambios en el tipo de papel higiénico. Los de mi generación recordarán que antes no había más que una sola marca y un único tipo de papel que parecía, justamente, lija: de un color oscuro y fabricado con los desechos de otros papeles. Era un monumento a la fealdad, casi acorde con su execrable función. Solo había un paso anterior, y que conocí debido a mi infancia y juventud en el campo: el papel de diario cortado en cuadritos y agarrado de un clavo en la caseta del pozo negro"[339].

GRÁFICO 61. Proporción de personas con inodoro en su hogar en Chile (1960-2002)

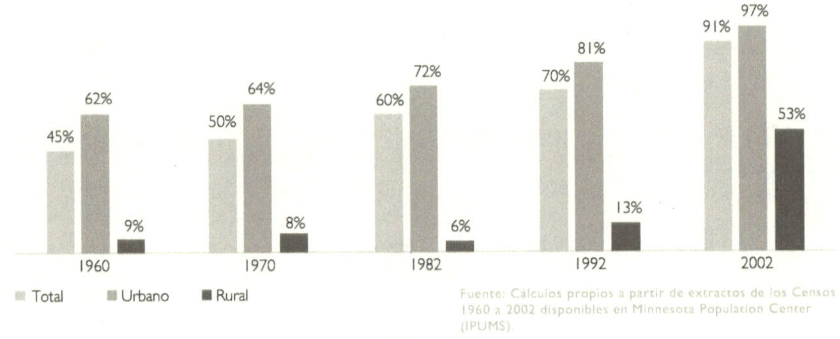

Otros elementos que forman parte de nuestra higiene diaria y que recién empezaron a estar disponibles a mitad de siglo XX son el desodorante y las "toallitas higiénicas" o "tampax". En el Chile del Centenario los que tenían la posibilidad utilizaban perfumes y fragancias para ocultar los olores, y recién en la segunda mitad de siglo se introdujo el desodorante y después el antitranspirante.

Más difícil fue el caso de las toallitas higiénicas o el "tampax" (y recientemente el "copo") que se utilizan durante el período menstrual. A principios de siglo, las mujeres de clase alta utilizaban como absorbente trozos de gasa o tela, pero de todas maneras eran días complicados y era usual que prefirieran quedarse más en su casa. De acuerdo con Cristián Gazmuri, en la década de 1930 llegaron a los hogares acomodados los primeros adminículos destinados a minimizar las molestias de la "regla", y en las siguientes décadas estos se fueron expandiendo al resto de la población. El "tampax" fue inventado en 1929 y patentado en 1931 con dicho nombre, aunque desconocemos el momento en que se introdujo en Chile.

Desde el Chile del Centenario hasta hoy los artículos de higiene mencionados y el cuarto de baño han pasado a ser una parte fundamental de la mayoría de las viviendas del país –en la publicidad inmobiliaria se promociona, además de los metros cuadrados y las habitaciones disponibles, la cantidad de baños–, por lo que cuesta imaginarse que en el pasado incluso las casas acomodadas no pudieran gozar de una ducha caliente y tener "papel confort".

Como reflexión final de esta sección, quisiéramos revisar brevemente la vida de la empresaria chilena Isidora Goyenechea, quien fue considerada en su época una de las mujeres con mayor riqueza en el mundo. Nacida en 1836 en Copiapó, heredó su fortuna de su esposo, el industrial Luis Cousiño, quien fuera su hermanastro y con quien se casó en 1855 a los 19 años de edad. Luis había heredado las minas de carbón de Lota de su padre, las mismas que serían retratadas en 1904 por Baldomero Lillo en *Subterra*. Pero también administró las minas de Coronel, tuvo minas de cobre, fundó la viña Cousiño Macul, crio salmones en el Río Valdivia y fomentó la industria de la seda en Chile, además de ser mecenas de artistas, presidente del Club de la Unión por tres años y diputado de la República dos veces. Sin embargo, Luis murió en 1873 a la temprana edad de 38 años a causa de la tuberculosis, una de las enfermedades contagiosas que a inicios del siglo XX continuaba diezmando a la población chilena sin distinción entre ricos y pobres.

Luego de enviudar, Isidora, madre de siete niños, se hizo cargo de los negocios de su esposo, aunque ya a temprana edad se había incorporado a la administración de los negocios familiares. Esta emprendedora mujer manejó la industria del carbón chilena que exportaba el mineral negro a otros países de América Latina, como Argentina, Uruguay y Panamá, cuando este era el combustible del mundo. Además de continuar con los negocios de la familia, construyó la primera central hidroeléctrica de Chile entre 1896 y 1897 a partir del diseño de Thomas Alva Edison. También mandó a construir el Palacio Cousiño en Santiago en 1870, que fuera más tarde la primera residencia con un generador eléctrico y agua fría y caliente a la vez en Sudamérica. Apoyó al ejército durante la Guerra del Pacífico, poniendo a su disposición su nave carbonera más importante. Como era común entre la sociedad chilena, pasó largas temporadas en París, de donde traía innovaciones tecnológicas para la industria y la agricultura. Y también hizo construir en Lota hospitales, escuelas, casas de acogida, llevó la electricidad y pavimentó calles de la ciudad, entre otras cosas.

Varios periódicos internacionales –como el *The New York Times*, el parisino *Le Figaro* o *El Liberal* de Madrid– describieron en sus páginas a esta empresaria chilena como una de las personas con mayor fortuna del mundo. Sin embargo, Isidora murió durante un viaje a París en 1897, unos años antes de iniciarse el siglo XX. Como era mujer, nunca pudo votar ni acceder a cargos de elección democrática como su esposo, menos pensar en haber ido a la universidad. Aunque tuviera palacios, apenas pudo disfrutar de los beneficios de la electricidad, el teléfono, el alcantarillado, y ni pensar de los electrodomésticos o el papel higiénico. Sus viajes a lo largo de Chile los hizo al paso de los caballos y sobre caminos de tierra. Su esposo murió a temprana edad dejándola viuda a los 37 años de edad, pero eso era lo común en esos años. Y esto, a pesar de que tenía casi todo el dinero del mundo.

¿Cuántos millones le tendrían que pagar a un chileno actual para que aceptara vivir en el año 1900 sin las comodidades, avances tecnológicos e instituciones modernas que ni siquiera pudo disfrutar Isidora Goyenechea? Tal vez no aceptaría ningún monto. O tal vez puede que haya alguien dispuesto a cambiar todos aquellos beneficios por la fortuna de Isidora, pero la reflexión es interesante, ya que lleva a darse cuenta cómo muchas de las comodidades que hoy disfruta un chileno promedio ni siquiera alguien de una familia de la élite chilena de 1900 las podía tener. La evolución de la higiene en el país es uno de los temas cotidianos en los que hoy observamos esto con claridad, algo tan común como un WC era un lujo en el Chile del Centenario, un lujo que hoy es tan común que no tiene nada de lujoso.

PARTE III

EL CHILE QUE HEREDAMOS Y EL CHILE DEL TRICENTENARIO

> "Es un error sentimental situar las Utopías en el 'cualquier tiempo pasado' […].
> Mejor es divisarlas en el futuro, que puede ser fruto de nuestra voluntad
> y de nuestra fe, y no en un ayer irrecuperable".
> —Jorge Luis Borges

No son muchos los momentos que tenemos para abstraernos de las responsabilidades del día a día y menos para pensar cómo se desarrollaron las avenidas que nos rodean, las instituciones que nos rigen y las costumbres que seguimos. Cuesta tener tiempo para reflexionar sobre el pasado y cuesta más aún hacerlo de manera sistemática. Esta dificultad para reflexionar sobre cómo ha cambiado Chile, lleva a que muchas veces demos por sentado ciertas cosas que —en verdad— son fruto del trabajo de las generaciones que nos precedieron.

Las oficinas del Centro Latinoamericano de Políticas Económicas y Sociales de la Universidad Católica (Clapes UC), desde donde escribimos este libro, están ubicadas frente al cerro Santa Lucía. Es más, desde la terraza del centro de estudios se puede ver desde lo alto gran parte del parque y sus construcciones. Me acuerdo que estando ahí le preguntamos a un joven cómo creía que era el cerro Santa Lucía antes que se construyera Santiago y nos dijo: "Bueno, como hoy, pero sin las escaleras y el castillo". En parte, tenía razón, pero en su imaginario seguía teniendo la variedad de árboles, palmeras, arbustos y plantas que hoy lo caracterizan. No se imaginaba que, al igual que el resto de los cerros de la zona central, era bastante árido, con un par de arbustos, un par de rocas, pero no mucho más.

Este gran cambio en la apariencia del cerro Santa Lucía fue en parte obra de Benjamín Vicuña Mackenna, quien, tras asumir la Intendencia de Santiago en abril de 1872, se propuso transformar el cerro en un atractivo paseo para los habitantes de la capital. Gracias al esfuerzo de él y otros chilenos, después de un poco más de dos años de trabajo, el cerro pasó a lucir palmas de Ocoa y Cocalán, cactus y una variedad de árboles y flores.

Así como nos cuesta valorar lo que han logrado las generaciones de chilenos que nos antecedieron, también hay una cierta melancolía por el pasado. Este sentimiento no es nuevo ni extraño. Existen muchos textos a través de la historia que hablan sobre este tópico –lugar común– literario de la añoranza por lo ya sucedido. Cómo olvidar, por ejemplo, los versos del escritor español Jorge Manrique (h. 1440-1479), quien en sus *Coplas por la muerte de su padre* escribió estos famosos versos:

> Recuerde el alma dormida,
> avive el seso y despierte
> contemplando
> cómo se pasa la vida,
> cómo se viene la muerte
> tan callando;
> cuán presto se va el placer,
> cómo después de acordado
> da dolor,
> cómo, a nuestro parecer
> cualquiera tiempo pasado
> fue mejor.

No es extraño escuchar a algún chileno añorar algún tiempo pasado. Sin embargo, estos comentarios suelen, al igual que el escrito de Jorge Manrique, estar cargados de una importante subjetividad y presentar una visión idealizada de la forma de vida que se llevaba.

En el transcurso de este libro hemos expuesto un número de tendencias que han marcado a nuestro país en los últimos cien años y, mediante ellas y con la ayuda de algunos datos, tratado de entender cómo han cambiado la vida y las oportunidades de los chilenos. Estas tendencias ayudan a poner en perspectiva esta "añoranza por el pasado", ya que en cada capítulo uno puede ver cómo se han ido desarrollando las posibilidades de las mujeres, niños y adultos mayores, por mencionar algunos.

¿Estamos peor? Al repasar las estadísticas y las tendencias descritas, uno empieza a dimensionar y valorar cuánto ha mejorado el panorama de nuestros connacionales en poco más de cien años. Si uno lee nuevamente la descripción del Chile del Centenario y la compara con el Chile de hoy, son innumerables las mejoras que se pueden apreciar. La verdad es que nosotros, después de varios años analizando estos cambios, nos hemos llegado a sentir muy orgullosos y agradecidos por los logros que hemos tenido los chilenos.

Amartya Sen, ganador del premio Nobel de Economía en 1998, una vez señaló que para analizar el desarrollo de los países es importante preguntarse sobre la evolución de las capacidades básicas de su población. Estudiar, por ejemplo, la evolución del analfabetismo –una de las tendencias revisadas– y valorar cómo el superarlo ayuda a que los ciudadanos puedan vivir vidas más libres. En palabras de Sen:

"La eliminación de la ignorancia, del analfabetismo, de la pobreza remediable, de las enfermedades prevenibles y de la desigualdad de oportunidad innecesaria debiesen ser considerados como objetivos en sí mismos. Ellos amplían nuestra libertad para llevar las vidas que tenemos razones para valorar, y estas capacidades elementales son importantes por sí mismas"[340].

En Chile, si bien todavía quedan retos en cada una de estas áreas, hemos podido ver a través de los capítulos, cómo ha sido posible ir avanzando.

En estas pocas páginas no pretendemos abarcar todos los cambios que ha registrado nuestro país. Menos aún, decidir cuánto influye en el bienestar de los chilenos cada uno de los cambios experimentados. Finalmente, será tarea de ustedes evaluar la importancia de cada tendencia y decidir cuán mejor estamos. Esperamos, sin embargo, que este libro les sirva de ayuda en sus reflexiones.

Algunos académicos y organismos internacionales, cautivados por la idea de medir el bienestar de la población, se han abocado a la tarea de buscar maneras de agregar indicadores que funcionen como índices aproximados de los cambios en el desarrollo y el bienestar. Cada uno de estos indicadores tiene su cuota de subjetividad, sus bondades y limitaciones, pero son un buen punto de partida para pensar en el tema.

El más conocido es el *Índice de Desarrollo Humano* creado por el Programa de las Naciones Unidas para el Desarrollo (PNUD), un indicador basado en los logros obtenidos en tres dimensiones fundamentales del desarrollo humano:

(i) tener una vida larga y saludable, (ii) adquirir conocimientos y (iii) disfrutar de un nivel de vida digno. Estas categorías se miden con algunos de los indicadores que hemos visto. "Salud y longevidad" se mide como la expectativa de vida. "Acceso al conocimiento" se mide en base a la educación promedio de la población y los años esperados de educación de un niño que entra al sistema escolar. Finalmente, "buena calidad de vida" se mide en base al PIB per cápita. En el Gráfico 62 podemos ver la evolución del índice para Chile.

GRÁFICO 62. Chile: Evolución del Índice de Desarrollo Humano (1980-2015)

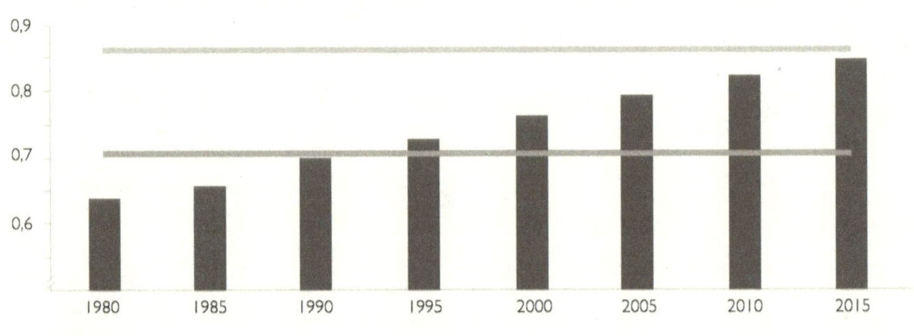

Lamentablemente el índice no existe para todo nuestro periodo de estudio; sin embargo, sí nos sirve para identificar los indicadores de desarrollo que utiliza el organismo internacional y apreciar la evolución que ha tenido el país en las últimas cuatro décadas. En palabras de la propia ONU:

"Esta trayectoria de largo plazo muestra que el país ha tenido la capacidad de avanzar sostenidamente en su desarrollo humano sobre la base de una combinación equilibrada de crecimiento económico y políticas públicas. A partir del reconocimiento de esta trayectoria de largo plazo el Informe mundial 2013 destaca el caso chileno como uno de los países emergentes que más ha incrementado su desarrollo humano en las últimas décadas"[341].

Si bien el PNUD construye el índice desde 1980, durante el transcurso del libro hemos revisado gran parte de las variables utilizadas para construir el índice. Y, al revisitar la evolución de estas estadísticas, nos damos cuenta de que probablemente no sería errado señalar que, si el índice considerara un periodo mayor, la evolución registrada habría sido incluso más impresionante.

Otro de estos indicadores es el *Índice de Progreso Social*, desarrollado por Michael Porter, de Harvard, y Scott Stern, de MIT. Este indicador está basado en indicadores agrupados en tres categorías: necesidades humanas básicas, bienestar fundamental y oportunidades de progreso. Una de las características distintivas del índice es que no incluye variables económicas. En el año 2017 Chile se encontraba posicionado en el lugar N°25 de los 128 países incluidos en el estudio, logrando el mejor lugar entre los países latinoamericanos. Nuevamente, el problema es que solo tiene datos para la última década, por lo que no es útil para ilustrar la evolución histórica.

Hay varios índices más como los recién mencionados, entre ellos, el *Índice para una Vida Mejor* de la OECD o el *Índice de Calidad de Vida* creado por la unidad de inteligencia de la revista *The Economist*. Estos son igualmente interesantes y habrá quienes prefieran unos sobre otros. Sin embargo, dado que todos ellos conservan una cuota de subjetividad mantenemos la invitación a que cada lector, más que tomar un número en particular, realice su propia reflexión. Finalmente, como mencionamos anteriormente, la decisión será de cada uno. ¿Usted cree que estamos mejor?

Vincent Geloso, PhD en economía y especialista en historia económica, propone un interesante experimento para ayudar a pensar en la respuesta[342]. Imagínese que en una mesa delante suyo hay un sombrero que contiene en su interior distintos papelitos, cada uno indicando una década desde la primera década del siglo XX hasta la década actual. Usted ahora debe sacar uno de los doce papelitos y dependiendo del que escoja, es la década en que sus nietos van a nacer. Lo interesante es que usted no sabe en qué familia van a nacer sus nietos. Ellos pueden llegar al mundo con igual probabilidad en cualquier familia que vivió en esa década. Entonces, ¿qué papelito les gustaría sacar?

Es interesante volver a las primeras páginas y recordar que, si nuestros nietos nacieran en el Centenario, uno de cada cuatro moriría antes de su primer año de vida, uno de cada tres viviría hacinado en un hogar con falta de higiene si naciera en Santiago y solo tendrían un 17,5% de probabilidad de asistir a la escuela. Quizás más impresionante aún, si estos nacieran en 1987, hace solo tres décadas, casi la mitad de ellos nacerían en condición de pobreza (46%), siendo que hoy en día esta probabilidad es de uno entre diez[343].

Es posible que a algunos lectores estos párrafos finales les estén pareciendo en exceso optimistas, pero lo cierto es que creemos que es importante ser conscientes de los progresos que ha tenido Chile; aprender de dónde venimos para apreciar dónde estamos. Sin embargo, este llamado a estar orgullosos y agradecidos por lo que lograron quienes nos antecedieron no debe interpretarse como un llamado al conformismo.

El que las tendencias hayan evolucionado de cierta manera en el pasado no asegura que estas sigan evolucionando así en el futuro. Más aún, los retos del futuro no serán los mismos del pasado. Antes el desafío educacional estaba en la cobertura, hoy en la calidad. Antes el desafío estaba en la desnutrición, hoy en la obesidad. Antes el desafío era tener una legislación laboral que protegiera a los trabajadores, ahora una legislación moderna que, sin olvidar lo primero, sea capaz de adaptarse a las nuevas tecnologías y tipos de trabajo. Nuestros abuelos tuvieron el desafío de disminuir una pobreza extendida, nosotros no podemos descansar hasta que crezcan los ingresos laborales de las familias chilenas –que si bien no las sitúan en la pobreza, siguen siendo bajos– y disminuya esa desigualdad de oportunidades que se mantuvo relativamente constante durante todo el siglo[344].

Estos nuevos desafíos no menosprecian los del pasado. Por el contrario, estas metas más exigentes son posibles gracias a que nuestros abuelos y padres nos entregaron un país más rico, con mejores políticas públicas y mejores instituciones, que el que ellos recibieron. El país en que hoy vivimos es el Chile que nos heredaron y la pregunta que nos toca responder es: ¿qué país le heredaremos nosotros a nuestros nietos y bisnietos?

"La gente a menudo me llama optimista, porque les muestro el enorme progreso del cual no estaban enterados. Eso me enoja. No soy un optimista. Eso me hace sonar ingenuo. Yo me describiría como un serio 'posibilista'. Eso es algo que inventé. Significa ser alguien que ni espera sin razón, ni teme sin razón, alguien que constantemente se resiste a la visión 'melodramática' del mundo. Como posibilista, veo todo este progreso, y me llena de convicción y esperanza de que un mayor progreso es posible. Esto no es ser optimista. Es tener una idea clara y razonable de cómo son las cosas. Es tener una visión del mundo constructiva y útil".

–Hans Rosling, *Factfulness*

NOTAS

1   González, Francisco Javier (ed.). *Chile en cuatro momentos. Vol. 3 (1910),* N° 1. Santiago, Universidad de los Andes, 2008, p. 12. Díaz, José, Rolf Lüders y Gert Wagner. *La República en Cifras, 2010.* EH Clio Lab-Iniciativa Científica Milenio, calculan que en 1907 los años de escolaridad promedio en el país era de 2,21 años.

2   Torres, Isabel. "La cultura". En Fermandois, Joaquín (dir.), Bernardo Estrada (Coord.), *América Latina en la historia contemporánea. Chile. Tomo 3_1880/1930. La apertura al mundo.* Madrid, Editorial Taurus, 2014, pp. 253-315, p. 267.

3   González (ed.). *Op. cit.,* p. 13.

4   Bauer, Arnold. *La sociedad rural chilena. Desde la conquista española a nuestros días.* Santiago, Editorial Andrés Bello, 1994, p. 163, 188 y 235.

5   Número de niños matriculados de cada mil en edad escolar (definida entre los 6 y los 15 años).

6   Serrano, Sol, Macarena Ponce de León y Francisca Rengifo (eds.). *Historia de la educación en Chile (1810-2010). Volumen 2: La educación nacional (1880-1930).* Santiago, Taurus, 2012, pp. 68-75.

7   Díaz Eloísa. *La alimentación de los niños pobres en las escuelas públicas.* Santiago, Imprenta, Litografía y Encuadernación Barcelona, 1906, p. 5.

8   Serrano *et al.* (eds.). *Op. cit.,* p. 105.

9   *Ibid.,* p. 131.

10   Calderón, Alfonso. *Según pasan los años (entrevistas, retratos, recuerdos).* Santiago, Andrés Bello, 1990, p. 67.

11   Santiago fue uno de los destinos más importantes de este proceso migratorio, lo que queda de manifiesto al observar que su población aumentó de 256.402 habitantes en 1895 a 507.296 en 1920. A pesar de lo anterior, es importante destacar que no fue la única ciudad que creció considerablemente durante este periodo: los residentes en Valparaíso pasaron de 122.447 a 182.422, mientras que la población de Concepción aumentó desde 39.837 habitantes a 64.074.

12   Salinas Meza, René. "Población y sociedad". En Fermandois, Joaquín (dir.), Bernardo Estrada (Coord.), *América Latina en la historia contemporánea. Chile. Tomo 3_1880/1930. La apertura al mundo.* Madrid, Editorial Taurus, 2014, pp. 197-251, p. 204.

13   Dirección General de Estadística. *Censo de 1920.* Santiago, Sociedad, Imprenta y Litografía Universo, 1925. Las tasas de masculinidad son cálculo propio en base a los datos del censo.

14   Una clara muestra de esto es que entre 1906 y 1924 el Consejo de Habitaciones para Obreros ordenó la demolición de 1.626 conventillos –en los cuales vivían 46.794 personas– por considerarlos inhabitables (De Ramón, Armando y Patricio Gross. *Santiago de Chile: Características histórico ambientales, 1891-1924.* Londres, revista *Nueva Historia,* 1985, p. 90).

[15] González (ed.). *Op. cit.*, p. 44.

[16] *El Mercurio*, Santiago, 25 de julio de 1910.

[17] Reyes del Villar, Soledad. *El Centenario de Chile (1910). Relato de una fiesta*. Santiago, Globo Editores, 2007, p. 36.

[18] De Ramón y Gross. *Op. cit.*, p. 80.

[19] *Ibid.*, p. 81.

[20] *Ibíd.*, p. 64.

[21] *Ibid.*, pp. 65-66.

[22] "El punto de origen del alcantarillado coincidía con el extremo oriente de la ciudad, situado en el arranque de la Cañada, donde surgirá la plaza Italia. Este es el punto de contacto de la red de alcantarillado con el río Mapocho y señala el futuro trazado urbano". González, Francisco Javier, (ed.). *Chile en cuatro momentos. Vol.3 (1910)*, N°2. Santiago, Universidad de los Andes, 2008, p. 57.

[23] *Ibid.*, p. 67.

[24] Pacheco, Arnoldo. *Historia de Concepción Siglo XX*. Ediciones Universidad de Concepción, 1997, p. 8.

[25] Díaz, *et al. Op. cit.* Para tener una comparación, hoy en día esta oscila entre 5 y 6.

[26] *Idem.*

[27] González (ed.), N°1. *Op. cit.*, p. 15.

[28] *Ibid.*, p. 56.

[29] De Ramón y Gross. *Op. cit.*, p. 57. Además, se puede ver: Bolaña, Nicanor. *Plano jeneral de la ciudad de Santiago e inmediaciones*. Archivo de la Bibliothèque Nationale de France, 1911. En http://www.archivovisual.cl/plano-jeneral-de-la-ciudad-de-santiago-e-inmediaciones [Fecha de consulta: 25 de julio de 2017]. Allí se puede encontrar un plano muy completo de la ciudad de Santiago en 1911, que incluye los recorridos de los ferrocarriles eléctricos, a sangre y a vapor.

[30] Pacheco. *Op. cit.*, pp. 11-12.

[31] Silva, Bárbara. *Identidad y nación entre dos siglos*. Santiago, LOM, 2008, pp. 94-95.

[32] Según Bauer. *Op. cit.*, p. 161, en 1917 las haciendas y fundos de más de 200 hectáreas (alrededor de tres mil fundos) poseían el 87% de toda la tierra en Chile (aunque hay que considerar que parte de esas tierras eran improductivas).

[33] *Ibid.*, p. 172.

[34] Serrano *et. al* (eds.). *Op. cit.*, p. 111.

[35] Local comercial en donde se vendía artículos cotidianos. Las que se encontraban en las oficinas salitreras recibían como medio de pago las fichas que les daban a los trabajadores como salario. Además, eran centros de reunión social de los trabajadores del sector.

[36] Matus, Mario. *Crecimiento sin desarrollo: precios y salarios reales durante el ciclo salitrero en Chile (1880-1930)*. Santiago, Editorial Universitaria, 2012, p. 282.

[37] Reyes del Villar. *Op. cit.*, p. 39.

[38] Los archivos de prensa de las primeras funciones del cinematógrafo se pueden ver en http://www.cinechile.cl/archivos.php.

[39] Purcell, Fernando. "Una mercancía irresistible. El cine norteamericano y su impacto en Chile, 1910-1930". *Historia Crítica*, N°38, mayo-agosto, Bogotá, 2009, pp. 52 y 60.

[40] Rinke, Stefan, "Las torres de Babel del siglo XX: cambio urbano, cultura de masas y norteamericanización en Chile, 1918-1931". Traducido por Monika Contreras Saiz. En Purcell, Fernando y Alfredo Riquelme (Eds.), *Ampliando miradas. Chile y su historia en un tiempo global*, Santiago, RIL Editores, 2009.

41   Biblioteca del Congreso Nacional de Chile. *Historia de la Ley N°1.990 "sobre descanso de un día a la semana"*, pp. 4-6.

42   *Ibid.,* pp. 32-33, 88-89.

43   Banco Mundial. *Literacy rate, youth total (% of people ages 15-24).* Disponible en: https://data.worldbank.org/indicator/SE.ADT.1524.LT.ZS?locations=CL [Fecha de consulta: 13 de diciembre de 2017]

44   Serrano *et al.* (eds). *Op. cit.,* pp. 78 y 95. Por lo demás, muchas veces el Gobierno tampoco tenía los recursos suficientes para construir escuelas, contratar maestros o suministrar materiales de enseñanza a lo largo de todo país.

45   Oro Tapia, Luis. "La cultura". En Fermandois, Joaquín (dir.), Olga Ulianova (Coord.), *América Latina en la historia contemporánea. Chile. Tomo 4_1930/1960. Mirando hacia adentro.* Madrid, Editorial Taurus, 2015, p. 277-319, p. 308.

46   Para el ingreso a la educación secundaria se requería saber escribir, leer y conocer las operaciones matemáticas básicas. Con el tiempo se fueron agregando más conocimientos requeridos.

47   Los establecimientos educacionales privados no eran llamados "liceos", sino que recibían el nombre de "colegios". La gran mayoría de ellos eran el resultado de iniciativas de instituciones religiosas o colonias extranjeras. Su educación era buena, "pero todavía hacia 1920-30, el Instituto Nacional y otros colegios fiscales 'emblemáticos' producían los mejores egresados". Gazmuri, Cristián. *Historia de Chile: 1891-1994. Política, economía, sociedad, cultura, vida privada, episodios.* Santiago, RIL Editores, 2014, p. 149.

48   Serrano, *et al.* (eds.). *Op. cit.,* p. 344.

49   *Ibid.,* p. 368.

50   Gazmuri. *Op. cit.,* p. 291.

51   En 1997 ya se había aprobado la jornada escolar completa, en donde se aumentaban las horas obligatorias desde 30 a 38 horas pedagógicas en educación básica y desde 36 a 42 horas en educación media, con la intención de que así aumentara la calidad de la educación (apuntaba a que los alumnos tuvieran más espacio pedagógico, permanecieran menos tiempo solos en casa y existiera mayor infraestructura).

52   Correa Cavada, Mónica, María Olivia Monckeberg y Hugo Rivas Lombardi. *Estadísticas de Chile en el siglo XX.* Santiago, Instituto Nacional de Estadísticas (INE), 1999, p. 95.

53   Oro Tapia. *Op. cit.,* pp. 312-314.

54   Andrés Bernasconi y Fernando Rojas. *Informe sobre la educación superior en Chile: 1980-2003.* UNESCO, 2003, p. 21.

55   *Ibid.,* pp. 23-24.

56   Espinoza, Ricardo y Sergio Urzúa. "Las consecuencias económicas de un sistema de educación superior gratuito en Chile". *Revista de Educación,* España, N°370, 2015, pp. 10-37, pp. 15-16

57   La tasa bruta de matrícula en el gráfico es la Matrícula total en educación terciaria, independiente de la edad del estudiante, expresada como porcentaje de la población total entre 18 y 23 años de edad.

58   Al comparar la cobertura de educación superior en el primer quintil de ingreso alcanzada por los distintos países de Sudamérica entre los años 2015 a 2017, se observa que Chile lidera en cobertura a nivel regional. Libertad y Desarrollo. *Universidades chilenas en ranking 'The 2018': ratificando un diagnóstico ignorado.* Santiago, 2018. Disponible en: https://www.lyd.org/lyd/TemasPublicos/TP1360EDUCACIONSUPERIOR.pdf

59   Díaz, et. al. *Op. cit.*

[60] En esta medida se agregan los años de escolaridad, ponderando ese resultado por los precios relativos entre los niveles educacionales respecto al nivel "estudios universitarios completos", lo cual se calcula mediante una aproximación del costo de reposición de cada nivel educacional en 1995. Por ejemplo, tener una persona con educación básica completa costaba una décima parte que una persona con educación universitaria completa en ese año, por lo que su aporte al índice es 0.10 y 10 personas con educación básica serían entonces equivalentes a 1 con educación universitaria. Díaz, José, Rolf Lüders y Gert Wagner. *Chile 1810-2000, La república en cifras*. Mimeo, Instituto de Economía, Pontificia Universidad Católica, Santiago, 2005, pp. 390-391.

[61] Para mantener los precios relativos constantes, ocupan los precios relativos del mercado para el año 1995.

[62] Lo que hace este tipo de índice es asignar un valor entre 0 y 1 –llamado Coeficiente de Gini– según la desigualdad en la distribución de la variable de estudio en la población. Mientras más desigual la distribución de esta, más cerca de 1 estará el coeficiente. Si hay perfecta igualdad en la variable, su valor será 0. Por ejemplo, si solo una persona en el país tuviera años de escolaridad y el resto nunca fue al colegio, entonces el coeficiente sería 1, ya que solo una persona posee toda la escolaridad en el país. Mientras que si todas las personas tuvieran los mismos años de escolaridad, siendo este, por ejemplo, cero, cuatro o doce años, el coeficiente tendrá valor 0 (en cualquiera de los tres casos).

[63] Es importante notar que, debido a los datos tratados, no estamos considerando formas de educación importantes, como los años de educación anteriores al colegio y la experiencia laboral.

[64] Como veremos más adelante, actualmente la rama de servicios sería el sector más relevante en términos de trabajo, especialmente con el aumento de la población urbana durante el siglo XX.

[65] Pinochet, Tancredo. "Inquilinos en la hacienda de su excelencia", en Cristián Gazmuri, *El Chile del centenario. Los ensayistas de la crisis. Santiago de Chile, Instituto de Historia, Pontificia Universidad Católica*, 2001, p. 129.

[66] Pinto, Julio. *Historia Contemporánea de Chile III. La economía: mercados, empresarios y trabajadores*. Santiago, LOM, 2002, pp. 101-103.

[67] *Ibid.*, p. 107.

[68] *Ibid.*, pp. 111-112.

[69] Esto quiere decir que si la cantidad física de producto agropecuario producido en 1910 fuera producida en 1996, ese sería su valor en millones de pesos. De esta manera, al eliminar los cambios de precios a lo largo de los años y valorar todos los bienes a precios de 1996, podemos comparar lo producido en diferentes momentos del tiempo. Esto se conoce como "valoración a precios constantes".

[70] Todos los datos sobre el sector agrícola provienen de la base de datos de Díaz, Lüders y Wagner (2016).

[71] Díaz, *et al.* "La república...". *Op. cit.*

[72] Como señala Keynes en su ensayo "Economic Possibilities for our Grandchildren" al hablar sobre una época de poco desarrollo en Inglaterra: "This slow rate of progress, or lack of progress, was due to two reasons –to the remarkable absence of important technical improvements and to the failure of capital to accumulate" (Traducción: Esta lenta tasa de progreso, o ausencia de progreso, se debió a dos razones –a la notable ausencia de mejoras técnicas importantes y a la falta de acumulación de capital).

[73] Pinto. *Op. cit.*, p. 131.

[74] Más tarde, la planta de Carlos Cousiño se fusionó con la porteña Fábrica Nacional de Cerveza de Limache, originando la Compañía Cervecerías Unidas (CCU) en 1902. En 1906 Cousiño absorbió la compañía de Andrés Eibner. Cabe destacar que el actual edificio corporativo de

la CCU se encuentra situado en los mismos terrenos que antes ocupó la Fábrica de Cerveza y Hielo de Gubler y Cousiño.

75 Vial, Gonzalo. *La sociedad chilena en el cambio de siglo (1891-1920). Historia de Chile (1891-1973), vol. 1, Tomo II*. Santiago, Zig-Zag, 2006, pp. 534-535.

76 Hachette, Dominique. *Latinoamérica en el siglo XX: crecimiento, comercio, pensamiento económico*. Santiago, Editorial Universidad Católica de Chile, 2011, p. 166.

77 De Shazo, Peter. *Trabajadores urbanos y sindicatos en Chile: 1902-1927*. Santiago, Centro de Investigaciones Diego Barros Arana, 2007, pp. 75-76.

78 Portal Valenzuela, Belfor. "Caracterización industrial de la Metrópoli de Chile". *Revista Geográfica*, N°100 (julio-diciembre), 1984, pp. 89-96, p. 90.

79 Góngora, Álvaro. *Chile (1541-2000) una interpretación de su historia política*. Santiago de Chile, Santillana, 2000, p. 238.

80 Walker Linares, Francisco. "Esquema del derecho del trabajo y de la seguridad social en Chile". *Editorial Jurídica de Chile*, N°52, 1965, pp. 54-56.

81 Vial, Gonzalo. *Chile, cinco siglos de historia: desde los primeros pobladores prehispánicos, hasta el año 2006*. Santiago, Zig-Zag, 2010, p. 1035.

82 Biblioteca del Congreso Nacional de Chile. *Op. cit.*, pp. 31-46 (sesión de la Cámara de Diputados del 14 de junio de 1907).

83 Según Francisco Antonio Encina, en 1911 el ausentismo laboral a comienzos de la semana rondaba el 60% de los trabajadores. Y el alcoholismo ocurría también en los menores de edad, siendo, por ejemplo, común la ebriedad infantil entre los niños suplementeros. Vial. *La sociedad chilena…, op. cit.*, p. 512.

84 Además, exigió que los empleados tuvieran derecho a, al menos, una hora y media de descanso para almorzar.

85 Vial. *La sociedad chilena…, op. cit.*, p. 533.

86 De todas maneras, en aquella época la fiscalización y cumplimiento de la norma era menor que hoy en día, por lo que en algunos lugares escondían a las mujeres o las hacían trabajar en otras partes.

87 En la literatura económica se ha observado que este beneficio puede tener efectos indeseados en empleo y salarios, por ejemplo. Ver Prada, María Fernanda, Graciana Rucci y Sergio Urzúa. "The Effect of Mandated Child Care on Female Wages in Chile". *IDB Publications* (Working Papers) 88839, Inter-American Development Bank, 2015.

88 Poblete, Moises y Óscar Álvarez Andrews, *Legislación social obrero chilena*. Santiago de Chile, Imprenta Santiago, 1924, p. 3.

89 Para más información sobre los proyectos de código laboral de la década de 1920, ver el capítulo 5 de Yáñez, Juan Carlos. *La intervención social en Chile: y el nacimiento de la sociedad salarial, 1907-1932*. Santiago, Chile, RIL Editores, 2008.

90 Que no se hubiese legislado sobre el presupuesto público implicaba que los sueldos de los empleados públicos y las fuerzas armadas de ese año no se pagaran –o se pagaran con extensos retrasos en algunos casos–, creando problemas económicos y sociales en el país, especialmente en ese año en que ya era septiembre y aún no se legislaba al respecto.

91 Una ley similar (Ley N°4.059) se aprobó para regular las relaciones contractuales entre los patrones y los empleados asalariados que no fueran obreros, empleados públicos, de ferrocarriles del Estado, empleados agrícolas o de servicios domésticos.

92 La caja proporcionaría los siguientes beneficios: asistencia médica, un subsidio mientras durara la incapacidad, atención durante el embarazo y un auxilio de 50% del salario durante las

tres primeras semanas postparto y 25% "hasta el destete cuando amamantasen a su hijo", un seguro de fallecimiento, pensión de invalidez igual al salario medio que ganaba el año anterior si lleva más de diez años en la caja, 75% si lleva más de cinco años y 50% el resto; y un seguro de invalidez para los mayores de 65 años y que llevaran por lo menos quince años asegurados.

[93] Para empresas de más de cincuenta personas donde ya existe un sindicato vigente se requiere de al menos veinticinco trabajadores que al menos representen al 10% de los que presten servicios en la empresa. Mientras que, si la empresa tiene cincuenta o menos trabajadores, solo requiere ocho que al menos representen el 50% de los trabajadores.

[94] Thayer Arteaga, William. "Orígenes, evolución y perspectivas del derecho laboral chileno". *Estudios Públicos*, CEP, Santiago, N°54, 1994, pp. 223-241, pp. 228-229.

[95] Ley N°6.020, Diario Oficial de la República de Chile, Santiago, Chile, 8 de febrero de 1937.

[96] Desde que se crearon las Cajas en la década de 1920 hasta la de 1980 fueron incluyendo progresivamente más beneficios. Por ejemplo, cuando las cajas se crearon, los afiliados no disponían de ninguna protección en caso de enfermedad. Luego, en 1938, se estableció un régimen de medicina preventiva para los trabajadores protegidos, y, tres décadas más tarde, en 1968, un régimen de medicina curativa para los empleados, el cual hasta entonces era prácticamente inexistente. Arellano, José Pablo. *Políticas Sociales y Desarrollo. Chile 1924-1984*. Santiago, CIEPLAN, 1985, p. 83.

[97] Por ejemplo, Arellano, o*p. cit.,* p. 37, cuenta que respecto a la introducción de las indemnizaciones por despido: "Hay disposiciones sobre la materia dictadas en 1933 para los obreros de bencineras y del petróleo, en 1937 para los empleados particulares, en 1940 para los obreros de ferrocarriles, en 1942 para el personal de alcantarillados, en 1943 para los obreros municipales, etc. Entre los distintos grupos, el número de semanas de indemnización por año trabajado, y la forma en que se contabilizan los años de servicio también difieren".

[98] Contador, Abraham y Pedro Miguel. *La prevención de riesgos en la ley de accidentes del trabajo y enfermedades profesionales Ley N°16.744*. Santiago, Editorial Jurídica de Chile, 1993, pp. 28 y 31.

[99] Coloma, Fernando y Patricio Rojas. "Evolución del mercado laboral en Chile: Reformas y resultados", en Larraín, Felipe y Rodrigo Vergara. *La transformación económica de Chile*. Santiago, CEP, 1998, p. 499.

[100] Thayer. *Op. cit.*, p. 229.

[101] Arellano. *Op. cit.,* p. 89.

[102] Valdés Prieto, Salvador (ed.). *Pensiones: Del descontento a las soluciones*. Santiago, Chile, Ediciones UC, 2018, p. 57.

[103] Este es un sistema financiado por el Estado en que se otorga una pensión de vejez básica o un aporte previsional para complementar las pensiones de quienes tuvieron ahorro bajo o nulo y pertenecen a los quintiles más pobres del país.

[104] Los recursos destinados a pensiones no contributivas se estiman en US$2.760 millones al año (en 2016), suma equivalente a 26% del gasto público en salud, o a 24% del gasto público en educación. Valdés Prieto. *Op. cit.*, pp. 57-58.

[105] Barros de Orrego, Martina. "La esclavitud de la mujer". Prólogo. *Revista de Santiago*, 1872-1873, tomo II, Santiago, 1873.

[106] En marzo de 1925 se promulgó el Decreto ley N°328, el cual otorgó a las madres la patria potestad de sus hijos en caso de muerte o inhabilidad del padre, la libre administración de sus bienes fruto de su trabajo industrial o profesional, y el derecho a ser testigo en juicios.

[107] Vergara Antúnez, Rodolfo. "El límite natural de la instrucción de la mujer. III". En *El Estandarte Católico*, 2 de febrero de 1877, Santiago.

108   Serrano *et al.* (eds.). *Op. cit.,* p. 377.

109   Art. 3°, Ley General de Educación Primaria (1860).

110   *Idem.*

111   La primera fue creada en Santiago en 1854, bajo el Gobierno de Manuel Montt e inicialmente era dirigida por las religiosas del Sagrado Corazón. Carrasco, Ana María. "Espacios conquistados. Un panorama de las organizaciones de las mujeres chilenas". En Montecino, Sonia (comp.). *Mujeres chilenas: Fragmentos de una historia.* Santiago, Catalonia, 2008, pp. 139-154, p. 142.

112   Ministerio de Instrucción Pública. *Programa de Estudios de la Escuela Normal de Preceptores de Santiago.* Santiago de Chile, Imprenta Nacional, 1890.

113   Correa Cavada, *et al. Op. cit.,* pp. 92-93.

114   La preocupación de los gobiernos liberales por que la educación de las mujeres de élite estuviera en manos de la iglesia, junto a la necesidad de reglamentar el ingreso de las mujeres a la universidad llevaron a que se incorporara a las mujeres acomodadas al Estado Docente. Más adelante veremos en detalle la entrada de la mujer a la universidad.

115   Torres. *Op. cit.,* p. 266.

116   Serrano *et al.* (eds.). *Op. cit.,* p. 386.

117   *Ibid.,* p. 388.

118   *Serrano et al. Op cit.,* p. 389.

119   *Ibid.,* p. 395.

120   Cifras de matrícula neta en Centros de Estudio MINEDUC. *Estadísticas de la educación en 2016.* Santiago, 2017. Población de mujeres en Chile estimada para 2016 en INE. *País y regiones total: actualización población 2002-2012 y proyecciones 2013-2020.* Disponible en http://www.ine.cl/estadisticas/demograficas-y-vitales.

121   Laborde, Miguel, *et al. Las primeras modernas: mujeres chilenas entre 1910 y 1960.* Santiago, Ediciones UC, 2011, p. 15.

122   Serrano, *et al.*(eds.). *Op. cit.,* p. 379.

123   Decreto s/n, 06-02-1877 del Ministerio de Justicia, Culto e Instrucción Pública. Diario Oficial de la República de Chile, Santiago, Chile, 4 de marzo de 1877.

124   Oficina Central de Estadística. *Anuario Estadístico de la República de Chile. 1910.* Santiago, Sociedad Imprenta y Litografía Universo, 1911. Se extrae de la fuente que 196 de 1.337 alumnos eran mujeres.

125   Hasta 1927 se habían graduado 49 doctoras, 476 farmacéuticas, 115 dentistas, 18 abogadas y 644 profesoras. Torres. *Op. cit.,* p. 273.

126   Gazmuri. *Op. cit.,* p. 248.

127   Cálculos en base a la Dirección de Estadísticas y Censos de Chile. *Anuario Estadístico 1957.* Santiago, 1961. Si ocupamos, además, los datos del total de matriculados de la Universidad de Chile y de la Universidad Católica de Valparaíso, 37,3% de los alumnos fueron mujeres.

128   Entrevista a Elisa Vias realizada por José Tomás Valente el 10 de marzo de 2016.

129   Instituto Nacional de Estadísticas. *Compendio estadístico 2014.* Santiago, INE, 2014, p. 202.

130   Servicio de Información de Educación Superior. Informe Titulación 2012. Santiago, SIES, 2013.

131   Según Eterovic, Dalibor S., y Cassandra M. Sweet. "Democracy and Education in twentieth-century Latin America". *Economics & Politics,* Vol. 26, N°2, 2014, pp. 237-262, se podría establecer en Latinoamérica una relación entre la matrícula escolar y la inclusión electoral de la mujer y los analfabetos en el siglo XX. Sería así ya que el aumento de la participación democrática

y de la competencia política llevarían a un incremento del gasto público en educación, lo que provocaría que más personas cursen niveles básicos de educación, al ser una política de alta rentabilidad social.

[132] Hutchison, Elizabeth. *Labores propias de su sexo. Género, políticas y trabajo en Chile urbano 1900-1930*. Santiago, LOM, 2014.

[133] Laura Rosa Zelada, 26 de noviembre de 1903. En *Ibid.*, p. 11.

[134] *Ibid.*, p. 13.

[135] *Ibid.*, p. 39.

[136] Es interesante notar cómo en ese entonces trabajar como parte del servicio doméstico de una casa ajena era para muchas mujeres una opción a la que aspiraban, una opción que les daría la estabilidad soñada. Este hecho resulta más interesante aún al contrastarlo con el Chile actual, donde el desarrollo ha permitido que se vea este trabajo como uno de no muy buena calidad al que solo una minoría de mujeres aspira.

[137] Hutchison. *Op. cit.*, p. 51.

[138] "La mujer obrera", *El Mercurio*, 10 de marzo, 1908. En *Ibid.*, p. 74.

[139] La alta participación de las mujeres en algunas industrias como la textil no es de extrañar. Recordemos que para el Censo de 1907 la mitad de los hombres seguía trabajando en el campo.

[140] Montecino. *Op. cit.*, p. 124.

[141] Valdés, Ximena. "Construyendo un lugar, traspasando fronteras. Trayectoria social de las mujeres rurales durante un siglo". En Montecino, Sonia (comp.). *Mujeres chilenas: Fragmentos de una historia*. Santiago, Catalonia, 2008, pp. 431-442, p. 440.

[142] Esta tasa se calcula dividiendo la cantidad de mujeres que participan en el mercado del trabajo en el número total de mujeres mayores de 15 años y menores de 65 años.

[143] Cox, Loreto. *Participación de la Mujer en el Trabajo: 1854-2000*. Instituto de Economía, Pontificia Universidad Católica de Chile, Economic History and Cliometrics Lab, Working Paper N°4, 2009.

[144] Hay que proceder con cuidado al analizar este primer período, ya que los censos fueron estrechando la definición de trabajo por cambios metodológicos. Esto ayudaría a explicar la fuerte disminución de la participación laboral femenina entre 1900 y 1930 que se observa en el gráfico. Ver, para más información, Hutchison, Elizabeth. "La historia detrás de las cifras: la evolución del censo chileno y la representación del trabajo femenino: 1895-1930". *Historia*, N°33, Santiago, 2000.

[145] El efecto descrito corresponde a lo que en economía se llama "efecto sustitución". El menor salario tiene adicionalmente otro efecto, llamado "efecto ingreso", el que responde al hecho de que el menor salario disminuye el nivel de consumo, lo que provoca que aumenten los incentivos a buscar trabajo. Si bien este segundo efecto influye en la tasa de participación en dirección contraria, la literatura empírica sobre trabajo femenino suele concluir que este segundo efecto es menor que el primero.

[146] El aumento en la calidad de vida habría provocado una mayor valoración del ocio, lo que habría reducido la oferta de trabajo femenina.

[147] Durante este período se registró un fuerte aumento en la cantidad de hijos por mujer. Este mayor número de hijos afectó negativamente la tasa de participación femenina, pues el cuidado de los hijos requiere de tiempo, reduciendo así la oferta de trabajo de las mujeres.

[148] Cox no estudia directamente el efecto de la educación, sino que lo considera incluido en los cambios de los salarios.

[149] Contreras, Dante, Esteban Puentes y David Bravo. "Female labour force participation in greater Santiago, Chile: 1957-1997. A synthetic cohort analysis". *Journal of International Development*, Vol. 17, N° 2, 2005, pp. 169-186.

[150] Contreras, Dante y Gonzalo Plaza. "Participación laboral femenina en Chile: ¿Cuánto importan los factores culturales?". Universidad de Chile, Departamento de Economía, Serie Documentos de Trabajo N°235, 2007.

[151] Número de mujeres en la fuerza de trabajo dividido por el total de la población femenina, ambas variables para el tramo etario 30-34.

[152] Errázuriz Tagle, Javiera. "Discursos en torno al sufragio femenino en Chile 1865-1949". *Historia*, N°38, Vol. 2, Santiago, 2005, p. 269.

[153] Barros de Orrego, Martina. "El voto femenino". *Revista Chilena*, año 1, tomo II, Num. IX, Santiago, 1917, pp. 390-399, p. 392.

[154] Un ejemplo de rechazo al sufragio por parte de las mujeres fue el periódico *El Eco* de las Señoras de Santiago en 1865. Allí un grupo de mujeres conservadoras defendía al catolicismo como religión oficial ante la libertad religiosa, y a pesar de que decían que tenían la capacidad de emitir juicios sobre temas que afectaran el orden social y a la patria, rechazaban la participación de la mujer en la política.

[155] Errázuriz. *Op. cit.*, p. 284.

[156] Martina Barros de Orrego. "El voto femenino". *Op. cit.*, p. 393.

[157] Lavrín, Asunción. *Mujeres, feminismo y cambio social en Argentina, Chile y Uruguay 1890-1940*. Santiago, DIBAM, 2005, pp. 363-366.

[158] Errázuriz. *Op. cit.*, p. 266.

[159] El nombramiento fue un caso excepcional debido a la renuncia del alcalde anterior, al que se le acusaba de irregularidades.

[160] La elección de 1935 no produjo un movimiento masivo de mujeres por inscribirse y votar. De hecho, fueron pocas las que lo hicieron: de un total de 850.000 potenciales nuevas votantes, se inscribieron apenas 76.049 (y votaron 66.113), esto es, apenas un 9% de las posibles sufragistas femeninas. Comparándolo con el voto masculino, también fue una proporción menor, ya que en las elecciones de 1932 solo votó el 15% de los hombres habilitados para hacerlo. En las elecciones de 1935, casi la mitad de la votación femenina fue para el Partido Conservador, con lo que se convirtió en la mayor fuerza electoral del país. De las 98 candidatas presentadas, fueron elegidas 25; 16 de ellas adherían al Partido Conservador. Errázuriz. *Op. cit.*, p. 276.

[161] Como la del diputado liberal por Victoria, Manuel Huerta, que señaló que el nuevo derecho las haría "más locas de lo que son...", *Ercilla*, N°712, 1948, p. 10, citado por Huerta Malbrán, María Antonieta, y Diana Veneros Ruiz-Tagle. "Mujeres, democracia y participación social. Las múltiples representaciones del contrato social". En Stuven, Ana María y Joaquín Fermandois. *Historia de las mujeres en Chile*. Santiago, Taurus, 2013, pp. 385-429, p. 394.

[162] En 1953 María de la Cruz Toledo es electa como la primera mujer senadora por la senaduría de Santiago.

[163] González Videla, Gabriel. "Mujeres de Chile: sois desde este instante ciudadanas...". Teatro Municipal, Santiago, 9 de enero de 1949.

[164] Errázuriz. *Op. cit.*, p. 281.

[165] Lagos, Marta. "La participación electoral en Chile, 1952-2006". En Huneeus, Carlos, Fabiola Berrios y Ricardo Gamboa (eds.). *Las elecciones chilenas de 2005: partidos, coaliciones y votantes en transición*. Santiago, Catalonia, 2007, p. 152.

[166] Esta serie se calcula dividiendo el total de votantes como proporción de los hombres y mujeres en edad de votar (desde 1870, 25 años; y desde 1970 en adelante, 18 años).

[167] Silva, Bárbara y Josefina Cabrera. *Chile: 100 días en la historia del siglo XX*. Santiago, Planeta, 2015, pp. 198-199.

[168] Garay, Cristián. "Población y sociedad". En Fermandois, Joaquín (dir.), Olga Ulianova (coord.). *América Latina en la historia contemporánea. Chile. Tomo 4_1930/1960. Mirando hacia adentro*. Madrid. Editorial Taurus, 2015, pp. 213-276, p. 264.

[169] *Ibid.*, pp. 267-271.

[170] *Ibid.*, p. 271.

[171] Defunciones de menores de un año por cada mil nacidos vivos.

[172] Castañeda, Tarsicio. "Contexto socioeconómico y causas del descenso de la mortalidad infantil en Chile". *Estudios Públicos*, CEP, N° 64, Santiago, 1996, pp. 5-9.

[173] Raczynski, Dagmar y otros. "Contexto socioeconómico y causas del descenso de la mortalidad infantil en Chile" (Mesa redonda). *Estudios Públicos*, CEP, N°16, 1984, Santiago, pp. 57-71, p. 59. Varios otros autores detectan también una asociación negativa entre el Producto Geográfico Bruto por habitante o el nivel socioeconómico de las familias y la tasa de mortalidad infantil. Estos autores adjudican la detención en la caída de la tasa de mortalidad infantil en los años cincuenta al estancamiento económico que experimentó el país en dichos años (Raczynski, Dagmar y Cesar Oyarzo, "¿Por qué cae la tasa de mortalidad infantil en Chile?". *Colección de Estudios CIEPLAN 6*, Santiago, diciembre, 1981, pp. 45-84, p. 46).

[174] Castañeda. O*p. cit*. Puede sorprender que la TMI haya continuado su disminución a pesar de las sucesivas crisis de las décadas de 1970 y 1980. Sin embargo, Castañeda argumenta que las variables de mayor influencia son las variables de *stock*: agua potable, alcantarillado, calidad de la vivienda, educación, por lo que, si bien el flujo de ingresos puede haberse visto mermado fuertemente durante las crisis, el *stock* y los programas gubernamentales lo hicieron en menor cuantía. Para más trabajos interesantes sobre el tema, ver Foxley, Alejandro y Dagmar Raczynski. "Grupos vulnerables en situaciones recesivas: el caso de los niños y jóvenes en Chile". *Colección de Estudios CIEPLAN 13*, Santiago, junio, 1984. pp. 107-139; y Castañeda, Tarsicio. "Determinantes del descenso de la mortalidad infantil en Chile: 1975-1982". *Cuadernos de Economía*, Año 22, N°66, 1985, pp. 195-214.

[175] Estas afirmaciones no distan mucho del pensamiento del premio Nobel de economía Robert Fogel, quien ha sugerido que un importante factor en el crecimiento económico a largo plazo es la mejora de la salud por medio de la mejora de la nutrición. Fogel estima que en Gran Bretaña alrededor de una de cada cinco personas estaba en 1780 tan desnutrida que no podía realizar ningún trabajo manual. Y en el caso de los que podían trabajar, la insuficiente ingesta calórica reducía significativamente el esfuerzo que podían realizar. A medida que mejoró la nutrición, también mejoró la productividad de los trabajadores (Gregory Mankiw. *Principios de Economía*. España, Thompson, 2007, p. 389). Una lectura altamente recomendada sobre el tema es el discurso de Robert Fogel cuando recibió el premio Nobel en 1993: Fogel, Robert. "Economic growth population theory and physiology: the bearing of long-term processes on the making of economic policy". *American Economic Review*, Vol. 84, N°3, 1994, pp. 369-395.

[176] Salinas. *Op. cit.*, p. 237.

[177] Díaz Eloísa. "La alimentación de los niños pobres en las escuelas públicas". *Informaciones Pedagógicas*, Boletín N°1, Santiago, Imprenta, Litografía y Encuadernación Barcelona, 1906, p. 5.

[178] Salinas. *Op. cit.*, p. 236.

179   La situación a principios de siglo puede ser incluso más dramática que lo que reflejan las estadísticas de desnutrición, ya que muchos de los desnutridos graves se morían rápidamente, por lo cual no quedaban registrados en estas estadísticas. Los desnutridos de las estadísticas, vivían mal, pero sobrevivían.

180   Programa Mundial de Alimentos de las Naciones Unidas. *Hacia la erradicación de la desnutrición infantil en América Latina y el Caribe. Conferencia Regional Ministerial, Santiago de Chile, 2008,* Panamá, PMA, 2008, pp. 96-97.

181   Ver Raczynski y Oyarzo, *op. cit.,* y Foxley y Raczynski, *op. cit.*

182   Programa Mundial de Alimentos de las Naciones Unidas. *Op. cit.,* p. 47.

183   Los alimentos representaban un 48% del gasto promedio de las familias en 1957 (canasta del IPC de 1957, INE). Más aún, es probable que en los hogares más pobres este porcentaje haya sido bastante mayor.

184   Volviendo a inicios de siglo, en Eyzaguirre, Guillermo y Jorge Errázuriz. *Estudio Social: Monografía de una familia obrera de Santiago.* Barcelona, Santiago, 1903, p. 77, los autores señalan que "cargados, por la fecundidad de la mujer de pueblo, de cuatro *ó* cinco hijos, sin que se pueda recurrir ni al trabajo precoz de estos, el salario de los padres tiene que tomar elasticidad año *á* año para lograr la subsistencia de todos. Subsistencia que obtienen gracias *á* las pobres especies alimenticias con que se nutren, ordinarias ropas que se visten y que apenas renuevan, y *á* su habitación inhabitable".

185   Programa Mundial de Alimentos de las Naciones Unidas. *Op. cit.,* p. 47.

186   Esta teoría fue propuesta por primera vez en Popkin, Barry. "Nutritional patterns and transitions". *Population and Development Review,* vol. 19, N°1, 1993, pp. 138-157.

187   En el caso de Chile se puede agregar las legumbres, responsables del mayor porcentaje de ingesta de proteínas de la época, y algunas frutas. Es importante clarificar, eso sí, que la fruta en aquella época solo se comía por temporadas, las cuales eran bastante más cortas que hoy en día, por lo que su consumo dependía del mes y del año.

188   Crovetto, M. Mirta. "Cambios en la estructura alimentaria y consumo aparente de nutrientes de los hogares del Gran Santiago 1988-1997". *Revista Chilena de Nutrición,* vol. 29, N°1, 2002, pp. 24-32.

189   El primer *Kindergarten* fue creado en 1840, en la localidad alemana de Blankenburg por Federico Froebel.

190   Peralta, María Victoria. "Diagnóstico y perspectivas de la educación parvularia en Chile". En Lavados, Hugo, Eduardo Hill y Viterbo Apablaza (eds.). *El sistema educacional chileno. Elementos para un análisis global.* Santiago, Corporación de Promoción Universitaria, 1986, pp. 13-122, p. 20.

191   Ministerio de Educación de Chile. *La educación parvularia en Chile.* Ministerio de Educación, República de Chile, Santiago, 2001, p. 28.

192   Soto, Fredy. *Historia de la educación chilena.* Santiago, Centro de Perfeccionamiento, Experimentación e Investigaciones Pedagógicas (CPEIP), 2000, p. 136.

193   Urzúa, Sergio y Loreto Reyes. "La demanda y oferta de educación temprana en Chile". *Estudios Públicos,* CEP, N°126, Santiago, otoño 2012, pp. 45-86, p. 47.

194   Ver Carneiro Pedro y James Heckman. "Human Capital Policy". *Institute of Labor Economics IZA,* Discussion Paper, N°821, 2003; Heckman, James. "Skill Formation and the Economics of Investing in Disadvantaged Children". *Science,* Vol. 312, N°5782, 2006, pp. 1900-1902; y Heckman, James. "The economics of inequality: The value of early childhood education". *American Educator,* vol. 35, N°1, Washington DC, 2011, pp. 31-35, 47.

[195] Ver Barnet, Steven. "Long Term Effects of Early Childhood Programs on Congnitive and School". *The Future of Children*, Vol. 5, N°3, 1995, pp. 25-50; Cuhna, Flavio, James Heckman, Lance Lochner y Dimitriy Masterov. "Interpreting the Evidence on Life Cycle Skill Formation". En Hanushek Eric y Finis Welch. *Handbook of the Economics of Education*. Vol. 1. Amsterdam, North Holland, 2006, pp. 697-812.; y Schady, Norbert, Sebastian Galiani y André Portela Souza. "Early Childhood Development in Latin America and the Caribbean". *Economía, Journal of the Latin American and Caribbean Economic Association*, Vol. 6, N° 2, 2006, pp. 185-225.

[196] Pradenas, Hernán. *Historia de la Educación Parvularia en Chile*. Santiago, 1980, p. 6.

[197] Soto. *Op. cit.*, p. 137.

[198] Centro de Estudios MINEDUC. *Estadísticas de la educación 2015*. Ministerio de Educación, República de Chile, Santiago, 2016, p. 48.

[199] Por cobertura nos referimos a la Tasa de Asistencia Neta de menores de 5 años de edad, que es el número total de menores de 5 años que se encuentran asistiendo a la educación parvularia divido por la población total de menores de 5 años.

[200] Es la cobertura en salas de cuna (10%) lo que disminuye el promedio. Si bien la diferencia podría ser menor entre un nivel y otro, es esperable que los niveles se cobertura sean bastante más bajo en los primeros años, esto lo demuestran los datos de los países de la OECD (OECD. *OECD Family Database*. OECD, Paris, 2015. URL: www.oecd.org/social/family/database.htm) y las respuestas de los mismos padres en la Encuesta CASEN 2015, donde un 78% considera que tiene un mejor cuidado en casa y un 14% responde que no tiene la necesidad para asistir a un centro educacional.

[201] Recordemos las ya citadas restricciones presupuestarias de principios de siglo XX, que interrumpieron el impulso fundador de jardines infantiles.

[202] Ministerio de Desarrollo Social. *Encuesta CASEN 2011*. En: http://observatorio.ministerio-desarrollosocial. gob.cl/index.php [Fecha de consulta: 02 de enero de 2018]

[203] Durante el año 2013 se estableció mediante la Ley N°20.719 el kínder como un curso obligatorio y, con esta reforma el sistema escolar chileno llegó a los trece años de enseñanza obligatoria. Además, esta misma ley estableció el deber del Estado de financiar un sistema gratuito desde el nivel Medio Menor, es decir, desde los dos años de edad.

[204] Durante la última década el gasto en educación parvularia, tanto público como privado, ha aumentado considerablemente. Si en el año 2005 en Chile se gastaba tan solo un 0,2%, del PIB del año en este ítem, en el año 2015 alcanzaba un 1,1% del PIB anual (siendo un 1% del PIB gasto del Gobierno). Podemos comparar este crecimiento con el gasto en educación superior, que prácticamente no se movió entre el 2005 (1,9% del PIB) y el 2015 (2,0% del PIB). Fuente: OECD.

[205] Garay. *Op. cit.*, p. 270.

[206] Rojas Flores, Jorge. "Trabajo infantil en la Minería: Apuntes históricos". *Historia*, N°32, Santiago, 1999, pp. 367-441, p. 373.

[207] Rojas. *Op. cit.*, p. 373.

[208] Rojas Flores, Jorge. *Historia de la infancia en el Chile Republicano*, 1810-2010. Santiago, JUNJI, 2010, p. 221.

[209] Si consideramos a todos los niños y jóvenes entre 12 y 18 años, la cifra sería de 273.889 trabajadores, un 25% de la población entre esas edades.

[210] Rojas. *Historia de la infancia...*, *op. cit.*, p. 495.

[211] Sobre la discusión de los derechos del niño en Chile a inicios del siglo XX, ver Jorge Rojas. "Los derechos del niño en Chile: una aproximación histórica, 1910-1930". *Historia*, N°40, Santiago, 2007, pp. 129-164.

212 Liga de las Naciones. *Declaración de Ginebra*. 1924.

213 Rojas. *Historia de la infancia..., op. cit.*, p. 330.

214 Freites, Luisa. "La Convención Internacional sobre los Derechos del Niño: apuntes básicos". *Revista Educere*, vol. 12, N°42, 2008, pp. 431-437, pp. 432-433. Y Nalda, Rocío. *La eficacia del procedimiento de medidas de protección del niño, niña o adolescente* (Tesis de Licenciatura). Facultad de Derecho, Universidad de Chile. Profesor guía: Gabriel Álvarez. 2016, pp. 52-53.

215 Esta asamblea es el órgano principal de representación, deliberación y adopción de políticas de la ONU.

216 Asamblea General de las Naciones Unidas. *Declaración de los Derechos del Niño*. 1959.

217 Rojas, Jorge. "Juegos y alegrías Infantiles". En Sagredo, Rafael y Cristián Gazmuri (comp.), *Historia de la vida privada en Chile 2: El Chile moderno. De 1840 a 1925*. Santiago, Taurus, 2005, pp. 349-388, p. 365-366.

218 Rojas, Jorge. "Historia del juguete en Chile". En Santis, Juan Antonio. Juguetes. *100 años de fabricación chilena*. Santiago, Ocho Libros, 2010, pp. 20-73, p. 47.

219 *El Pibe: Revista semanal para los niños*. Santiago, Imprenta Selecta, 16 de julio de 1923, año 1, N°1, p. 2.

220 Por si tiene curiosidad, las películas más vistas por año son: *Coco* (2018), *Mi villano favorito 3* (2017), *La Era del Hielo: Choque de mundos* (2016), *Minions* (2015), *Cómo entrenar tu dragón 2* (2014) *Monster University* (2013), *Harry Potter y las reliquias de la muerte Parte 2* (2011), *Toy Story 3* (2010) y *La Era del Hielo 3* (2009). Datos obtenidos de los Informes CAEM en http://caem.cl/index.php/informes-anuales.

221 Rojas. "Juegos y alegrías...", *op. cit.*, p. 371.

222 Gazmuri, Cristián. "Testimonio: de niño a adolescente en Quintero". En Sagredo, Rafael y Cristián Gazmuri (comp.), *Historia de la vida privada en Chile 3: El Chile contemporáneo. De 1925 a nuestros días*. Santiago, Taurus, 2008, pp. 128-157, p. 144.

223 Villalón y Vera, "Panorama demográfico en chile contemporáneo: desafíos para la sociedad del siglo XXI". *Revista Anales*, séptima serie, N°3, 2012, pp. 37-63.

224 En 1919 la TBM alcanzó su máximo histórico en Chile con 37,4 muertes cada 1.000 habitantes.

225 Notar que en 1924 se creó el Ministerio de Higiene, Asistencia, Trabajo y Previsión Social y en 1938 se dictó la Ley de Medicina Preventiva N°6.174.

226 Instituto Nacional de Estadísticas. *Chile y los adultos mayores. Impacto en la sociedad del 2000*. INE, Santiago, 1999, p. 35.

227 INE. *Hechos vitales en Chile en el siglo XX y XXI*. 2014.

228 Las afecciones que tienen su origen en el tiempo inmediatamente anterior o posterior al parto (periodo perinatal), aun cuando la enfermedad o la muerte ocurran más tarde.

229 Ver subsección "Mortalidad infantil", más arriba.

230 "Son aquellas en las que no se puede efectuar un diagnóstico más específico aún después de haber investigado todos los hechos, signos o síntomas existentes en el momento del primer contacto, que demostraron ser transitorios y cuyas causas no pudieron ser determinadas. Casos en los que no se dispuso de un diagnóstico más preciso, diagnósticos provisionales en pacientes que no volvieron para recibir atención o investigación adicional, información complementaria referida a ciertos síntomas que representan problemas en la atención médica". INE. *Hechos vitales en Chile durante el siglo XX y XXI*. 2014.

231 Villalón y Vera. *Op. cit.*

232 "La relación entre factores socioeconómicos y la salud ha sido continuamente demostrada en múltiples estudios. El crecimiento económico ha permitido mejorar las condiciones de la

vivienda, alimentación, educación y las condiciones sanitarias que han mediado hacia un cambio en los perfiles y tendencias de diversas enfermedades tanto transmisibles como crónicas". Castillo Salgado, Carlos. *Manual sobre el enfoque de riesgo en la atención maternoinfantil*. Washington, Organización Panamericana de la Salud, 1999, pp. V-VI.

[233] En caso de que no se confíe mucho en las cifras del censo del 2012, se puede observar que en el censo de 2002 un 11,8% de las mujeres mayores de 15 años que declararon la cantidad de hijos tenía cinco hijos o más. Como en los últimos años ha bajo la fecundidad en el país, la cifra del Censo del 2012 es plausible.

Por otro lado, si consideramos solamente a la población femenina entre 35 y 39 años, el Censo del 2012 señala que solo un 3,1% de ese cohorte tiene cinco o más hijos; mientras que 20,6% de las mujeres de 50 años o más tiene cinco o más hijos. Esto muestra que las familias con cinco hijos o más seguirán disminuyendo en el tiempo.

[234] Algunos estudios más profundos sobre las causas de la transición demográfica en Chile en Cerda, Rodrigo. "Cambios demográficos y sus impactos en Chile". *Estudios públicos*, CEP, N°110, Santiago, otoño 2008; y Villalón y Vera. *Op. cit.*

[235] De acuerdo a CEPAL. "Una región donde nacen menos niños". *Notas de la CEPAL*, N°53, Julio, Santiago, 2007; el uso de métodos anticonceptivos habría explicado cerca del 50% de la reducción en las tasas de fecundidad en América Latina y el Caribe en los años noventa, aunque no realiza estimaciones particulares para el caso de Chile. Por otra parte, Cerda, 2008. *Op. cit.* encuentra que los factores más relevantes en la disminución de la tasa de fecundidad corresponden al aumento educacional de las mujeres y al aumento del gasto que exigen los hijos. Finalmente, las mejores políticas públicas en salud lograron disminuir la mortalidad infantil lo que a su vez disminuye la presión por tener hijos.

[236] Cerda, Rodrigo. "Cambios demográficos: desafíos y oportunidades de un nuevo escenario". *Temas de la Agenda Pública*, N°11, Pontificia Universidad Católica de Chile, 2007, p. 15.

[237] Servicio Nacional del Adulto Mayor. *Glosario Gerontológico*. Disponible en: http://www.senama.gob.cl/storage/docs/GLOSARIO_GERONTOLOGICO.pdf

[238] Ver Glosario gerontológico en *Idem*, para los términos vejez exitosa, vejez patológica y envejecimiento.

[239] A su vez, tanto el proceso de disminución de la fecundidad como la mortalidad tienen sus determinantes, algunos de los cuales se mencionaron anteriormente en este documento. Para mayor información sobre el proceso de envejecimiento y sus determinantes, ver Chackiel, Juan. "El envejecimiento de la población latinoamericana: ¿hacia una relación de dependencia favorable?". *Población y Desarrollo*, vol. 4, CELADE, Santiago de Chile, 2000.

[240] Servicio Nacional del Adulto Mayor. Las *Personas Mayores en Chile. Situación, avances y desafíos del envejecimiento y la vejez*. Santiago, SENAMA, 2009, p. 24.

[241] Se espera que para el 2025 la cantidad de adultos mayores supere a la de menores de 15 años (Índice adulto mayor que 100) y que para la mitad del siglo XXI la cantidad de adultos mayores sea de 170 por cada cien menores de 15 (Instituto Nacional de Estadísticas. "Adulto mayor en Chile". *Enfoque estadístico*, septiembre de 2007, Santiago, 2007, p. 2).

[242] El Índice de Dependencia Demográfica (IDD) corresponde al cociente entre la población potencialmente inactiva (adulto mayor e infantil-juvenil) y la población económicamente activa; esto es, la población entre los 15 y los 59 años de edad. Esta medida demográfica permite evaluar la carga que sustenta la Población Potencialmente Activa (PPA).

[243] Instituto Nacional de Estadísticas. "Población adulta mayor en el bicentenario". *Enfoque Estadístico*, septiembre 2010, Santiago, 2010, p. 7.

244   Eso sí, hay que hacer notar que muchas personas mayores de 60 años siguen trabajando, como veremos más adelante.

245   Tal vez esta afirmación pueda parecer extraña, si se considera la ampliación de la población en los rangos de edad de 4 a 9 años y de 10 a 14 años para la pirámide de 2002. Sin embargo, este aumento fue coyuntural –un "baby boom"–, probablemente causado por el alto crecimiento económico a finales de la década de 1980 e inicios de la década siguiente, y/o por el efecto de la vuelta a la democracia, variables que mejoraron las proyecciones de vida futura. Tras este periodo, los nacimientos volvieron a disminuir a la tendencia que se observaba desde antes.

246   Servicio Nacional del Adulto Mayor. *Dimensiones del envejecimiento y su expresión territorial.* Santiago, SENAMA, 2009, p. 15

247   Hans Rosling, Ola Rosling y Anna Rosling Rönnlund. *Factfulness: Ten reasons we're wrong about the world –and why things are better than you think.* New York, Flatiron Books, 2018. p. 53.

248   Centro Latinoamericano y Caribeño de Demografía. "Envejecimiento poblacional". *Observatorio Demográfico*, CELADE-CEPAL, N°12, Santiago de Chile, 2011, p. 98.

249   Marín, Pedro (ed.). *Tiempo nuevo para el adulto mayor: Enfoque interdisciplinario.* Santiago, Sandoz, 1993, pp. 34-35.

250   Para profundizar más sobre las diversas facetas y desafíos del envejecimiento y sobre recomendaciones para abordar la llegada a la tercera edad, ver Larraín, Felipe, Pablo Marín y Eduardo Valenzuela (ed.). *Cómo vivir 100 años.* Clapes UC, Ediciones UC, Santiago, 2016.

251   El SENAMA habla de la promoción de la participación en diversos ámbitos de la familia, la economía y la comunidad como una "salud social" que impacta en la salud física y la psicológica de la persona mayor. Ver https://web.archive.org/web/20171102165220/http://www.senama.cl:80/EnvejecimientoAct.html

252   En Henríquez, Josefa y Carolina Velasco, "El nuevo paciente: desafíos para el sistema de Salud". *Puntos de Referencia*, CEP, N°426, 2016, pp. 5-6. Se estima que, según datos de la CASEN 2013 y la EPS 2009, en comparación con los menores de 60 años, las personas de la tercera edad son entre 4,2 y 7 veces más propensos que los más jóvenes a reportar algunas condiciones crónicas, y que más del triple de las personas mayores señala tener alguna dificultad en la vida diaria.

253   Organización Mundial de la Salud. *World Report on Ageing and Health.* Suiza, WHO Press, 2015, pp. 16-17.

254   Notar que entre 1960 y 2002 las mujeres en quehaceres del hogar bajaron 27 puntos porcentuales, mientras las retiradas aumentaron 23 puntos porcentuales, por lo que parte del aumento de retirados se puede deber a un cambio en cómo se definían las mujeres mayores de edad.

255   En este caso, realizamos la comparación considerando solamente a personas entre 65 y 69 años de edad, ya que los hombres se jubilan después que las mujeres, y, además, por sobre los 70 años de edad cada vez más gente deja su trabajo por problemas de salud.

256   También en Comisión Asesora Presidencial sobre el Sistema de Pensiones. *Encuesta de Opinión y Percepción del Sistema de Pensiones.* Santiago, 30 de marzo de 2015. Disponible en http://www.comision-pensiones.cl/Estudios, se señala que un 76% de los adultos mayores indicó como una de las tres principales razones para seguir trabajando el hecho de que necesitan complementar su pensión con otros ingresos.

257   Programa Adulto Mayor UC y Centro UC Estudios de Vejez y Envejecimiento (Coord.). *Chile y sus mayores. 10 años de la Encuesta de Calidad de Vida en la Vejez UC.* Santiago, Caja Los Andes y Pontificia Universidad Católica de Chile, 2017, pp. 25-40.

258   Ministerio de Desarrollo Social. *Adultos Mayores, Síntesis de resultados. Encuesta CASEN 2015.* Santiago, 2017.

[259] Vivir solo es una situación que puede interpretarse tanto como autonomía como vulnerabilidad, por lo que hay que tener cuidado al analizar estas cifras

[260] Programa Adulto Mayor UC y Centro UC Estudios de Vejez y Envejecimiento (Coord.). *Op. cit.*, pp. 81-91.

[261] Gazmuri. *Op. cit.*, p. 92. También es preciso notar que estas redes higiénicas, tanto en Santiago como en las demás ciudades, solo abarcaban una parte pequeña de la ciudad.

[262] De Ramón, Armando y Patricio Gross. *Santiago de Chile: Características histórico ambientales, 1891-1924*. Londres, revista *Nueva Historia*, 1985, pp. 67-69.

[263] Básicamente, un subsidio cruzado es cobrar tarifas menores al costo a un grupo, por ejemplo, la población de menos ingresos, y cobrarle a otro grupo una mayor tarifa para compensar.

[264] Jouravlev, Andrei y Soledad Valenzuela. *Servicios urbanos de agua potable y alcantarillado en Chile: factores determinantes del desempeño*. Santiago, CEPAL, 2007.

[265] De Ramón, Armando y Patricio Gross. *Op. cit.*, p. 81.

[266] CORFO. *Geografía económica de Chile. Tomo III*. Santiago de Chile, 1962, pp. 449-450.

[267] Álvarez Caselli, Pedro. *Mecánica Doméstica*. Santiago, Editorial UC, 2011, pp. 148-150.

[268] Cifra basada en una muestra del Censo de 1960 de IPUMS.

[269] Por si se considera que el terremoto de 1960 podría haber afectado tal cifra, cabe decir que en 1952 la cantidad de viviendas en buen estado de conservación, 41,3%, era de todos modos menor a la de 1960.

[270] Ffrench-Fuller, Katharine. "Gendered Invisibility, Respectable Cleanliness". *Journal of Women's History*, Vol. 18, N° 4, Invierno 2006, pp. 79-100, p. 84.

[271] Álvarez Caselli, Pedro. Op. cit., p. 155.

[272] Álvarez Caselli, Pedro. "Tecnologías domésticas y modernización de la mujer en Chile entre 1945 y 1970". *Revista 180*, N° 27, UDP, agosto 2011, pp. 32-35, p. 33.

[273] *El Mercurio*, 1 de junio de 1953, p. 4. Publicidad de la productora de electrodomésticos Siam di Tella.

[274] *Ibid.*, p. 23. Publicidad de la empresa Gasman.

[275] *Ibid.*, p. 25. Publicidad de la empresa Precisión Hispana.

[276] Calderón, Alfonso et al. *260 años del correo en Chile: 1747-2007*. Santiago, CorreosChile, 2007, p. 137. Hoy uno se demora dos horas en recorrer la misma distancia.

[277] Serrano, Sol y Alejandra Pérez Lecaros. *Un cable al cielo*. Telefónica CTC Chile (1880-2005). Santiago, Chile, Quebecor World, 2005, p. 22.

[278] Correa Cavada *et al. Op. cit.*, pp. 235-236.

[279] Oficina Central de Estadística, *Anuario estadístico de Chile de 1909*. Sociedad Imprenta y Litografía Universo, Chile, 1910, pp. 252-256.

[280] Correa Cavada, *et al. Op. cit.* p. 238.

[281] Serrano, Sol y Alejandra Pérez Lecaros. *Op. cit.*, p. 29.

[282] *Ibid.*, p. 15.

[283] Lasagni, María Cristina, Paula Edwards y Josiane Bonnefoy. *La radio en Chile: historia, modelos, perspectivas*. CENECA, Chile, 1988, p. 7.

[284] Correa Cavada, Mónica, et al. *Op. cit.*, p. 288.

[285] Lasagni, María Cristina, et al. Op. cit., p. 9.

[286] Agencia que, entre otras campañas famosas, creó el slogan de Mastercard: "Hay cosas que el dinero no puede comprar. Para todo lo demás existe MasterCard".

[287] *Ibid.*, p. 11.

[288] Santa Cruz, Eduardo. *Prensa y sociedad en Chile siglo XX*. Santiago, Editorial Universitaria, 2014, p. 129.

[289] Durán, S., *Historia e historias de la televisión: una aproximación metodológica a la TV desde la historiografía* (Tesis de Doctorado). Instituto de Historia, Pontificia Universidad Católica de Chile, Chile, 2013, p. 37.

[290] Hurtado, María de la Luz, Paula Edwards y Rafael Guilisasti. *Historia de la televisión chilena entre 1959 y 1973*. Santiago de Chile, Documentas-CENECA, 1989, pp. 23-24.

[291] Acuña, Fernando (ed.). *Los primeros 50 años de la televisión chilena*. Santiago de Chile, Facultad Comunicaciones UC/VTR/El Mercurio/Canal 13, 2007, pp. 26-27.

[292] *Ibid.*, p. 30.

[293] *Ibid.*, p. 42.

[294] Rojas, Jorge y Gonzalo Rojas. "Auditores, lectores, televidentes y espectadores. Chile Mediatizado. 1973-1990". En Sagredo, Rafael y Cristián Gazmuri (comp.), *Historia de la vida privada en Chile 3: El Chile contemporáneo. De 1925 a nuestros días*. Santiago, Taurus, 2008, pp. 381-424, pp. 387-389, pp. 392-397.

[295] Lasagni, María Cristina, *et al. Op. cit.*, p. 24.

[296] Acuña (ed.). *Op. cit.*, p. 67.

[297] El control es parcial porque el Estado no puede obligar a la población a ver televisión, especialmente TVN, por lo que se ve obligado a emitir programas que sean interesantes para esta, como concursos y telenovelas, tal como el resto de los canales. Y aunque a muchas localidades solo llegaba la señal de TVN, de todos modos tenía que lograr que la gente se viera atraída por la televisión. Por esto mismo, el Estado tiene más control sobre lo que la población no puede ver que sobre lo que ve.

[298] Acuña (ed.). *Op. cit.*, pp. 135-36.

[299] Acuña (ed.). *Op. cit.*, p. 163.

[300] Cifras provenientes de Subsecretaria de Telecomunicaciones de Chile. Disponible en http://www.subtel.gob.cl/estudios-y-estadisticas/ [Fecha de consulta: 15 de marzo de 2018]. Considerar que cada conexión a Internet puede ser ocupada por más de una persona.

[301] Banco Mundial. *Individuals using the Internet (% of population)*. Disponible en: https://data.worldbank.org/indicator/IT.NET.USER.ZS?year_high_desc=true [Fecha de consulta: 15 de marzo de 2018]

[302] Banco Mundial. *Mobile cellular subscriptions (per 100 people)*. Disponible en: https://data.worldbank.org/indicator/IT.CEL.SETS.P2?year_high_desc=true [Fecha de consulta: 15 de marzo de 2018]

[303] Guajardo Soto, Guillermo. *Tecnología, Estado y ferrocarriles en Chile, 1850-1950*. México, Fundación de los ferrocarriles españoles, 2007, p. 11.

[304] Es oportuno recordar que la industria primaria es la dedicada a la extracción y transformación de los recursos naturales en productos elaborados; por ejemplo, algunos sectores primarios serían la agricultura y la minería.

[305] Guajardo Soto, Guillermo. *Op. cit.*, p. 22.

[306] Villalobos, Sergio (ed.), *Historia de la Ingeniería en Chile*. Ediciones pedagógicas chilenas, Santiago, 1990, pp. 246-249.

[307] *Ibid.*, p. 244.

[308] *Ibid.*, pp. 270-274.

[309] Guajardo Soto, Guillermo, p. 85.

[310] Villalobos, Sergio (ed.). *Op. cit.*, p. 231.

[311] *Ibid.*, p. 368. Las cifras provienen del *Anuario estadístico de la República de Chile* de 1961.

[312] Sprenger, Pablo. *Análisis de las políticas de transporte carretero interurbano en Chile 1976-2001* (Tesis de Ingeniería Civil en Industrias). Escuela de Ingeniería, Pontificia Universidad Católica de Chile, 2002, p. 15.

[313] *Ibid.*, pp. 37, 48.

[314] *Ibid.*, p. 24.

[315] Los caminos básicos son caminos con soluciones de superficie –granular estabilizado y capa de protección de asfalto, por ejemplo– más baratas que el hormigón y el asfalto, pero que evitan la liberación de polvo de los caminos ripiados o de tierra y tienen menores costos de mantención que los caminos ripiados.

[316] Delpiano Rebaza, Ricardo. Historia de la aviación comercial en Chile (1953-1979) (Tesis de Licenciatura). Instituto de Historia, Pontificia Universidad Católica de Chile, Profesor guía: Ricardo Couyoumdjian (2005), pp. 7-13.

[317] *Ibid.*, p. 62.

[318] *Ibid.*, pp. 57-80.

[319] *Ibid.*, p. 136.

[320] Conversando con el ministro de Economía de Chile al momento de publicación de este libro, José Ramón Valente, sobre las posibilidades de volar en avión cuando era joven, recordó una anécdota que vale la pena transcribir porque sintetiza el conocimiento y las posibilidades del medio años atrás: "Cuando era joven, en los ochenta, fui a dejar al aeropuerto a un amigo que iba a irse a estudiar al extranjero. Estábamos un par de amigos y sus padres despidiéndonos de él, cuando por detrás pasó el piloto del avión. En ese instante veo que la madre de mi amigo se da vuelta, detiene al piloto, y le dice una frase que nunca voy a olvidar: 'Porfa, vuele bajito, que en su avión va mi hijo'. Y la verdad es que en los ochenta era tan poco común volar en avión, que incluso las personas que habían recibido más educación no estaban familiarizadas con los vuelos o ellos mismos nunca habían viajado en avión".

[321] Notar que esta cifra es la cantidad de pasajeros tanto chilenos como extranjeros, pero que tomaron vuelos relacionados con Chile. Entonces, la cifra per cápita no dice que en promedio cada chileno voló una vez, sino que es una manera de comparar el tamaño del tráfico aéreo entre países según su tamaño.

[322] Errázuriz, Tomás. "El asalto de los motorizados: el transporte moderno y la crisis del tránsito público en Santiago, 1900-1927". *Historia*, Vol. 43, N° 2, Santiago, 2010, pp. 357-411, p. 362.

[323] Errázuriz, Tomás. *Op. cit.*, pp. 360-362.

[324] *Ibid.*, p. 364. Mientras que en Valparaíso, en 1909, 85 carros motores y 40 acoplados recorrerían por los 28 km de rieles de la ciudad, trasladando 31 millones de pasajeros en ese año.

[325] Figueroa, Óscar. "Four decades of changing transport policy in Santiago, Chile". *Research in Transportation Economics*, Vol. 40, N° 1, 2013, pp. 87-95, pp. 88-89.

[326] En Chillán, incluso, los carros de sangre sobrevivieron a los tranvías eléctricos. Estos últimos quebraron en 1936, mientras que los impulsados por caballos siguieron funcionando al menos hasta la década de 1940.

[327] En Concepción el sistema de autobuses recién se masificó en la década de 1940 luego de que en 1941 la empresa de tranvías detuviera sus operaciones por problemas financieros tras una huelga de sus trabajadores. "Patrimonio. Década de 1940". https://web.archive.org/web/20160217013933/http://concebus.cl/historia/decada-1940/ [Fecha de consulta: 06 de octubre de 2017].

[328] http://www.municipalidadgraneros.cl/index.php?option=com_content&view=article&id=4. [Fecha de consulta: 06 de octubre de 2017]

[329] Errázuriz, Tomás. *Op. cit.*, pp. 370-374.

[330] *Ibid.*, pp. 374 y 377.

[331] *Ibid.*, pp. 391-396.

[332] Estrada Turra, Baldomero. "Tecnología y modernización: evolución del transporte urbano en Valparaíso. 1850-1950". *Polis*, Vol. 11, N° 33, Santiago, 2012, pp. 345-374. Disponible en: http://www.scielo.cl/scielo.php?script=sci_arttext&pid=S0718-65682012000300017&lng=en&nrm=iso&tlng =en [Fecha de consulta: 11 de noviembre de 2017]

[333] El último tranvía de la ENT –Empresa de Transportes Colectivos del Estado (ETCE) desde 1953– recorrió Valparaíso en 1952 y Santiago en 1959.

[334] Morrison, Allen. *Los trolebuses de Santiago*. En http://www.tramz.com/cl/s/tas.html [Fecha de consulta: 06 de octubre de 2017]

[335] Figueroa, Óscar. *La desregulación del transporte colectivo en Santiago: balance de diez años*. EURE Review, N°49, Santiago, 1990, pp. 26-29.

[336] Para mayor detalle sobre las características y problemas de las "micros amarillas", ver Díaz, Guillermo, Andrés Gómez-Lobo y Andrés Velasco. "Micros en Santiago: de enemigo público a servicio público". *Estudios Públicos*, CEP, N°96, 2004.

[337] Gazmuri. *Op. cit.*, p. 109.

[338] Gazmuri. *Op. cit.*, pp. 221 y 495.

[339] Matamala, Tito. *Chile retrete: una historia del aseo corporal para leer en el baño*. Santiago, Ediciones B, 2015, p. 15.

[340] Drèze, Jean y Amartya Sen. *Indian Development: Selected Regional Perspectives*. New York, Oxford University Press, 1997, p. 5.

[341] Naciones Unidas en Chile. *Chile se ubica en el primer lugar en Desarrollo Humano entre los países de América Latina*. 14 de marzo de 2013. Disponible en: http://www.onu.cl/onu/chile-se-ubica-en-el-primer-lugar-en-desarrollo-humano-entre-los-paises-de-america-latina/

[342] Este experimento se asemeja al "velo de la ignorancia", popularizado por el filósofo John Rawls como parte de su Teoría de la Justicia.

[343] En base a una línea de pobreza de US$5,50 al día (2011 PPP). Cálculo realizado por el Banco Mundial: datos.bancomundial.org

[344] De acuerdo con Javier Rodríguez, el coeficiente de Gini en 2009 era 0,54, el mismo que el observado en el año 1910. Más aún, de acuerdo al autor, entre 1850 y 2009 el coeficiente no presentó grandes variaciones; el mínimo valor alcanzado fue 0,485 y el valor promedio fue de 0,543 (datos de Rodríguez Weber, Javier. *Desarrollo y desigualdad en Chile (1850-2009). Historia de su economía política*. Santiago, Centro de Investigaciones Diego Barros Arana, 2017. En Díaz, José, Rolf Lüders, y Gert Wagner. *La República en Cifras... op. cit.*). Estimaciones sobre la evolución reciente del coeficiente muestran un leve descenso. De acuerdo a la Encuesta CASEN el coeficiente Gini de ingresos monetarios ha evolucionado desde 0,5 en 2006 a 0,48 en 2015 (Ministerio de Desarrollo Social. Adultos Mayores, Síntesis de resultados. Encuesta CASEN 2015. Santiago, 2017. Disponible en http://observatorio.ministeriodesarrollosocial.gob.cl/casen-multidimensional/casen/casen_2015.php). A su vez, las estadísticas de la OECD muestran que el coeficiente Gini del ingreso disponible, después de incluir impuestos y transferencias, ha disminuido desde un 0,48 en 2009 a 0,45 en 2015. [OECD. *OECD.stats*. OECD, Paris. URL: https://stats.oecd.org/].

REFERENCIAS BIBLIOGRÁFICAS

Periódicos

El Estandarte Católico, Santiago, 2 de febrero de 1877.

El Mercurio, Santiago, 25 de julio de 1910.

El Mercurio, Santiago, 1 de junio de 1953.

Leyes

Decreto s/n, 06-02-1877 del Ministerio de Justicia, Culto e Instrucción Pública. *Diario Oficial de la República de Chile*, Santiago, Chile, 04 de marzo de 1877.

Ley N°1.990, *Diario Oficial de la República de Chile*, Santiago, Chile, 29 de agosto de 1907.

Ley N°3.654, *Diario Oficial de la República de Chile*, Santiago, Chile, 26 de agosto de 1920.

Ley N° 6.020, *Diario Oficial de la República de Chile*, Santiago, Chile, 8 de febrero de 1937.

Ley N°19.828, *Diario Oficial de la República de Chile*, Santiago, Chile, 27 de septiembre de 2002.

Bases de datos

Díaz, José, Rolf Lüders y Gert Wagner. *Chile 1810-2010. La República en cifras. Historical statistics*. Ediciones Universidad Católica de Chile, Santiago, 2016. URL: http://www.economia.puc.cl/cliolab

Díaz, José, Rolf Lüders y Gert Wagner. *La República en Cifras, 2010. EH Clio Lab-Iniciativa Científica Milenio*.

Gapminder. *Data*. Gapminder Foundation, Suecia. URL: https://www.gapminder.org/data/

Ministerio de Desarrollo Social. Encuesta CASEN de años 2006, 2011, 2013 y 2015. URL: http://observatorio.ministeriodesarrollosocial.gob.cl/index.php

Minnesota Population Center. *Integrated Public Use Microdata Series, International: Version 6.3 [Machine-readable database]*. Minneapolis: University of Minnesota, 2014. (Muestras de microdatos censales: Censo 1960, 1970, 1982, 1992 y 2002).

OECD. *OECD Family Database*. OECD, Paris, 2015. URL: http://www.oecd.org/social/family/database.html

OECD. *OECD.stats*. OECD, Paris. URL: https://stats.oecd.org/

Mapas y planos

Bolaña, Nicanor. *Plano jeneral de la ciudad de Santiago e inmediaciones*. Archivo de la Bibliothèque Nationale de France, 1911. Disponible en http://www.archivovisual.cl/plano-jeneral-de-la-ciudad-de-santiago-e-inmediaciones.

Entrevistas

Entrevista a Elisa Vias realizada por José Tomás Valente, 10 de marzo de 2016.

Discursos

González Videla, Gabriel. "Mujeres de Chile: sois desde este instante ciudadanas...". Teatro Municipal, Santiago, 9 de enero de 1949.

Ponencias y presentaciones

Comisión Asesora Presidencial sobre el Sistema de Pensiones. *Encuesta de Opinión y Percepción del Sistema de Pensiones*. Santiago, 30 de marzo de 2015. Disponible en http://www.comision-pensiones.cl/Estudios

Libros, artículos y tesis

Acuña, Fernando (ed.). *Los primeros 50 años de la televisión chilena*. Santiago de Chile, Facultad Comunicaciones UC/VTR/El Mercurio/Canal 13, 2007.

Álvarez Caselli, Pedro. "Tecnologías domésticas y modernización de la mujer en Chile entre 1945 y 1970". *Revista 180*, N° 27, UDP, Agosto 2011, pp. 32-35.

Álvarez Caselli, Pedro. *Mecánica Doméstica*. Santiago, Editorial UC, 2011.

Arellano, José Pablo. *Políticas Sociales y Desarrollo. Chile 1924-1984*. Santiago, CIEPLAN, 1985.

Barnet, W. Steven. "Long Term Effects of Early Childhood Programs on Congnitive and School". *The Future of Children*, Vol. 5, N° 3, 1995, pp. 25-50.

Barros de Orrego, Martina. "El voto femenino". *Revista Chilena*, Año 1, tomo II, Num. IX, Santiago, 1917, pp. 390-399.

Barros de Orrego, Martina. "La esclavitud de la mujer". Prólogo. *Revista de Santiago*, 1872-1873, tomo II, Santiago, 1873.

Bauer, Arnold. *La sociedad rural chilena. Desde la conquista española a nuestros días.* Santiago, Editorial Andrés Bello, 1994.

Behm, Hugo, *et al.* "Mortalidad Infantil en Chile: Tendencias recientes". *Cuadernos Médico-Sociales*, Vol. XI, N° 3, Santiago, 1970, pp. 5-13.

Behm, Hugo. *Mortalidad infantil y nivel de vida.* Santiago, Universidad de Chile, 1962.

Bernasconi, Andrés y Fernando Rojas. *Informe sobre la educación superior en Chile: 1980-2003.* UNESCO, 2003.

Biblioteca del Congreso Nacional de Chile. *Historia de la Ley N° 1.990 "sobre descanso de un día a la semana".* Disponible en: www.leychile.cl

Boccardo, Horacio y German Corey. "Medio ambiente: Efectos sobre la salud". En Livingstone, Mario y Dagmar Raczynski (eds.). *Salud Pública y Bienestar Social.* Santiago, CEPLAN, Universidad Católica de Chile, 1976.

Calderón, Alfonso. *Según pasan los años (entrevistas, retratos, recuerdos).* Santiago, Andrés Bello, 1990

Calderón, Alfonso. *260 años del correo en Chile: 1747-2007.* Santiago, CorreosChile, 2007

Carneiro, Pedro y James Heckman. "Human Capital Policy". Institute of Labor Economics IZA, Discussion Paper, N° 821, 2003.

Carrasco, Ana María. "Espacios conquistados. Un panorama de las organizaciones de las mujeres chilenas". En Montecino, Sonia (comp.). *Mujeres chilenas: Fragmentos de una historia.* Santiago, Catalonia, 2008, pp.139-154.

Castañeda, Tarsicio. "Determinantes del descenso de la mortalidad infantil en Chile: 1975-1982". *Cuadernos de Economía*, Año 22, N°66, 1985, pp.195-214.

Castañeda, Tarsicio. "Contexto socioeconómico y causas del descenso de la mortalidad infantil en Chile". *Estudios Públicos*, CEP, N°64, Santiago, 1996, pp. 1-50.

Castillo Salgado, Carlos. *Manual sobre el enfoque de riesgo en la atención maternoinfantil.* Washington, Organización Panamericana de la Salud, 1999.

Chackiel, Juan. "El envejecimiento de la población latinoamericana: ¿hacia una relación de dependencia favorable?". *Población y Desarrollo*, vol. 4, CELADE, Santiago de Chile, 2000.

Centro de Estudios MINEDUC. *Estadísticas de la educación 2015.* Santiago, Ministerio de Educación, República de Chile,2016.

Centros de Estudio MINEDUC. *Estadísticas de la educación en 2016.* Santiago, Ministerio de Educación República de Chile, 2017.

Centro Latinoamericano y Caribeño de Demografía. *El envejecimiento y las personas de edad. Indicadores sociodemográficos para América Latina y el Caribe*. Santiago, Naciones Unidas, 2009.

Centro Latinoamericano y Caribeño de Demografía. "Envejecimiento poblacional". *Observatorio Demográfico*, CELADE-CEPAL, N°12, Santiago de Chile, 2011.

CEPAL. "Una región donde nacen menos niños". *Notas de la CEPAL*, N° 53, Julio, Santiago, 2007.

Cerda, Rodrigo. "Cambios demográficos: desafíos y oportunidades de un nuevo escenario". *Temas de la Agenda Pública*, N°11, Pontificia Universidad católica de Chile, 2007.

Cerda, Rodrigo. "Cambios demográficos y sus impactos en Chile". *Estudios públicos*, CEP, N°110, Santiago, otoño 2008.

Coloma, Fernando y Patricio Rojas. "Evolución del mercado laboral en Chile: Reformas y resultados", en Larraín, Felipe y Rodrigo Vergara. *La transformación económica de Chile*. Santiago, CEP, 1998.

Contador, Abraham y Pedro Miguel. *La prevención de riesgos en la ley de accidentes del trabajo y enfermedades profesionales N° 16.744*. Santiago, Editorial Jurídica de Chile, 1993.

Contreras, Dante, Esteban Puentes y David Bravo. "Female labour force participation in greater Santiago, Chile: 1957-1997. A synthetic cohort analysis". *Journal of International Development*, Vol. 17, N° 2, 2005, pp. 169-186.

Contreras, Dante y Gonzalo Plaza. "Participación Laboral Femenina en Chile: ¿Cuánto Importan los Factores Culturales?" Universidad de Chile, Departamento de Economía, *Serie Documentos de Trabajo* N°235, 2007.

CORFO. *Geografía económica de Chile. Tomo III*. Santiago de Chile, 1962.

Correa Cavada, Mónica, María Olivia Monckeberg y Hugo Rivas Lombardi. *Estadísticas de Chile en el siglo XX*. Santiago, Instituto Nacional de Estadísticas (INE), 1999.

Cox, Loreto. *Participación de la Mujer en el Trabajo: 1854-2000*. Instituto de Economía, Pontificia Universidad Católica de Chile, Economic History and Cliometrics Lab, Working Paper N°4, 2009.

Crovetto, M. Mirta. "Cambios en la estructura alimentaria y consumo aparente de nutrientes de los hogares del Gran Santiago 1988-1997". *Revista Chilena de Nutrición*, vol.29, N° 1, 2002, pp. 24-32.

Cuhna, Flavio, James Heckman, Lance Lochner y Dimitriy Masterov. "Interpreting the Evidence on Life Cycle Skill Formation". En Hanushek Eric y Finis Welch. *Handbook of the Economics of Education. Vol. 1*. Amsterdam, North Holland, 2006, pp. 697-812.

De Shazo, Peter. *Trabajadores urbanos y sindicatos en Chile: 1902-1927*. Santiago, Centro de Investigaciones Diego Barros Arana, 2007.

De Ramón, Armando y Patricio Gross. *Santiago de Chile: Características histórico ambientales, 1891-1924*. Londres, Revista Nueva historia, 1985.

Delpiano Rebaza, Ricardo. *Historia de la aviación comercial en Chile (1953-1979)* (Tesis de Licenciatura). Instituto de Historia, Pontificia Universidad Católica de Chile, Profesor guía: Ricardo Couyoumdjian, 2005.

Díaz Eloísa. "La alimentación de los niños pobres en las escuelas públicas". *Informaciones Pedagógicas*, Boletín N°1, Santiago, Imprenta, Litografía y Encuadernación Barcelona, 1906.

Díaz, Guillermo, Andrés Gómez-Lobo y Andrés Velasco. "Micros en Santiago: de enemigo público a servicio público". *Estudios Públicos*, CEP, N°96, 2004.

Díaz, José, Rolf Lüders y Gert Wagner. *Chile 1810-2000, La república en cifras*. Mimeo, Instituto de Economía, Pontificia Universidad Católica, Santiago, 2005.

Dirección de Estadísticas y Censos de Chile. *Anuario Estadístico 1957*. Santiago, 1961.

Dirección General de Estadística. *Censo de 1920*. Santiago, Sociedad, Imprenta y Litografía Universo, 1925.

Drèze, Jean y Amartya Sen. *Indian Development: Selected Regional Perspectives*. New York, Oxford University Press, 1997.

Durán, Sergio. *Historia e historias de la televisión: una aproximación metodológica a la TV desde la historiografía* (Tesis de Doctorado). Instituto de Historia, Pontificia Universidad Católica de Chile, Chile, 2013.

Espinoza, Ricardo y Sergio Urzúa. "Las consecuencias económicas de un sistema de educación superior gratuito en Chile". Revista de Educación, España, N°370, 2015, pp.10-37.

Errázuriz Tagle, Javiera. "Discursos en torno al sufragio femenino en Chile 1865-1949". *Historia*, N° 38, Vol. 2, Santiago, 2005.

Errázuriz, Tomás. "El asalto de los motorizados: el transporte moderno y la crisis del tránsito público en Santiago, 1900-1927". *Historia*, Vol. 43, N° 2, Santiago, 2010, pp. 357-411.

Estrada Turra, Baldomero. "Tecnología y modernización: evolución del transporte urbano en Valparaíso. 1850-1950". *Polis*, Vol. 11, N° 33, Santiago, 2012, pp. 345-374.

Eterovic, Dalibor S., y Cassandra M. Sweet. "Democracy and Education in twentieth century Latin America". *Economics & Politics,* Vol. 26, N° 2, 2014, pp. 237-262.

Figueroa, Oscar. "La desregulación del transporte colectivo en Santiago: balance de diez años". *EURE Review*, N° 49, Santiago, 1990, pp.23-32.

Figueroa, Oscar. "Four decades of changing transport policy in Santiago, Chile". *Research in Transportation Economics*, Vol.40, N° 1, 2013, pp. 87-95.

Fogel, Robert. "Economic growth population theory and physiology: the bearing of long-term processes on the making of economic policy". *American Economic Review*, Vol. 84, N° 3, 1994, pp. 369-395.

Foxley, Alejandro y Dagmar Raczynski. "Grupos vulnerables en situaciones recesivas: el caso de los niños y jóvenes en Chile". *Colección de Estudios CIEPLAN* 13, Santiago, junio, 1984. pp. 107-139.

Ffrench-Fuller, Katharine. "Gendered Invisibility, Respectable Cleanliness". *Journal of Women´s History*, Vol. 18, Número 4, Invierno 2006. p. 79-100.

Garay, Cristián. "Población y sociedad". En Fermandois, Joaquín (dir.), Olga Ulianova (coord.). *América Latina en la historia contemporánea. Chile. Tomo 4_1930/1960. Mirando hacia adentro*. Madrid, Editorial Taurus, 2015, pp. 213-276.

Gazmuri, Cristián. *Historia de Chile: 1891-1994. Política, economía, sociedad, cultura, vida privada, episodios*. Santiago, RIL editores, 2014.

Góngora, Álvaro. *Chile (1541-2000) una interpretación de su historia política*. Santiago, Santillana, 2000.

González, Francisco Javier, (ed.). *Chile en cuatro momentos*. Vol.3 (1910), N° 1-4. Santiago, Universidad de los Andes, 2008.

Guajardo Soto, Guillermo. *Tecnología, Estado y ferrocarriles en Chile, 1850-1950*. México, Fundación de los ferrocarriles españoles, 2007.

Hachette, Dominique. *Latinoamérica en el siglo XX: crecimiento, comercio, pensamiento económico*. Santiago, Editorial Universidad Católica de Chile, 2011.

Heckman, James. "Skill Formation and the Economics of Investing in Disadvantaged Children". *Science*, Vol. 312, N° 5782, 2006, pp.1900-1902.

Heckman, James. "The economics of inequality: The value of early childhood education". *American Educator*, vol.35, N° 1, Washington DC, 2011, pp.31-35, 47.

Henríquez, Josefa y Carolina Velasco, "El nuevo paciente: desafíos para el sistema de Salud". *Puntos de Referencia*, CEP, N°426, 2016.

Huerta Malbrán, María Antonieta, y Diana Veneros Ruiz-Tagle. "Mujeres, democracia y participación social. Las múltiples representaciones del contrato social". En Stuven, Ana María y Joaquín Fermandois. *Historia de las mujeres en Chile*. Santiago, Taurus, 2013, pp. 385-429.

Hurtado, María de la Luz, Paula Edwards y Rafael Guilisasti. *Historia de la televisión chilena entre 1959 y 1973*. Santiago de Chile, *Documentas-CENECA*, 1989.

Hutchison, Elizabeth. "La historia detrás de las cifras: la evolución del censo chileno y la representación del trabajo femenino: 1895-1930". *Historia*, N° 33, Santiago, 2000, pp. 417-434.

Hutchison, Elizabeth. *Labores propias de su sexo. Género, políticas y trabajo en Chile urbano 1900-1930*. Santiago, LOM, 2014.

Instituto Nacional de Estadísticas. *Compendio estadístico 2010*. Santiago, INE, 2010.

Instituto Nacional de Estadísticas. *Compendio estadístico 2014*. Santiago, INE, 2014.

Instituto Nacional de Estadísticas. *Chile y los adultos mayores. Impacto en la sociedad del 2000*. INE, Santiago, 1999.

Instituto Nacional de Estadística. *Hechos vitales en Chile en el siglo XX y XXI*. 2014.

Instituto Nacional de Estadística. "Adulto mayor en Chile". *Enfoque estadístico*, septiembre de 2007, Santiago, 2007.

Instituto Nacional de Estadísticas. "Población adulta mayor en el bicentenario". *Enfoque Estadístico*, septiembre 2010, Santiago, 2010.

Jouravlev, Andrei y Soledad Valenzuela. *Servicios urbanos de agua potable y alcantarillado en Chile: factores determinantes del desempeño*. Santiago, CEPAL, 2007.

Laborde, Miguel, Magdalena Correa y Paula Ruiz-Tagle. *Las primeras modernas: mujeres chilenas entre 1910 y 1960*. Santiago, Ediciones UC, 2011.

Lagos, Marta. "La participación electoral en Chile, 1952-2006". En Huneeus, Carlos, Fabiola Berrios y Ricardo Gamboa (eds.). *Las elecciones chilenas de 2005: partidos, coaliciones y votantes en transición*. Santiago, Catalonia, 2007.

Larraín, Felipe, Pablo Marín y Eduardo Valenzuela, (ed.). *Cómo vivir 100 años*. Clapes UC, Ediciones UC, Santiago, 2016.

Lasagni, María Cristina, Paula Edwards y Josiane Bonnefoy. *La radio en Chile: historia, modelos, perspectivas*. CENECA, Chile, 1988.

Mankiw, Gregory. *Principios de Economía*. España, Thompson, 2007.

Matamala, Tito. *Chile retrete: una historia del aseo corporal para leer en el baño*. Santiago, Ediciones B, 2015

Matus, Mario. *Crecimiento sin desarrollo: precios y salarios reales durante el ciclo salitrero en Chile (1880-1930)*. Santiago, Editorial Universitaria, 2012.

Lavrín, Asunción. *Mujeres, feminismo y cambio social en Argentina, Chile y Uruguay 1890-1940*. Santiago, DIBAM, 2005.

Libertad y Desarrollo. *Universidades chilenas en ranking 'The 2018': ratificando un diagnóstico ignorado*. Santiago, 2018. Disponible en: https://www.lyd.org/lyd/TemasPublicos/TP1360EDUCACIONSUPERIOR.pdf

Marín, Pedro (ed.). *Tiempo nuevo para el adulto mayor: Enfoque interdisciplinario*. Santiago, Sandoz, 1993.

McCormick, Marie, Sam Shapiro y Susan Dadakis. "The relationship between infant mortality rates and medical care and socioeconomic variables. Chile, 1960-70". *International Journal of Epidemiology*, vol. 8, N° 2, 1979, pp. 145-154.

Medina, Cristián. "El proceso económico". En Fermandois, Joaquín (dir.), Olga Ulianova (coord.). *América Latina en la historia contemporánea. Chile. Tomo 4_1930/1960. Mirando hacia adentro*. Madrid, Editorial Taurus, 2015, pp. 152-211.

Ministerio de Instrucción Pública. *Programa de Estudios de la Escuela Normal de Preceptores de Santiago*. Santiago, Imprenta Nacional, 1890.

Ministerio de Educación. *La educación parvularia en Chile*. Ministerio de Educación, República de Chile, Santiago, 2001.

Ministerio de Desarrollo Social. *Adultos Mayores, Síntesis de resultados. Encuesta CASEN 2015*. Santiago, 2017. Disponible en http://observatorio.ministeriodesarrollosocial. gob.cl/casen-multidimensional/casen/casen_2015.php

Morrison, Allen. *Los trolebuses de Santiago*. Disponible en http://www.tramz.com/cl/s/ tas.html.

Naciones Unidas en Chile. *Chile se ubica en el primer lugar en Desarrollo Humano entre los países de América Latina*. 14 de marzo de 2013. Disponible en: http://www.onu.cl/onu/ chile-se-ubica-en-el-primer-lugar-en-desarrollo-humano-entre-los-paises-de-america-latina/

Navia, Patricio. "Participación electoral en Chile, 1988-2001". *Revista de ciencia política*, Vol. 24, N°1, Santiago, 2004, pp. 81-103.

Oficina Central de Estadística. *Censo Nacional de Población de Chile de 1907*. Santiago, Imprenta y Litografía Universo, 1908.

Oficina Central de Estadística. *Anuario Estadístico correspondiente al año de 1909*. Santiago, Sociedad Imprenta y Litografía Universo, 1910.

Oficina Central de Estadística. *Anuario Estadístico de la República de Chile. 1910*. Santiago, Sociedad Imprenta y Litografía Universo, 1911.

Organización Mundial de la Salud. *World Report on Ageing and Health*. Suiza, WHO Press, 2015.

Oro Tapia, Luis. "La cultura". En Fermandois, Joaquín (dir.), Olga Ulianova (coord.). *América Latina en la historia contemporánea. Chile. Tomo 4_1930/1960. Mirando hacia adentro*. Madrid, Editorial Taurus, 2015, pp. 277-319.

Pacheco, Arnoldo. *Historia de Concepción Siglo XX*. Concepción, Ediciones Universidad de Concepción, 1997.

Peralta, María Victoria. "Diagnóstico y perspectivas de la educación parvularia en Chile". En Lavados, Hugo, Eduardo Hill y Viterbo Apablaza (eds.). *El sistema educacional chileno. Elementos para un análisis global.* Santiago, Corporación de Promoción Universitaria, 1986, pp.13-122.

Pinochet, Tancredo, "Inquilinos en la hacienda de su excelencia". En Cristián Gazmuri, *El Chile del centenario. Los ensayistas de la crisis.* Santiago, Instituto de Historia, Pontificia Universidad Católica, 2001.

Pinto, Julio. *Historia Contemporánea de Chile III. La economía: mercados, empresarios y trabajadores.* Santiago, LOM, 2002.

Poblete, Moisés y Oscar Álvarez Andrews, *Legislación social obrero chilena.* Santiago, Imprenta Santiago, 1924.

Popkin, Barry. "Nutritional patterns and transitions". *Population and Development Review,* vol.19, N°1, 1993, pp. 138-157.

Portal Valenzuela, Belfor. "Caracterización industrial de la Metrópoli de Chile". *Revista Geográfica,* N° 100 (julio-diciembre), 1984, p.89-96.

Prada, María Fernanda, Graciana Rucci y Sergio Urzúa. "The Effect of Mandated Child Care on Female Wages in Chile". *IDB Publications* (Working Papers) 88839, Inter-American Development Bank, 2015.

Pradenas, Hernán. *Historia de la Educación Parvularia en Chile.* Santiago, 1980.

Programa Adulto Mayor UC y Centro UC Estudios de Vejez y Envejecimiento (coord.). *Chile y sus mayores. 10 años de la Encuesta de Calidad de Vida en la Vejez UC.* Santiago, Caja Los Andes y Pontificia Universidad Católica de Chile, 2017.

Programa Mundial de Alimentos de las Naciones Unidas. *Hacia la erradicación de la desnutrición infantil en América Latina y el Caribe. Conferencia Regional Ministerial, Santiago de Chile, 2008.* Panamá, PMA, 2008.

Purcell, Fernando. "Una mercancía irresistible. El cine norteamericano y su impacto en Chile, 1910-1930". *Historia Crítica,* N° 38, mayo-agosto, Bogotá, 2009.

Raczynski, Dagmar y Cesar Oyarzo, "¿Por qué cae la tasa de mortalidad infantil en Chile?". *Colección de Estudios CIEPLAN* 6, Santiago, diciembre, 1981, pp. 45-84.

Raczynski, Dagmar y otros. "Contexto socioeconómico y causas del descenso de la mortalidad infantil en Chile" (Mesa redonda). *Estudios Públicos,* CEP, N°16, 1984, Santiago, pp. 57-71.

Reyes del Villar, Soledad. *El Centenario de Chile (1910). Relato de una fiesta.* Santiago, Globo Editores, 2007.

Rinke, Stefan, "Las torres de Babel del siglo XX: cambio urbano, cultura de masas y norteamericanización en Chile, 1918-1931". Traducido por Monika Contreras Saiz. En Purcell, Fernando y Alfredo Riquelme (Eds.), *Ampliando miradas. Chile y su historia en un tiempo global*, Santiago, RIL editores, 2009.

Rodríguez Weber, Javier. Desarrollo y desigualdad en Chile (1850-2009). Historia de su economía política. Santiago, Centro de Investigaciones Diego Barros Arana, 2017. En Díaz, José, Rolf Lüders, y Gert Wagner. La República en Cifras, 2010. EH Clio Lab-Iniciativa Científica Milenio. URL: http://www.economia.puc.cl/cliolab

Rojas, Jorge y Gonzalo Rojas. "*Auditores, lectores, televidentes y espectadores. Chile Mediatizado. 1973-1990*" En Sagredo, Rafael y Cristián Gazmuri (comp.), *Historia de la vida privada en Chile 3: El Chile contemporáneo. De 1925 a nuestros días.* Santiago, Taurus, 2008, pp. 381-424.

Rosling, Hans, Ola Rosling y Anna Rosling Rönnlund. *Factfulness: Ten reasons we're wrong about the world –and why things are better than you think.* New York, Flatiron Books, 2018. p. 53.

Salinas Meza, René. "Población y sociedad". En Fermandois, Joaquín (dir.), Bernardo Estrada (coord.). *América Latina en la historia contemporánea. Chile. Tomo 3_1880/1930. La apertura al mundo.* Madrid, Editorial Taurus, 2014, pp. 197-251.

Santa Cruz, Eduardo. *Prensa y sociedad en Chile siglo XX*. Santiago, Editorial Universitaria, 2014.

Schady, Norbert, Sebastian Galiani y André Portela Souza. "Early Childhood Development in Latin America and the Caribbean". *Economía, Journal of the Latin American and Caribbean Economic Association*, Vol. 6, N° 2, 2006, pp. 185-225.

Servicio Nacional de Estadísticas y censos. *XII Censo de población y I de vivienda*. Santiago, 1952.

Servicio Nacional del Adulto Mayor. *Glosario Gerontológico*. Disponible en: http://www.senama.gob.cl/storage/docs/GLOSARIO_GERONTOLOGICO.pdf

Servicio Nacional del Adulto Mayor. *Las Personas Mayores en Chile. Situación, avances y desafíos del envejecimiento y la vejez.* Santiago, SENAMA, 2009.

Servicio Nacional del Adulto Mayor. *Dimensiones del envejecimiento y su expresión territorial.* Santiago, SENAMA, 2009.

Serrano, Sol y Alejandra Pérez Lecaros. *Un cable al cielo. Telefónica CTC Chile (1880-2005).* Santiago, Chile, Quebecor World, 2005.

Serrano, Sol, Macarena Ponce de León y Francisca Rengifo, (eds.). *Historia de la educación en Chile (1810-2010). Volumen 2: La educación nacional (1880-1930)*. Santiago, Taurus, 2012.

Servicio de Información de Educación Superior. *Informe Titulación 2012*. Santiago, SIES, 2013.

Silva, Bárbara. *Identidad y nación entre dos siglos*. Santiago, LOM, 2008.

Silva, Bárbara y Josefina Cabrera. *Chile: 100 días en la historia del siglo XX*. Santiago, Planeta, 2015.

Soto, Fredy. *Historia de la educación chilena*. Santiago, Centro de Perfeccionamiento, Experimentación e Investigaciones Pedagógicas (CPEIP), 2000.

Sprenger, Pablo. *Análisis de las políticas de transporte carretero interurbano en Chile 1976-2001* (Tesis de Ingeniería Civil en Industrias). Escuela de Ingeniería, Pontificia Universidad Católica de Chile, 2002.

Thayer Arteaga, William. "Orígenes, evolución y perspectivas del derecho laboral chileno". *Estudios Públicos*, CEP, Santiago, N°54, 1994, pp. 223-241.

Tokman, Andrea. "Compromiso y resultados en la primera infancia: Progresos y obstáculos". Facultad de Economía y Empresa, Universidad Diego Portales, Working Paper N°13, 2010.

Torres, Isabel. "La cultura". En Fermandois, Joaquín (dir.), Bernardo Estrada (coord.). *América Latina en la historia contemporánea. Chile. Tomo 3_1880/1930. La apertura al mundo*. Madrid, Editorial Taurus, 2014, pp. 253-315.

Urzúa, Sergio y Loreto Reyes. "La demanda y oferta de educación temprana en Chile". *Estudios Públicos*, CEP, N°126, Santiago, otoño 2012, pp. 45-86.

Valdés, Ximena. "Construyendo un lugar, traspasando fronteras. Trayectoria social de las mujeres rurales durante un siglo". En Montecino, Sonia (comp.). Mujeres chilenas: Fragmentos de una historia. Santiago, Catalonia, 2008, pp.431-442.

Vial, Gonzalo. *La sociedad chilena en el cambio de siglo (1891-1920). Historia de Chile (1891-1973), vol. 1, Tomo II*. Santiago, Zig-Zag, 2006.

Vial, Gonzalo. *Chile, cinco siglos de historia: desde los primeros pobladores prehispánicos, hasta el año 2006*. Santiago, Zig-Zag, 2010.

Villalobos, Sergio (ed.). *Historia de la Ingeniería en Chile*. Santiago, Ediciones pedagógicas chilenas, 1990.

Villalón, Gustavo y Sergio Vera, "Panorama demográfico en chile contemporáneo: desafíos para la sociedad del siglo XXI". *Revista Anales*, séptima serie, N°3, 2012, pp. 37-63.

Vio, Fernando y Cecilia Albala. "La transición nutricional en Chile". *Revista chilena de nutrición*, Vol.25, N°3, 1998, pp. 11-20.

Walker Linares, Francisco. *Esquema del derecho del trabajo y de la seguridad social en Chile*. Santiago, Editorial jurídica de Chile, 1965.

Yáñez, Juan Carlos. *La intervención social en Chile: y el nacimiento de la sociedad salarial, 1907-1932*. Santiago, Chile, RIL, 2008.

REFERENCIAS DE LAS FOTOGRAFÍAS

Página 33.   *Puerto de Valparaíso* (1890). Anónimo.

Vista de la comuna de Providencia, Santiago (1906). Anónimo.

Página 34.   *La película chilena más antigua que existe: "Un paseo a Playa Ancha", de Maurice Saturnin* (1903). www.cinechile.cl/cronología.php

Selección chilena de fútbol. Su primer partido internacional, según ANFP y FIFA: ante Argentina el 27 de mayo de 1910, cayendo por 3 a 1 (5 de junio de 1910). Foto de dominio público.

Página 35.   *Iglesia de Los Dominicos, comuna de Las Condes* (1924). Robert Gertsman.

Conventillo en Santiago (1920). www.memoriachilena.cl

Página 36.   *Carro de sangre de dos pisos, Valparaíso* (1900). Harry Grant Olds. Colección Museo Histórico Nacional.

Puerto de San Antonio (1910). Archivo Francisco Calaguala, www.enterreno.cl

Página 37.   *Calle San Antonio con la Alameda de las Delicias, Santiago* (1910). Anónimo.

Panorámica de la ciudad de Quillota (1910). Anónimo.

Página 38.   *Plaza Italia en un día nevado, Santiago* (1915). Anónimo.

Ferrocarril en Coquimbo (1920). Anónimo.

Página 39.   *Trabajadores en Chuquicamata* (1930). Archivo Enterreno, www.enterreno.cl

Labores agrícolas (1935). Archivo Fotográfico Museo Histórico Nacional.

Página 71.   *Operarias en máquina automática para encabezar fósforos* (1930). Revista Zig-Zag. Colección Museo Histórico Nacional.

Niños obreros en las minas de carbón de Curanilahue (1924). www.memoria chilena.cl

Página 98.   *Profesoras de la Escuela de Aplicación* (1912). Colección Biblioteca Nacional de Chile.

Ceremonia de graduación, Escuela de Enfermería de la Universidad de Chile (1949). Revista Eva. Santiago, 32 v., año 7, N°201 (21 de enero, 1949), p. 10. www.memoriachilena.cl

Página 112.   *Mujeres votando en elecciones municipales de 1946*. Eltit, Diamela. Crónica del sufragio femenino en Chile. Santiago, SERNAM, 1994.

Página 117.   *Revista de Gimnasia de Escuela N° 80 República de Costa Rica, Santiago (1944)*. Archivo fotográfico del Museo de la Educación Gabriela Mistral.

Página 129.   *Niños indigentes a pie pelado, Santiago (1955)*. Sergio Larraín.

Página 136.   *Niño con su regalo de Navidad en La Moneda, Pascua del Niño Pobre (1951)*. Marcos Chamudes. Colección del Museo Histórico Nacional.

Página 139.   *Niños de la Fundación Mi Casa leyendo la revista El Peneca (1950)*. Marcos Chamudes. Colección del Museo Histórico Nacional.

Página 179.   *Aviso en la plazuela del funicular, Cerro San Cristóbal (1925)*. Luces de modernidad: Archivo fotográfico Chilectra.

Página 186.   *Trabajadoras telefonistas en Punta Arenas (1962)*. Archivo Símbolospatrios. cl, www.enterreno.cl

Página 200.   *Mapa del sur de Chile: "luces en la noche"*. Imagen realizada por Macarena Kutscher y Sergio Urzúa, ClapesUC.

Página 203.   *Mujeres caminando hacia un avión LAN en el Aeropuerto de Chacalluta (Arica) en 1959*. Luis Venegas Fuentes. Archivo fotográfico online www.enterreno.cl

Página 208.   *Carro de sangre, Valparaíso (1900)*. Harry Grant Olds. Colección Museo Histórico Nacional.

Página 209.   *Tranvías en Calle Catedral, Santiago (julio de 1927)*. Luces de modernidad: Archivo fotográfico Chilectra, p. 93.

Página 211.   *Una góndola en panne en Alameda con Bandera, Santiago (marzo de 1927)*. Luces de modernidad. Archivo fotográfico Chilectra, p. 20.

Página 214.   *Trolebus de 1952 pasando por el Arco Británico en la Av. Brasil, Valparaíso (1979)*. Barry Blumstein, www.tramz.com

AGRADECIMIENTOS

No sería exagerado afirmar que, si no fuera por Rodrigo Cerda, este libro no existiría. Rodrigo no solo depositó su confianza en nosotros y el proyecto, permitiéndonos iniciar la investigación y luego escritura del libro, sino que nos ayudó con la estructura y motivación del texto. En marzo de 2018 Rodrigo aceptó ser el nuevo Director de Presupuestos de Chile y si bien lamentamos haber perdido sus consejos justo en la etapa final de edición del libro, estamos felices que una persona tan aguda en su pensamiento y noble en su actuar ocupe este importante cargo. Quisiéramos extender los agradecimientos al resto de las personas del Centro Latinoamericano de Políticas Economías y Sociales de la Universidad Católica (CLAPES-UC), especialmente a los dos directores del centro con quienes tuvimos el placer de trabajar: Felipe Larraín y Hernán de Solminihac. Al primero le debemos el apoyo inicial y sin el segundo este proyecto nunca se hubiese llegado a concretar.

Como el libro se ha gestado a través de un largo periodo y sufrido innumerables revisiones y correcciones, son muchas las deudas de gratitud que se van acumulando. Las primeras son para Eduardo Sepúlveda, quien nos ayudó a acercar el texto al lector, y para las personas de EdicionesUC, nuestra editorial con quien fue un agrado trabajar en todo momento. Adicionalmente, agradecemos por sus comentarios y correcciones a Cristián Gazmuri, José Díaz, Luis José Garreaud, Lucy Bennett, Ismini Sahli, María José Vargas, Andrés Osorio, Andrés Vodanovic e Isidora Lira.

El diseño de la portada y los gráficos se los debemos a Mandarina, quienes aguantaron pacientemente las innumerables iteraciones hasta dar con diseños que comunicaran de manera adecuada la idea del libro y las tendencias expuestas en este.

No podríamos concluir estas palabras sin antes agradecerle a todos aquellos que indirectamente nos inspiraron y ayudaron a escribir el libro: los historiadores y académicos de varias disciplinas que han dedicado su vida a entender distintos aspectos de Chile y su historia. Sin su trabajo previo, nos habría sido imposible compilar toda la información que acá les presentamos.